民國歷史與文化研究

十三編

第 5 冊

曾熙書法研究

王高升 著

花木蘭文化事業有限公司

國家圖書館出版品預行編目資料

曾熙書法研究／王高升 著 -- 初版 -- 新北市：花木蘭文化事
業有限公司，2021〔民 110〕
目 4+254 面；19×26 公分
（民國歷史與文化研究　十三編；第 5 冊）
ISBN 978-986-518-478-0（精裝）
1. 曾熙　2. 學術思想　3. 書法
628.08　　　　　　　　　　　　　　　110010853

ISBN-978-986-518-478-0

9 789865 184780

民國歷史與文化研究
十三編　第 五 冊　　　　　　ISBN：978-986-518-478-0

曾熙書法研究

作　　者　王高升
總 編 輯　杜潔祥
副總編輯　楊嘉樂
編　　輯　許郁翎、張雅淋、潘玟靜　美術編輯　陳逸婷
出　　版　花木蘭文化事業有限公司
發 行 人　高小娟
聯絡地址　235　新北市中和區中安街七二號十三樓
　　　　　　電話：02-2923-1455／傳真：02-2923-1452
網　　址　http://www.huamulan.tw 信箱 service@huamulans.com
印　　刷　普羅文化出版廣告事業
初　　版　2021 年 9 月
全書字數　191032 字
定　　價　十三編 9 冊（精裝）台幣 25,000 元

版權所有・請勿翻印

曾熙書法研究

王高升 著

作者簡介

王高升，1983 年生於河北衡水。2012 年畢業於首都師範大學美術學專業，獲碩士學位。2017年畢業於中國人民大學美學專業，獲博士學位。現供職於中國國家博物館，主要從事近代書法史論、書法美學和博物館學研究，在《中國書法》《書法》等重要刊物發表學術論文二十餘篇。現為中國國家博物館副研究館員，中國書法家協會會員，中華詩詞學會會員，兼任榮寶齋出版社《中國書法全集》（曾熙、李瑞清、趙熙卷）主編。

提　　要

　　該研究以曾熙書法為研究對象，圍繞其藝術成長環境及過程、書風特質、筆法特徵、理論觀念和後世影響等方面展開。

　　第一章，從社會學視角切入，還原曾熙作為末代士人在晚清民國交替之際的種種行蹤及其心路歷程，以揭櫫其走上職業鬻書之路的社會原因。

　　第二章，對曾熙書法創作的風格特點和觀念進行系統全面闡述。以作品為例，對曾熙的篆、隸、楷、行、草各體特徵及其相互關係進行分析，並通過與同代書家的比較，揭示其創作特色及成就。

　　第三章，綜合運用文獻梳理和圖像分析法，探尋曾熙書法創作中的重要筆法特徵「顫筆」的形成機制、概念內涵和審美特質。

　　第四章，從書家論、書體論、風格論、審美論、創作論五個層面對曾熙書法理論思想進行系統解讀，以期明晰其對書法實踐的支撐作用。

　　第五章，揭示曾熙的創作和理論成就對其門人乃至整個近現代書法史產生的深刻影響，對「曾李同門會」的形成與發展過程進行了詳細披露。

　　此外，曾熙創作和審美理念對當今書法藝術實踐亦有積極意義，他既是重要的碑學書家，也是一位五體兼能、碑帖兼通的「全能型」書家和「文人型」書家，其書法藝術的研究價值還遠未被深入挖掘和全面認識，其卓越的藝術創造力和全新的藝術觀念值得後世借鑒承傳。

目

次

導　論 ··· 1

　0.1　選題緣起 ·· 1

　0.2　研究現狀 ·· 2

　0.3　研究方法 ·· 5

　0.4　研究意義 ·· 5

第1章　曾熙的人生與藝術歷程 ····················· 7

　1.1　早年人生轉捩：從「經世之志」到職業鬻書 ··· 7

　　1.1.1　曾熙成長的社會環境 ····················· 8

　　1.1.2　「鼎革」之際曾熙等傳統士人心態的
　　　　　嬗變 ·· 11

　　1.1.3　「遺老」情懷：曾熙經世理想的破滅 ···· 13

　1.2　同道藝海乘桴：「南曾北李」與他們的
　　　「書畫圈」 ·· 19

　　1.2.1　曾、李「書畫圈」的形成過程及早期
　　　　　鑒藏 ·· 19

　　1.2.2　曾、李「書畫圈」的主要活動內容 ····· 26

　1.3　書藝漸臻妙境：從早年學書到「人書俱老」 ·· 40

　　1.3.1　湖湘文化對曾熙藝術風格的影響 ········ 41

　　1.3.2　何紹基在湖南地區的影響與曾熙
　　　　　早期書風 ·· 43

1.3.3 從海上鬻書到「人書俱老」——
兼談曾熙、李瑞清書法的異同 ………… 47

第 2 章　曾熙書法創作 ……………………………… 55

2.1 浪漫寫意的篆書 ……………………………… 56

2.1.1 模仿期 ……………………………… 57

2.1.2 化用期 ……………………………… 59

2.2 圓融洞達的隸書 ……………………………… 63

2.2.1 取法蔡中郎 ……………………………… 66

2.2.2 以「顫筆」顯「篆籀氣」和
「金石氣」 ……………………………… 68

2.2.3 篆隸楷參通 ……………………………… 70

2.3 溝通「南北」的楷書 ……………………………… 71

2.3.1 取法南北朝的大楷 ……………………… 72

2.3.2 鎔鑄鍾、王的小楷 ……………………… 79

2.3.3 溝通碑帖的中楷——以墓誌銘、家
傳、碑記等應製作品為例 ……………… 90

2.4 太真爛漫的行、草書與日常書寫 …………… 93

2.4.1 日常書寫形式的行、草書 …………… 93

2.4.2 作品形式的行、草書 ………………… 97

第 3 章　曾熙書法的筆法特徵：「顫筆」 ………… 103

3.1 曾熙對「顫筆」的繼承與發展 …………… 104

3.1.1 「顫筆」的歷史沿革 ………………… 104

3.1.2 曾熙「顫筆」正名 ………………… 107

3.1.3 曾熙「顫筆」的成因 ………………… 112

3.1.4 「顫筆」的美學價值 ………………… 121

3.2 曾熙創作與「顫筆」 ……………………… 127

3.2.1 曾熙用筆、執筆與「顫筆」 ………… 127

3.2.2 「顫筆」對曾熙創作的影響 ………… 132

第 4 章　曾熙書法理論 …………………………… 135

4.1 書體論 …………………………………… 135

4.1.1 崇古溯源的書體源流 ………………… 135

4.1.2 正本清源的書體特點 ………………… 139

4.2 書家論 …………………………………… 141

　　　　4.2.1　評前代諸家 ……………………………… 141
　　　　4.2.2　評清代、民國諸家 …………………………… 143
　　4.3　風格論 ……………………………………………… 147
　　　　4.3.1　論陽剛與陰柔 ………………………………… 147
　　　　4.3.2　論碑帖分途與南北同轍 ……………………… 150
　　4.4　審美論 ……………………………………………… 153
　　　　4.4.1　論形與神 ……………………………………… 153
　　　　4.4.2　論功力與天機 ………………………………… 155
　　4.5　創作論 ……………………………………………… 158
　　　　4.5.1　論博取與篤守 ………………………………… 158
　　　　4.5.2　論作書與學養 ………………………………… 160
第 5 章　曾熙書法的影響與評價 ……………………………… 163
　　5.1　影響 ………………………………………………… 164
　　　　5.1.1　對張大千兄弟的影響 ………………………… 164
　　　　5.1.2　對其他門人的影響 …………………………… 170
　　　　5.1.3　「曾李同門會」成立始末 …………………… 172
　　5.2　評價 ………………………………………………… 178
　　　　5.2.1　正面評價 ……………………………………… 178
　　　　5.2.2　負面評價 ……………………………………… 181
　　　　5.2.3　評價的得失與啟示 …………………………… 183
結語：曾熙書法的當代意義 …………………………………… 187
附　　錄 ………………………………………………………… 191
　　一、曾熙書法作品鑒定方法芻議 ………………………… 191
　　二、曾熙書家傳、墓誌銘、碑記等出版物
　　　　選錄 …………………………………………………… 200
　　三、曾熙書法字帖出版物（不含題跋）選錄 202
　　四、曾熙常用印一覽 ……………………………………… 204
　　五、曾熙等書家寓滬地址一覽 …………………………… 206
　　六、曾熙書法年譜 ………………………………………… 207
　　七、曾熙有明確紀年書法作品選輯 ……………… 228
參考文獻 ………………………………………………………… 249

導　論

0.1　選題緣起

　　在 20 世紀書法史上,曾熙是一個繞不過去的人物。清中期以來的碑學書法在經歷了鄧(石如)、伊(秉綬)時代的中興後逐漸走向頹靡,到了清代末期,「碑帖合流」作為一種越來越明顯的趨勢籠罩著整個書壇,「納碑入帖」的觀念成為書家們的共識。辛亥革命後,越來越多的書家為了躲避亂世的紛擾紛紛避難海上,在此開展鬻書、交遊、結社、教育等活動,積極融入市民經濟,形成了近代書法史上璀璨的海派書法文化。然而清末民初的上海,崇碑的風氣尚未殆盡,書壇新風尚未形成,一切都充斥著變數和未知。曾熙正是這樣一位在特殊的歷史時期具有承上啟下意義的重要書家。他作為清末民初碑派書風的先鋒人物在上海影響頗巨,因其書風與清道人李瑞清相近,二人關係又非常要好,故時人合稱二人為「南曾北李」。同時曾熙又與吳昌碩、沈曾植、李瑞清一道被稱為「海上四妖」,足見其影響之大。

　　曾熙是一個詩、書、畫兼擅的「全才式」文人和五體兼擅的「全能型」書家,他蜚聲上海書壇,弟子盈庭,書法作品市場在當時也頗為可觀。從市場和影響力上看,曾熙和李瑞清足以躋身中國近現代最成功的職業書法家行列。然而,在謝世後他的名氣迅速降溫,並一度淡出人們的視線。臺灣的國立歷史博物館多年前曾籌備舉辦「曾熙、李瑞清書畫特展」,但反響寥寥,於是主辦方不得不把展覽的名字改為「張大千的老師——曾熙、李瑞清書畫特展」,以弟子來襯托老師的知名度。這個事件帶來的尷尬,令人唏噓。實際上,這種尷尬在海峽兩岸的書畫界都廣泛存在著,在書法愛好者甚至書法專業學生

中不知曾熙其人者,亦不乏其例。然而,一旦提起吳昌碩、康有為、沈曾植、鄭孝胥等曾熙同時代的代表性書家,大家又都立即熟悉起來。筆者認為,曾熙作為清末民初書壇的代表人物之一,其學書歷程、書法藝術、書法思想都有較高的研究價值,尤其是他以「古篆」筆法統攝各體、以「顫筆」提升藝術表現力的實踐,對今天的書法實踐仍有重要的啟示意義。

然而,由於各種複雜原因,曾熙的書法研究一直未得到應有重視,至今學界尚無一部系統研究曾熙書法藝術的學術專著。雖有不少學者從書家生平交遊、學書經歷、藝術風格、理論思想、時代影響等諸多方面對曾熙書法的相關專題進行了研究,形成了一些具有啟發意義的學術論文,但仍存在諸多問題:一是史料發掘的乏力。長期以來,曾熙書法作品、手稿和信札資料面世較少,研究者只能求助於為數不多的出版物或拍賣會作品,或直接援引前人公開發表的資料,影響了曾熙書法研究的繼續深入;二是研究存在一定的同質化。由於一手資料獲得相對困難,研究者更傾向於將研究視角轉向曾熙的藝術成長經歷、生平交遊和書法風格闡述,不夠系統且缺乏新意;三是研究深度亟待提升。在清末民國,曾熙是毫無爭議的書壇巨擘和碑學大家,而在當代社會對其藝術成就的認識存在以偏概全的嫌疑,尚未回歸公允和理性,當前研究深度的缺乏是其重要原因之一。筆者認為,要正確認識曾熙書法的價值和意義,不應把視野侷限於作品類型與形式的表層,而應更多探究書家進行藝術創造的深層動機以及藝術理念。

此外,從撰寫碩士論文《海派書家集群現象研究》起,我就對清末民國的海派書家群體產生了濃厚的興趣。但要認識這樣一個時代體系龐大的藝術家群體,直接進行宏觀研究似乎不切實際,反而從個案研究入手會更加適合,曾熙書法研究這個選題恰給了我這樣的契機。此外曾熙的曾孫曾迎三先生為我提供了大量鮮為人知的曾熙作品圖片、書論、詩文等一手資料,為我增添了研究的動力。

0.2 研究現狀

長期以來,曾熙書法的研究規模和深度相較於吳昌碩、沈曾植等同代主流書家顯得緩慢而滯後,沒有一部系統專門的學術著作,其中一個重要原因就是資料的散佚和缺失。鑒於此,曾熙後人曾迎三先生多年來輾轉於各大拍賣場和民間藏家,不辭辛勞廣泛搜羅曾熙的生平資料和書畫作品,2013 年於

上海辭書出版社出版了《曾熙書法集》，其中收錄了二百餘件（套）書法作品，不乏精品力作，並進行了翔實分類。此外，劉海粟美術館編寫的《曾熙與上海美專書畫作品集》和臺灣國立歷史博物館編寫的《張大千的老師——曾熙李瑞清書畫特展作品集》也收錄了不少曾熙書法作品，為研究者提供了便利。在書論方面，崔爾平的《明清書論集》（上海辭書出版社，2011 年版）較為詳細地收錄了曾熙的書法理論，成為國內學者研究曾熙書論的重要工具書。另外，不得不提的是，王中秀先生和曾迎三先生編著的《曾熙年譜長編》已於 2016 年付梓，此書的面世修復了長期以來曾熙生平資料的「斷鏈」，對於曾熙書畫藝術研究具有里程碑式的意義。其中收錄的《譚延闓日記》披露了大量曾熙與李瑞清、李瑞奇、譚延闓、譚澤闓等交遊論藝的始末，對於塑造一個全面立體的曾熙藝術形象顯得彌足珍貴，也為曾熙書畫研究的深入提供了新的思路。

在曾熙書法研究方面，國內已有不少理論成果。總括起來，分為以下幾類：

1. 著作

一般的中國書法史著作會在晚清章節提到康有為、吳昌碩、沈曾植、鄭孝胥、李瑞清等書家，對曾熙鮮有提及。而很多民國書法史或近現代書法史著作，一般都會提及曾熙，但多數只是寥寥數言。這類著作有王朝賓的《民國書法》、陳振濂的《中國現代書法史》《近現代書法史》《民國書法史論》、於茂陽的《20 世紀中國書法史》、孫洵的《民國書法史》、周俊傑的《20 世紀中國書法通論》。其中，影響較大的是陳振濂的《中國現代書法史》（河南美術出版社，2010 年版）第四章「北碑派的末流」中的第二節題為「曾熙的平庸」，他認為曾熙是由於李瑞清的成全才成為書法家，其書風四平八穩，儼然「館閣體」模樣，其書風在一個層面反映了他對世俗品味的迎合，可見陳振濂對曾熙是持批評態度的。

汪毅《張善孖的世界》是首部研究曾熙門人張善孖的專著，其中披露的很多史料對曾熙藝術經歷研究很有裨益。謝家孝《張大千的世界》和李永翹《張大千全傳》等收錄了曾熙與張大千師徒間的生活和藝術往來，也是研究曾熙藝術歷程較為重要的素材。

但總體上來講，這些著作對曾熙書法的研究涉及較少或欠全面。

2. 論文

（1）研究生學位論文。筆者通過中國知網博士學位論文數據庫和優秀碩士學位論文數據庫檢索發現，目前尚無曾熙書法研究方面的博士論文，僅有兩篇碩士論文。一篇是 2006 年浙江大學馮文華的碩士學位論文《民國早期（1912～1930）海上書法背景下的曾熙研究》。該文通過對已有近現代文獻的梳理，考證了曾熙的家世、生平和交遊，揭示其書法風格形成的原因及其價值和影響，對比了曾熙書風、地位和影響的前後變化，指出其直接原因。但作者引用的文獻資料侷限於近人著作，沒有充分引證第一手資料，尤其是缺乏對曾熙本人詩文、書論、畫論的歸納整理和系統分析，導致論據不足。另一篇是 2012 年西南大學張衛武的碩士學位論文《曾熙書法研究》。該文在資料搜集上較之前文更為詳盡，參考了很多新出的文獻資料，對曾熙一生成長和從藝經歷的論證也更為全面，在很多方面較之以前研究都有一定突破，尤其是對曾熙的書法理論進行了概述。但該文並未對曾熙書風的形成機制進行剖析，對書論梳理和分析的系統性也略顯不足。

（2）期刊論文和會議論文。大概分為生平考證和綜合研究兩類。生平考證類的文章主要集中在曾熙的生平交遊、藝術活動和師友關係等幾個層面，如湘子《曾熙的教育活動及門下弟子小考》、馮文華的《曾熙生平交遊考略》、張衛武的《曾熙與沈曾植交遊考》《曾熙與譚延闓交遊考》《曾熙與李瑞清交遊考》《曾熙與張大千交遊考》《曾熙與齊白石交遊考》，等等。其中，張衛武的考證類文章對曾熙和重要書畫家的交遊活動進行了系統闡發，為我們研究曾熙的藝術成長經歷具有重要的參考價值。綜合研究類論文主要有王中秀的《拂去歷史的塵埃——曾熙與李瑞清在上海的藝術活動一瞥》、郎紹君的《讀〈曾熙詩文題跋集〉》、傅申《曾熙、李瑞清與門生張大千》、唐去非等《曾熙的教育思想與實踐活動初探》、葉梅《曾熙書學觀研究》《曾熙魏碑書論及化用研究》、王東民《曾熙對何紹基書法的鑒藏及品評》、張衛武《曾熙書法題跋中的儒學思想》、李逸帆《曾熙的「天機」論》、顏奕端《「篆隸為統攝」的書學觀》等，涉及曾熙的藝術經歷、書法理論、鑒藏品評等諸多方面。其中，不少文章具有較高的理論價值。然而，這些論文多集中於書法理論研究，對曾熙書法風格特徵及其筆法特質的成因和內理卻鮮有涉及，且系統性不足，影響了我們對曾熙書法藝術認識的廣度和深度。

此外，還有一些針對曾熙書法作品、藝術活動等問題的一般介紹性論文，

在此不再贅述。

0.3　研究方法

在研究曾熙的成長經歷和書法理論思想方面，主要運用了文獻法，通過搜集曾熙的詩文、書跋、畫跋和有關史料對曾熙的性格養成和學書觀念展開研究，同時運用比較分析法，將曾熙書法理論和同代書家理論進行橫向比較，概括出其理論的特色。

在曾熙的書法創作和筆法研究方面，主要運用了圖像分析和比較分析法。一是通過對曾熙書法作品圖像的分析，使我們直觀掌握其在筆法、造型、布局等層面的技術特徵；二是通過比較曾熙和李瑞清、吳昌碩等書家筆法的不同，凸顯其書法藝術的獨特魅力。

此外，以口述記錄、田野考察等作為輔助研究方法。

0.4　研究意義

如前所述，現有的曾熙書法研究多集中在生平介紹、作品賞析、書論闡發等問題的某個層面，還沒有形成一個完備的系統。本書以曾熙所處的社會環境為起點，對其家世、求學、交遊、仕途、辦學、寓滬鬻書、結社雅集、課徒、出版等一系列問題進行了全面梳理，從內因和外因兩個層面使大家對曾熙書法藝術風格的形成原因和發展脈絡更加明晰，彌補現有研究中的「斷鏈」現象。

對曾熙書法創作規律及其筆法特徵「顫筆」的系統闡發是本書的一大特色。先前的論文雖然也提到了曾熙書法的風格特徵和筆法特徵，但都停留在現象敘述層面，對其內在的形成機制和創作理念並未有深入涉及。因此，大眾多將曾熙的「顫筆」視作一種刻意求怪的「習氣」，而不知其中凝結著書家多年的理論精髓和艱苦的實踐探索。本書對曾熙的篆、隸、楷、行、草五體依次展開分析，揭示了其以「古篆」筆法統攝各體的「一以貫之」的學書觀念，同時全面分析了曾熙各體書法的藝術成就，尤其對其鮮為人知的小楷和行草書進行了系統分析，以期使人們對曾熙藝術成就的認識更加全面立體。通過這種分析，我們得以發現曾熙是清末民國時期為數不多的以「古篆」筆法打通各體的書家，因此與同代書家相比，更顯其素養全面、五體皆能，而其間寶貴的藝術實踐經驗對我們今天的書法學習仍有良好的借鑒意義。

此外，本書對湖湘文化如何影響曾熙書法創作、曾熙書論如何與其實踐

相結合等問題進行了探討，還對「曾李同門會」這一鮮為人道的同門組織進行了系統考察，回答了一些學者在曾熙書法研究上所關切的問題。總之，本書力求將書家這位五體兼擅、融會碑帖的「全能型」書家、尊重傳統、銳意求變的「創新型」書家以及學養深厚、參通詩書的「文人型」展示給讀者，使人們得以通過這位書畫巨匠的藝術成長歷程，獲得書法藝術實踐的普遍規律和有益啟示。

第 1 章　曾熙的人生與藝術歷程

　　清末民國時期的政治、經濟和思想文化都處於歷史變革的前沿，而這一時期的學術也承襲乾嘉以來經學日盛的餘緒，金石考據和品鑒收藏風氣蒸蒸日上，從而帶動了書壇的崇碑熱潮。清末民初的書壇，碑學在清代中晚期一批實踐和理論大家的身體力行後，迎來了又一個高潮，但更加注重審美內涵與技術規律的深挖，並湧現出大批致力於碑帖融合探索的書法家和理論家。曾熙正是這種時代背景下成長起來的代表書家之一，其書法藝術之路也表現出濃鬱的時代特色，既有傳統性，又有創新性。可以說，曾熙是一個既尊重傳統和根植傳統，又具有強烈創新意識的書法家，而隱藏在書法藝術本身背後的，恰是他同時作為清末最後一批士人和民國第一批職業化書家所特有的求變意識。從公車上書、科舉廢除再到辛亥「鼎革」、新文化運動等一系列歷史事件，外部的一切都處在目不暇接的變局中，而曾熙也相繼經歷了求學應試、仕宦生涯、鬻書為業等一系列人生的巨大轉變，從而他的人際關係、知識視野和審美格局也得以重構。這一切都可視作曾熙書法藝術觀念形成的外部誘因。特別是曾熙與李瑞清、譚延闓等人密切的藝術探討和鑒藏交流活動，對其書法審美觀念的演進和書法風格的最終形成發揮了極其重要的作用。

　　因此，對曾熙人生際遇與藝術歷程的追尋是我們真正走進其書法世界的重要津梁。

1.1　早年人生轉捩：從「經世之志」到職業鬻書

　　「士」古又稱「士大夫」，是封建社會體系中靠科舉考試取得功名的知

識精英群體，是中華傳統文化的重要傳承者，而「儒學是這個群體的正統意識形態」〔註1〕。資中筠認為，「士」的精神內涵至少有兩層含義〔註2〕：一是獨立的人格。《論語》中說的「士不可以不弘毅，任重而道遠」〔註3〕，《孟子》中說的「富貴不能淫，貧賤不能移，威武不能屈」〔註4〕，都是士人所特有的精神品格，也就是「骨氣」和「君子之風」；二是憂國憂民的家國情懷和經世觀念。自古以來，「修身、齊家、治國、平天下」一直是士人階層所崇奉的至高理想，「達則兼濟天下，窮則獨善其身」則是「士」的處世哲學和行為準則。千百年來，無論亂世還是盛世，士人階層都在封建社會國家機器的分工體系裏扮演著不可替代的角色，並且從來都是王權社會正統封建倫理價值觀的忠實踐行者和捍衛者。然而，這一切在清末民初發生了實質性的扭轉。

1.1.1 曾熙成長的社會環境

　　乾嘉盛世之後，清王朝的噩夢開啟了。1856 年至 1860 年第二次鴉片戰爭爆發，帝國主義列強徹底叩開了清王朝的大門，一場風起雲湧的歷史更迭大幕正式揭開。清人「天朝大國」的政治幻想在列強炮火的咆哮下被擊得粉碎，這場戰爭以清政府的慘敗告終，使其被迫與英、法、俄等國簽訂了喪權辱國的《北京條約》。1861 年，曾熙出生在這樣一個多事之秋。

　　曾熙（1861～1930），清咸豐辛酉十一年十一月十九日（公元 1861 年 12 月 20 日）辰時生於湖南衡陽縣石市鎮龍田村。譜名昭銜，後更名熙，字子緝，初號嗣元，也作士元，俟園，後改號農髯〔註5〕。《龍田曾氏六修族譜》記載：「春秋時期，曾氏始祖曾巫，仕於魯國，五傳曾子，居武城（今山東省嘉祥縣）。曾氏始大矣。我龍田族譜，屬於武城曾氏支譜。武城由來於此。」

〔註1〕周榮德：《中國社會的階層與流動·一個社區中士紳身份的研究》，學林出版社，2000 年版，第 2 頁。

〔註2〕資中筠：《資中筠自選集·士人風骨》，廣西師範大學出版社，2011 年版，第 4 頁。

〔註3〕〔清〕劉寶楠著：《論語正義》，河北人民出版社，1988 年版，第 159 頁。

〔註4〕蘭州大學中文系孟子譯注小組：《孟子譯注》，中華書局，1960 年版，第 141 頁。

〔註5〕一般文獻資料都認為曾熙晚年始改號「農髯」，李瑞清亦持同樣觀點。而筆者經過對曾熙傳世作品的梳理和研讀，發現 20 世紀初起曾熙就已經開始使用「農髯」的字號章，故改號應屬中年之事，而非晚年。

〔註6〕可見，龍田曾氏一脈可尋根至春秋時期武城的曾子，與聖人孔子有著深厚的淵源。曾熙對遠祖曾子顯然是引以為榮的，他曾有一方印章曰「武城第七十三派」，可見這種情愫。

圖 1-1　曾熙七十歲小像

刊於《蜜蜂》1930 年第 1 期

　　曾熙之父譜名廣垔，字履安，號敦圃，一號德山，生於清道光己丑九年（1829 年）十月二十日辰時，卒於清同治癸亥二年（1863 年）二月初一日丑時。母劉氏，生於清道壬辰十二年（1832 年）五月二十四日巳時，卒於民國甲寅三年（1914 年）正月初六酉時。曾熙一歲零三個月時父親廣垔因病去世，此後他與母親相依為命，幼年可謂貧苦交加。關於曾熙早年的家境，《清史稿》有記載：

　　　　曾廣垔妻劉，衡陽人。歸廣垔。舅老，姑前卒。兄公初喪，舅痛子，幾失明，出入需人。劉侍舅謹，日執炊，一飯三起視舅起居衣食。雖貧，必具酒肉。舅病，奉待七晝夜不就枕。舅卒，棄田廬治喪。劉方產，徙陋巷，艱苦冰雪中。〔註7〕

〔註6〕《龍田曾氏六修族譜》，1999 年印製，未出版，現由湖南私人藏。係在 1940 年《龍田曾氏五修族譜》庚辰孟春篤親堂刊本的基礎上增補而成。
〔註7〕趙爾巽等撰：《清史稿》（第 509 卷），中華書局，1977 年版，第 14080 頁。

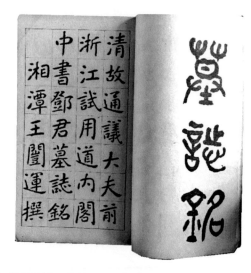

圖1-2《武岡鄧先生墓誌銘》書影　上海私人收藏

　　甲午戰爭打響後，曾熙與任壽國、任壽文、丁立鈞、楊仁山、李瑞清、周敬夫、歐陽君重、戴鎏盦等士子聚集在丁立鈞住所，終日討論救國圖存之計。甲午戰爭終告失敗，清政府被迫與日本簽訂喪權辱國的《馬關條約》，朝廷上下充斥著亡國厄運來臨前的焦躁和不安，一向委曲求全的士子們再也坐不住了。1895年康有為聯合在京應試的十八省舉人，上書萬言，即著名的「公車上書」，敦促統治者變法圖強，其中湖南舉人曾熙就在上書名錄內〔註8〕。此後，康有為、梁啟超、譚嗣同等維新人士聯合奔走呼號，他們一方面繼續上書統治者要求在政治、經濟、文化等制度層面進行全面變法；另一方面通過組織救亡學會、創辦進步刊物、興辦新式學堂等活動，揭起變法圖存的輿論大旗，呼籲啟迪民智，解放民眾思想。

　　1898年6月，在光緒皇帝的支持下，一場聲勢浩蕩的維新思潮迅速席捲全國。由於種種原因，戊戌變法只維持了103天就失敗了，但它極大地激起了民眾的愛國意識和民族意識，解放了人們長期以來沉迷於「天朝大國」而故步自封的陳腐觀念。1900年，八國聯軍攻陷北京，曾熙攜老母在慌亂中逃離北京返回老家，在跟蹌中心愛的宋拓本《瘞鶴銘》被匪人劫去。

　　從甲午戰爭、戊戌變法，到日俄戰爭，清朝統治者迫於內外壓力，不得不在保全帝制的前提下做出順應民意的政策改革。在政治體制方面，宣布新

〔註8〕故宮博物院：《清光緒中日交涉史料》卷四十，光緒二十一年四月初六日附件二。

政和預備立憲；教育方面，清廷應袁世凱、張之洞奏詔准 1906 年起廢除科舉考試，興辦新式學堂。回湖南的這幾年間，曾熙一邊在湖南老家侍奉母親，刻苦攻讀，為會試和殿試作準備，一邊積極投身地方教育事業。他奉旨創辦了南路師範學堂（今衡陽師範學院前身）並出任監督，後陸續擔任嶽麓高等學堂（今湖南大學前身）監督和湖南教育會副會長等職務。通過興辦教育，曾熙在湖南的政績得到廣大鄉賢認可。因此，在湖南成立諮議局之際，他得以高票當選諮議局副議長。

辛亥革命後，曾熙在家閒居。他似乎很自然地接受了民國取代大清的這個事實，因為我們在他的《飲和亭銘並序》中發現了「大漢民國」的名號〔註9〕。1913 年，曾熙再次被選為湖南省議會副議長，好友譚延闓則升任湖南省都督。從《譚延闓日記》中可以看出，曾熙在議會工作上認真履職，但有很多議員消極殆政，時常由於出席者不足法定人數而罷會。罷會之際，也正好成為曾熙與譚延闓等友人宴飲聚會的絕好機會。可以說，此時曾熙的「經世之志」正在逐漸被混亂的湖南政局瓦解，而譚延闓的陪伴也許成為曾熙參政議政的最後一絲動力。隨著二次革命失敗、譚延闓辭職、母親病逝等種種變故的接踵而至，曾熙對混亂的官場完全失去了興趣，最終接受了李瑞清的邀請走上職業鬻書的道路。

1.1.2　「鼎革」之際曾熙等傳統士人心態的嬗變

「鼎革」一詞來源於《易經》「革物者莫若鼎，故受之以鼎」〔註10〕。「鼎」和「革」是《易經》中的兩個卦象，後世一般將「鼎革」定義為朝代更易。在學術界，「鼎革」更傾向於特指明末清初的特定歷史，而清末民初則以辛亥「鼎革」稱之。曾熙出生的年代非常特殊，他一生幾乎經歷了中國最混亂的時期，作為清代最後一批傳統士大夫，在辛亥「鼎革」之際，同時面臨著尋找生命出口的痛苦且矛盾的抉擇。

首先，科舉制度的廢除，徹底阻斷了封建社會社會中下層讀書人進入上流社會的源泉，一直以來傳統文人心中「學而優則仕」的政治理想破滅了，隨之而來的是士人政治地位的下降和士人身份的消弭。科舉廢除了，士人賴以生存的政治和經濟基礎也就瓦解了，從而推動了整個中國社會階級結構和

〔註9〕王中秀、曾迎三：《曾熙年譜長編》，上海書畫出版社，2016 年版，第 166 頁。
〔註10〕〔魏〕王弼撰：《周易注》，中華書局，2011 年版，第 1 頁。

社會關係的大變革。從此，士人階層開始出現大規模的分化和「洗牌」，他們或繼續從政，或棄官為商，或棄筆從戎，或投身新式教育，為了維繫生計不得不被迫適應新的社會分工。其中，仍有大批無法適應新變的守舊士人被殘忍地淘汰出局。前所未有的焦慮和隱憂困擾著每一個人，「士為四民之首，坐失其業，謀生無術，生當此時，將如之何？」〔註11〕他們或彷徨，或觀望，或保守，或激進，深知個人命運充滿變數，但又不得不做出選擇。

其次，辛亥革命推翻了一千多年來的封建帝制，也改變了傳統倫理道德話語體系下的士人心態。如果說科舉制度的廢除，僅僅觸動了「四民之首」的士人的社會階級地位，那麼辛亥革命則從精神層面徹底瓦解了長期以來束縛士人的封建君臣倫理觀和群體意識，最終導致了傳統士人心態的變異。大清國亡了，作為封建禮教下臣子的士子們該何去何從？以湖南地區為例，在政治傾向上就分化出以下幾派：一派是以下層士子為主體的革命派，「他們所受的教育使他們敢於同儒家思想和儒家秩序決裂」〔註12〕，這些人已對封建帝制失去信心，其傳統君臣觀也已殆盡，被民主、共和思想所替代，以黃興、宋教仁等為代表；一派是以譚延闓為代表的立憲派士紳，他們既受進步思想影響，預感革命已成大勢，同時傳統儒家君臣觀仍在左右著他們，因此表現出時而進取、時而保守的兩面性和妥協性。曾熙早年思想進步，參加公車上書，支持維新，辛亥革命後他沒有沉溺於清亡的陰影，又出任湖南省議會副議長。然而，面對革命派首領孫中山的兩次盛情相邀，他又均予以回絕，表現出一定的保守性；一派則既不贊成改良或革命，也認同改革時局的必要，卻又無能為力，因此只能成為「理性」旁觀者，以王闓運為代表；還有一派則深受封建傳統君臣觀的影響，清亡後退居江湖，不再過問時事，以「遺老」自居，李瑞清即是代表。他在給清史館館長趙爾巽的辭職信中哀歎「瑞清，清之罪臣也，偶漏天網，偷活海隅……久已黃冠為道士，不復願聞人間事矣」〔註13〕。可見，在李瑞清心中，「君憂則臣辱，君辱則臣死」的精神死結是永遠無法解開的。另一方面，李瑞清被迫赴海上鬻書除了逃避亂世的精神紛擾外，也實在出於現實無奈。正如他1912年在《時報》刊登潤例所言：

〔註11〕劉大鵬：《退想齋日記》，山西人民出版社，1990年版，第147～149頁。
〔註12〕〔法〕白吉爾著，張富強、許世芬譯：《中國資產階級的黃金時代》，第43頁。
〔註13〕《神州日報》，1915年5月21日。

瑞清三世皆為官，今閒居，貧至不能給朝暮，家中老弱幾五十
人，莫肯學辟穀者，盡仰清而食……欲為賈，苦無資，欲為農，家
中無半畝地，力又不任也。不得已，仍鬻書為業。〔註14〕

　　李瑞清的困頓與窘迫是一度靠朝廷俸祿為生的「遺老」們處境的真實寫
照，當忠孝節義遭遇「國變」，使他面臨著物質和精神上的雙重折磨，失落、
無奈、糾結揮之不去，迫使他不得不選擇鬻書這個看似「兩全」的職業。好友
陳仁先曾作詩戲言：「道道非常道，天天小有天〔註15〕。書如少師怪，畫比石
濤顛」，在一個側面反映了李瑞清此時恣意宴飲、寄情書畫的精神狀態。

　　最後，新文化運動徹底衝擊了統治中國封建社會千百年來的思想文化基
礎，最終導致了封建士人階層集體意識的分化與瓦解。傳統士人心態的變異
也直接導致了他們賴以生存的經濟形態的改變和職業的分化，李瑞清、曾熙、
沈曾植、鄭孝胥等一大批封建士子先後避難海上鬻書為生就是一個鮮活的例
子。

1.1.3　「遺老」情懷：曾熙經世理想的破滅

1.1.3.1　「遺老」的文化心態

　　在《古代漢語大詞典》中「遺老」條目有兩層意思：一是前朝的舊臣，如
《晉書·徐廣傳》「廣收淚而言曰：『君為宋朝佐命，吾乃晉室遺老』」；二是指
經歷世變的老人〔註16〕。我們在此討論第一種情形。「遺老」是基於中國封建
社會倫理價值觀念下的概念，是對拒絕出仕新朝的舊臣的統稱。當今學界認
為，「遺老」可分為政治和文化兩個層面，政治「遺老」是指未出仕新朝的舊
臣，對新朝的文化也持抵制態度。其實，這部分清代「遺老」數量很小，王闓
運弟子費行簡的《當代名人小傳》裏「清室遺臣」條目僅收錄二十餘人；而文
化「遺老」則指眷顧前朝文化，在心理上牴觸新朝文化的那部分人，這部分
人涵蓋的範圍要比政治「遺老」廣得多，曾熙亦在此列。

　　辛亥「鼎革」對於晚清「遺老」們來說，痛苦的不只是政權更迭後士子
身份的喪失，還有「忠孝仁義」傳統思想價值觀禁錮之下「殉節」與「苟活」
之間的痛苦抉擇。辛亥革命後，兩廣總督張鳴岐哀歎：「去年能死，亦可保全

〔註14〕李瑞清：《玉梅花庵道士鬻書後引》，載《神州日報》，1912 年 4 月 22 日。
〔註15〕小有天，民國時期上海以福建菜為特色的飯館，曾熙、李瑞清等常在此宴飲。
〔註16〕徐復等編：《古代漢語大詞典》，上海：上海辭書出版社，2007 年版。

名節，然心頗不甘；今年乃追悔其不死，奈何！」〔註17〕，表達出其抉擇的兩難。沈曾植也有同樣的情愫：「旋又赴天津，淹流北地至兩月，常以不得死所為恨。」〔註18〕可見，「遺老」們心理的鬥爭異常激烈，他們承受著常人難以想像的精神壓力，人性本能與忠孝節義之間的博弈顯得非常激烈。但清末「遺老」處在一個新舊思想文化交融的時代，真正願意以死殉節的「遺老」畢竟寥寥。而事實也證明，進入民國的「遺老」們很難保持身份的純粹性，他們不得不與民國社會和市民生活的種種人事產生千絲萬縷的聯繫，這種身份認同也在新文化的大潮中不斷地被剝蝕、沖溶，逐漸遁跡於歷史舞臺。

民國之初，一批19世紀五六十年代出生的「遺老」們相繼聚集上海。進入民國後他們都已年過百半，到了20世紀二三十年代多數已謝世。在上海，這些「遺老」們形成了一個相對穩定的生活和交往圈，通過書畫交流、宴飲酬唱、結社集會等不同方式來表達他們對大清舊事和文化的眷戀，以共享他們的文化遺民情感。在經濟發達的「十里洋場」，很多「遺老」們僅憑以前為官的積蓄顯然難以為計，從而不得不尋覓賴以生存的新的經濟形態，因此形成了大批前清「遺老」鬻書謀生的壯觀景象，也是「士商合流」的一個重要體現。

「遺老」們的文化情愫除了體現在言談和詩文中外，還滲透在他們作書作畫的種種細節裏。如鄭孝胥入民國後始終拒絕出仕，書畫作品的落款也絕不用民國年號，並多寫松、蘭、菊等題材以示其昭昭之志。這一情愫也反映在李瑞清和曾熙身上。李瑞清定居上海後，以清道人號行，落款亦從不見民國二字。與好友李瑞清相比，曾熙並未那麼決絕，而是把這種「遺老」情愫訴諸藝術，他與李瑞清在藝術上都秉承清代以來的崇質尚樸的碑學思想，也都對八大山人和石濤的書畫情有獨鍾。李瑞清曾在跋石濤《蘭竹圖卷》中云「石濤與八大山人同為明季遺老，八大山人清超奇逸，而石濤則全以古厚勝，用墨大似元人」〔註19〕，可見除了石濤的筆墨意趣更符合他們的審美趣味外，還有一點非常重要的就是八大和石濤的「遺老」身份。在八大、石濤身上，曾、李二人似乎覓到了人生境遇和內在情感的某種共鳴。這種共鳴他們很少在現實對話中流露，但在書畫題跋和門人的隻言片語中卻留下了絲絲印記。如，朱大可曾言「（曾熙）晚年好作畫，意境在清湘、八大間，蓋所遭遇者有

〔註17〕鄭孝胥：《鄭孝胥日記》（第三冊），中華書局，1993年版，第1452頁。
〔註18〕王蘧常：《沈寐叟年譜》，上海書店，1991年版，第69頁。
〔註19〕王中秀、曾迎三：《曾熙年譜長編》，上海書畫出版社，2016年版，第356頁。

同然也」〔註 20〕。著名學者方聞認為：「遺老們感慨『世風日下』，輝煌的華夏文明一逝不返的情愫，無疑與他們堅信藝術傑作（比如石濤與八大山人的作品）是穿越人類歷史黑暗時刻的光明之路的信念密切相關」〔註 21〕。

　　筆者認為，之所以曾熙不能算政治層面的「遺老」，僅能算文化層面的「遺老」，是因為曾熙遠沒有李瑞清那樣意絕仕途、黃袍遁於海上的灑脫，他仍有經世之心。只不過，在亂世的政治舞臺上曾熙的性格很難有發揮空間，由於不滿現實中各種勢力的明爭暗鬥，在 1915 年秋日與好友李瑞清的那次長談後，他的官場生涯終於徹底畫上了句號。

1.1.3.2　從湖南到上海：曾熙經世理想的破滅

　　今年八月，曾季子出遊西湖，遠來視余，余因止之留滬上以鬻書，曰：鬢昔不能以術取卿相沒人財帛以自富，今又不能操白刃以劫人為盜賊稱豪傑，直庸人耳。今老且貧……鬻書雖末業，內無飢寒之患，外無劫奪之憂，無捐金之事，操三尺之觚，有十倍之息……他日吾與子起家鉅萬，與英美托辣司主者埒富，亦其常也。曾季子捧腹大笑曰：敢不如子言！〔註 22〕

　　這是 1915 年冬《大同月報》上刊登的《衡陽曾子緝鬻書直例引》的部分文字，其中李瑞清敘述了勸曾熙來滬鬻書的始末。在這段文字裏，李瑞清使用激將法從正反兩方面為曾熙分析了他的處境，憑著對老友性格的瞭解，李瑞清先「攻其要害」，列出了曾熙的困窘之處：一是曾氏無緣卿相之位，又不敢做亂世梟雄，非常平庸；二是「老且貧」，還以守節士人自居，必然困頓不能自保。別說救國，就連自身和妻子都難全，又何其羞恥呢？！進而，李瑞清為其分析了鬻書為生的利好之處：鬻書雖為「末業」，但仍屬自食其力，保守點可免飢寒之苦，進一步而言「起家鉅萬」，成為巨富也非絕無可能。能看得出為了讓將這位好友留在身邊為伴，李瑞清使出了渾身解數。因此可以說，如果沒有 1911 年的辛亥國變，也許曾熙會繼續擔任湖南省諮議會的副會長，甚至熬到一個更大的地方官；如果不是好友李瑞清推心置腹的盛情相邀，或許曾熙的終身行跡將定格在衡陽與長沙之間，在他精心打造的鄉村別墅「慈德堂」怡享天年，安度餘生。雖然曾熙「捧腹大笑」地答應了好友的邀請，但

〔註 20〕王中秀、曾迎三：《曾熙年譜長編》，上海書畫出版社，2016 年版，第 654 頁。
〔註 21〕方聞：《問題與方法·中國藝術史研究問答（上）》，《南京藝術學院學報》（美術與設計版），2008 年第 3 期，第 30～31 頁。
〔註 22〕李瑞清：《清道人遺集》，中華書局，1939 年 9 月版，第 128 頁。

也實屬無奈之舉，青年時代以來的經世之志逐漸被慘淡的現實磨蝕、剝離。縱觀曾熙的一生，我們大致可以勾勒出三個對其至關重要的時間節點：

一是 1891 年，可視作曾熙仕途生涯的起點。是年，在湖南督學張亨嘉的推薦下，曾熙進入當時與嶽麓書院齊名的湖南校經書院深造，同年鄉試中第二名舉人，而當時考官為丁立鈞。此後，曾熙與丁立鈞保持著長期而密切的聯繫，並一直以夫子事之。中舉後的曾熙春風得意，手書「亞元」二字並製成匾額（見圖 1-3）以表欣喜之情，這件書法也是我們目前可見的最早的曾熙手跡。在封建社會，「學而優則仕」，參加科舉考試是大多數寒門子弟走入仕途的必經之路，而曾熙高中「亞元」自然是對自己苦讀交上的滿意答卷，為門楣增輝不少，也成為他進入官場的「入場券」。此後不久，曾熙即被安排到兵部供職，任主事一職，躋身正六品。1895 年，甲午海戰失敗後，曾熙、李瑞清和湖南舉人任錫純等四十多人率先上書都察院〔註23〕，慷慨陳情，反對議和。既而福建、四川、江西等省份群起相應，從而掀起了震驚中外的「公車上書」事件。1896 年春，曾熙出京考察軍務，路過武漢，欲拜訪張之洞諫其加緊練兵，因張氏正在休息，只得由黃仲弢代為轉達〔註24〕。由此看出，曾熙對於兵事本職是恪盡職守的。另外，強學會被查封後，曾熙心中焦急萬分，乞冀其盡快恢復生機，這在給丁立鈞的信中得以披露。由此可以看出，曾熙在政治上傾向於立憲派，是一個滿懷經世濟國抱負的進步士子，並不像外界所言一派思想保守的政治「遺老」形象。

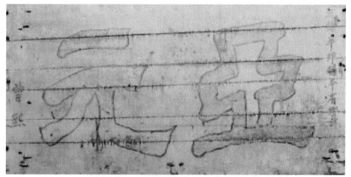

圖 1-3　曾熙題「亞元」牌匾

曾熙後人藏

〔註23〕故宮博物院：《清光緒中日交涉史料》卷四十，光緒二十一年四月初六日，附件二。

〔註24〕王中秀、曾迎三：《曾熙年譜長編》，上海書畫出版社，2016 年版，第42頁。

　　二是 1903 年。1903 年 7 月 4 日，《癸卯科殿試題名錄》發布，曾熙以二甲一百二十一名賜進士及第〔註 25〕。此後，曾熙在兵部主事任上被調到湖南老家，創辦南路師範學堂（今衡陽師範學院前身），此後他又擔任嶽麓高等學堂（今湖南大學前身）監督、湖南省教育會副會長，走上了教育辦學之路。而此時正處於清廷創辦新式師範學堂的熱潮中，他的好友李瑞清同年出任三江師範學堂（今南京大學前身）監督，譚延闓則被委任中路師範學堂（今湖南第一師範學院前身）監督。1909 年，湖南省成立諮議局，譚延闓被選為議長，曾熙則與馮錫仁一起被推選為副議長〔註 26〕。曾熙與譚延闓並未止於政治上的合作關係，後來成為無話不談、朝夕相處的至交，而在興辦教育和組建議會等層面的交集更使他們來往頻繁，二人交情的逐步深入也正是在此際。1913 年 3 月 17 日，湖南省議會再次開會選舉領導層，曾熙與彭兆璜當選副議長，而此時他的好友譚延闓已是湖南省都督兼國民黨湘支部部長，這時的曾熙如果熱心政治，本可借譚氏之力再進一步。然而，湖南政局的複雜和紛亂令他備生倦意，加上不久後好友譚延闓被排擠出湘，他再也無心仕途生涯，旋赴滬鬻書為業。

　　三是 1915 年，這是曾熙真正走上職業書畫道路的重要節點。正是本節開端與李瑞清的那段談話，改變了曾熙的人生軌跡。如果沒有李氏的邀請，曾熙也許會成為一個不大不小的地方官，或者回到龍田老家安度晚年，但上海書壇會因此少了一個創作活躍的書法家，甚至不會有張大千上海拜師的種種機緣和他日後巨大的藝術成就。從湖南到上海，對於曾熙個人藝術生涯而言，遠遠不只是一個地域文化空間的轉換或社會身份地位的嬗變，而更重要的是社會心態、審美觀念的解放和人際關係的重構。從此，以曾熙、李瑞清、譚延闓三人為中心，形成了一個集兄弟、門人、朋友等各層次關係為一體且相對穩定的書畫交遊圈。尤其是曾熙寓居上海後，與譚延闓的關係得到了進一步發展。

　　我們通過閱讀文獻尤其是現藏臺灣中央研究院的《譚延闓日記》，可以發現譚延闓與曾熙密切交往的大量資料，其關係密切程度較之李瑞清有過之而

〔註 25〕江慶柏：《清朝進士題名錄》，中華書局，2007 年 6 月，第 1 版。同日《申報》
　　　　發布的《續錄癸卯科殿試題名錄》將曾熙列為了三甲第一百四十七名，當為
　　　　舛誤。
〔註 26〕《長沙日報》，1913 年 3 月 18 日。

無不及。《譚延闓日記》所披露資料涉及生活瑣事、宴飲集會、書畫品鑒、藝術創作等諸多方面內容，堪稱民國社會文化和文人生存狀態的微縮版。

如 1922 年 3 月 5 日條：

> 以曾九所假《佩文齋書畫譜》校周用吾送來之《淳化》殘帖第六、第七兩卷，雖有「臣王著摹」四字，而紙墨不似宋拓，恐明翻矣。〔註27〕

諸多有價值的民國書家之間的鑒藏和交流活動在譚延闓的筆下得以復活，為我們深入那個時代的種種細節打開了一扇窗。又如 1922 年 12 月 13 日譚延闓經曾熙介紹購筆的記錄：

> 曾九薦徐三葆來，筆工也，買十餘元試之。〔註28〕

譚延闓是湖南著名的鄉紳，以其圓滑世故而被稱為「藥中甘草」，可謂從容「玩轉」政界的奇才。相比之下，曾熙雖有經世之心，卻是一個生性耿介，得意時「聲震屋瓦」〔註29〕的憨直之人。從個性上來講，二人絕非同路，而又緣何能在各方面相談甚歡，保持三十年情同手足甚至關係並不啻於曾李之交呢？筆者認為，其中緣由有三：首先是譚延闓和曾熙的性格有互補之處。雖然譚以「藥中甘草」馳騁於政壇，但在與朋友處事上仍有其隨和大度、慷慨豪爽的一面，尤其是他對出身貧寒的曾熙多有接濟之處，曾氏自然感念其情；其次，譚延闓和曾熙同為進士出身，又為湖南議會同事，這就使二者在身份上具有一定的認同。此外，在書畫藝術上二人亦有較多共同話題。況且，譚氏以嗜美食著稱，更容易融入喜好宴飲的上海「遺老」圈，曾熙亦同好宴飲，成為譚氏飯局上的常客；第三，曾熙經世之志在混亂的時局下最終破滅了，好友李瑞清的相邀正逢其時，但曾熙的內心想必充滿了無奈和遺憾。相較之下，他的好友譚延闓卻有審時度勢、統覽大局的本領，後來高居湖南都督和南京國民政府主席、行政院院長之位。好友譚延闓在政治上的過人稟賦和如魚得水，對曾熙而言，抑或是經世之志不得施展的另一種慰藉吧。

曾熙雖有「經世之志」，但並沒有混跡政壇的個性與能力，爾虞我詐的民國政壇已經越來越不適合他立足。於是他不得不選擇李瑞清、沈曾植等一樣的道路，開始「躲進小樓成一統」的避渦鬻書生涯。應該說，曾熙能從一個封

〔註27〕王中秀、曾迎三：《曾熙年譜長編》，上海書畫出版社，2016 年版，第 437 頁。
〔註28〕王中秀、曾迎三：《曾熙年譜長編》，上海書畫出版社，2016 年版，第 467 頁。
〔註29〕王中秀、曾迎三：《曾熙年譜長編》，上海書畫出版社，2016 年版，第 16 頁。

建士人轉型為職業書畫家，並在短短的十五年時間聞名海上，與他所在的獨特社會環境和人生境遇是密切相關的，是時代使然，是環境使然，亦是其人格秉性使然。

1.2　同道藝海乘桴：「南曾北李」與他們的「書畫圈」

1.2.1　曾、李「書畫圈」的形成過程及早期鑒藏

如果說曾熙和譚延闓因政治、生活、藝術等諸多方面的交集而日親日密、情同手足，那麼曾熙和李瑞清的交往則顯得更為純粹，僅僅是脾氣秉性和書畫興趣的相投，真可謂典型的「君子之交」和「兄弟之交」了。

李瑞清（1867～1920），字仲麟、仲霖，號梅庵、梅癡等，自署梅道人、阿某等，晚號清道人。祖籍江西臨川（今屬進賢縣），生於廣東。歷任廣西梧州知府、湖南長沙同知、武陵、平江、長沙、衡山知縣，因父親工作調動，李瑞清幼年長期和父親客居湖南。梅庵幼年讀經，十歲學書，光緒二十年中進士，後選為翰林院庶吉士，歷任江寧提學使兼兩江師範學堂監督、江寧布政使，民國後意絕仕途，赴上海鬻書為生，以清道人名號行世。1920 年 9 月12 日因中風病逝於上海，時年五十四歲，諡「文潔」。李瑞清的一生短暫而曲折，他曾三次喪妻，後哀毀欲絕，不再續娶，其取號「梅庵」即為哀念亡妻。但與曾熙不同，李瑞清三世皆為官，祖上以吃清廷俸祿為生，自然對大清有著深厚的感情。因此，在 1911 年革命軍攻打南京時，省城官吏都聞風遁逃，只有他臨危受命，不懼以卵擊石。這種政治身份和凜然義舉使他成為上海「遺老」圈的中心成員之一，也為他書畫市場在滬上的開拓奠定了廣泛的群眾基礎。

我們梳理文獻資料發現，曾熙的書畫成長經歷很難和李瑞清剡離開來，二者從早年開始就一道交遊、訪碑、學書、鑒藏、研討，這些與書畫風格形成密切相關的活動一直貫穿二人的藝術生涯，直到 1920 年李瑞清去世。可以說梳理曾、李的「書畫圈」，既是我們認識曾、李書法藝術理念的基礎，也是探究曾熙書法風格成因的重要切入點。對於二人的藝術取法，李瑞清曾言「余喜學鼎彝、漢中石門諸刻，《劉平國》《裴岑》《張遷》《禮器》《鄭道昭》《爨龍顏》之屬，自號北宗；季子則學《石鼓文》《夏承》《華山》《史晨》、太傅、右

軍、大令，尤好《鶴銘》《般若》，自號南宗以相敵」〔註30〕，於是「南曾北李」的美譽在滬上廣為傳播。李瑞清所好的鼎彝、漢中石門諸刻、《劉平國》《裴岑》《張遷》等都屬於氣勢雄強一路，多以方筆見長，極富陽剛之氣，而曾熙所好的《石鼓文》《夏承》《華山》到《鶴銘》《般若》多屬圓渾雍容一路，多以圓筆見長，柔中帶剛。但二者的取法理路大致趨同，即由三代、秦漢而下溯六朝，明顯能夠看出清初以來的金石學和碑學風氣對他們產生的深刻影響。

眾所周知，金石學始於兩宋，興於清代，按照研究對象的不同大抵可分為考稽經史和研究書法兩類。而清代除了以顧炎武、王昶、朱彝尊等人專注於金石的經史意義外，金石學早已廣泛被書法家攬入研究視野，如黃易、阮元、包世臣等。在清代，金石學的研究範圍得到擴大，除了主流的鼎彝、碑碣之外，還旁涉磚瓦、造像、陶器、瓦當、鏡銘、璽印等更加廣泛龐雜的內容，而碑學則是金石學的一個分支。對於碑學，李瑞清曾有一個定義：「何謂帖學？簡札之類是也；何謂碑學？摩崖、碑銘是也」〔註31〕。誠然，李氏的定義相對比較模糊，沒有對二者進行時代上的明確劃分。當代學者劉恒認為：

> 「帖學」是指宋、元以來形成的崇尚王羲之、王獻之及屬於二王系統的唐、宋諸大家書風的書法史觀、審美理論和以晉唐以來名家墨蹟、法帖為取法對象的創作風氣……「碑學」則是指重視漢、魏、南北朝碑版石刻的書法史觀、審美主張以及主要以碑刻為取法對象的創作風氣。〔註32〕

古今學者雖然在碑學概念的具體表述上存在差異，但對其所指內容基本可以形成共識，即碑學涵蓋的主要是指兩漢和魏晉南北朝碑版石刻作品。清中期以降，以鄧石如、伊秉綬、吳讓之等為代表的碑學書法家異軍突起，包世臣的《藝舟雙楫》和康有為的《廣藝舟雙楫》更是將碑學的理論闡發推向了高潮。對於文人而言，碑學除了文字學和書學層面的意義，更蘊含著對先賢往聖的眷戀和崇敬，瓦解著康乾以來滿朝競尚董（其昌）、趙（孟頫）的帶有「貴族」氣質的帖學書風，帶有某種挑戰統治者主導的正統審美意識的政

〔註30〕李瑞清：《衡陽曾子緝鬻書直例引》，原載《大同月報》第二卷第一號。轉引自《清道人遺集》，中華書局，2011 年 3 月版，第 128 頁。

〔註31〕李瑞清：《清道人論書嘉言錄》，《明清書論集》，上海辭書出版社，2011 年版，第 1539 頁。

〔註32〕劉恒：《中國書法史》（清代卷），江蘇教育出版社，2009 年版，第 4 頁。

治隱喻。曾熙和李瑞清青年時代正處於金石學和碑學風氣大盛的時期,其審美理想的構建必然無法脫離時代潮流的影響,他們的書法題跋中反覆提到的「三代之風」也可以視作那個時代文人的審美趣尚和政治理想的美好注腳。

　　曾熙與李瑞清「書畫圈」的構建大致始於 19 世紀九十年代初,這也大抵可視作貫穿他們一生金石書畫鑒藏生涯的開端。這個過程大概可以分為四個歷史階段:

　　一是 1889 年至 1895 年,為曾、李書畫交遊及其「書畫圈」建構的初步階段。1889 年,曾熙與夏午詒在鄉試中相遇,夏氏對曾氏一見如故,極喜其性格,後來曾熙與齊白石的相識即是通過夏氏這個中介。1891 年,曾熙開始「棄劍而學書」〔註 33〕,這一年他三十歲。也正是同年,他和李瑞清相識於長沙天心閣。在曾氏的印象中,李梅庵「其聲冷然,其言寥廓」,儼然一幅沉默寡言的樣子。然而,「他日,仲子過予齋,相與語竟日。時髯方縱橫白家,俯仰古今,視當世人無可當意,獨愛仲子,仲子亦愛髯,遂為莫逆交」〔註 34〕。在曾熙眼裏,李瑞清就像一個天真爛漫、不諳世事的孩子,自然待之如弟。李氏的憨厚與曾氏的耿介相得益彰,二人性格上的契合最終譜就了「南曾北李」這個清末民國時期「管鮑之交」的佳話。

　　1892 年,曾熙由北京參加會試返回長沙,李瑞清就曾見楊海琴藏宋拓《中興頌》,並言其妙處與《瘞鶴銘》如出一轍,因價格太高無力承受,只得眼看被翁同龢所購〔註 35〕,這件事曾熙晚年仍耿耿於懷、記憶猶新。1894 春,曾、李二人由長沙赴京參加會試,共住在宣武門外楊椒山故居松筠庵,「寢必同衾,出必同車」,可謂親密無間、形影相隨。也正是這個時候,曾熙和李瑞清開始有機會大量接觸京城各種金石拓本,購得《黃庭經》、水前本《瘞鶴銘》、周器拓片十餘種,欣喜若狂。此際,曾、李二人都為應考往返奔波,加上甲午戰爭給科場文人帶來的前所未有的思想波瀾,他們並未將主要精力放在書畫交遊上,故其「書畫圈」並沒有實質性擴展。

　　二是 1896 年秋至 1900 年,隨著曾、李交往日漸密切,其「書畫圈」日

〔註 33〕見於 1929 年 9 月 19 日曾熙題黃曉汀為許冠群作《劍鳴廬校碑圖》,原載《大風堂存稿》,私人收藏。

〔註 34〕曾熙:跋《清道人臨毛公鼎》,上海震亞圖書局,1921 年 10 月版。

〔註 35〕此事見 1930 年 3 月 31 日題《中興頌》,曾熙後經丁立鈞向翁同龢問詢此事,翁並未見此拓本。因此,曾熙根據李氏所言推測李瑞清見到的應該是玉煙堂本。

益擴大。1896 年秋，曾熙接母親進京，途中作客長沙李瑞清寓所，與友人寄禪禪師重逢，幾人朝夕相處，甚為融洽。臨別之際，李瑞清作《秋日湘上別曾熙》為之餞行，從詩中「晤言窮朝昏」和「未盡歡娛悵」〔註 36〕兩句可以看出，曾李二人情誼日深，暫別都覺得非常不捨。這次相聚後，二人的兄弟感情得到進一步深化。由長沙北上後，曾熙繼續在兵部任職。按照慣例，一般從湘前來應考者都要拜訪湖南籍京官。1898 年楊度赴京應考就對同鄉京官一一拜訪，其中就包括曾熙，曾氏回訪並贈送他書法扇面若干。此際，除與楊度、胡漱唐有交往外，曾熙還見到了闊別多年的好友夏午詒。當時李瑞清也由長沙至京，與曾熙同住臨川館，二人得以又有機會一道闊談書畫。夏午詒回憶道，在臨川館的這段時間，曾、李二人終日談論書法南北宗，並各自拿出所藏的唐宋人畫各自誇耀顯擺，曾熙談到興處則「聲震屋瓦」，夏氏雖甚為厭煩，但仍不願離去。此間之其樂融融，可見一斑。在夏午詒的記憶中，那時的曾、李二人已藏有唐宋人畫，只是這些畫的具體信息我們目前還無從得知。按常理而言，這時的曾、李經濟來源也非常有限，唐宋畫的價格應該很難承受，是否偽作也未可知，假設能意外撿漏，也確屬難能可貴了。

在京城的幾年，曾熙生活相對比較平靜、安逸，同鄉聚會、互訪的機緣甚多，書畫交遊也日漸多起來，來往較為頻繁者有鄭孝胥、符鐵年、楊度、夏午詒、丁立鈞等。此際，曾熙和恩師丁立鈞的書信往來也逐漸密切起來。曾熙對丁立鈞非常信任，國事、家事、藝事無不傾吐為快，有時也會向其索要書畫。然而，隨著 1900 年八國聯軍侵入北京，曾熙的生活再次被打亂。在慌亂中，他背負母親攜帶子女出逃京師，不幸途中遭遇劫匪，宋拓本《瘞鶴銘》被劫去，成為難以釋懷之憾事。但總算有驚無險，最終攜家人平安返回衡陽老家。

三是 1900 至 1915 年，曾、李用十五年的時間完成了從科場到官場最後避滬鬻書一系列的重大人生轉變，最終由晚清官僚華麗轉身為蜚聲海上的書畫名家，其「書畫圈」也處於一個相對穩定的沉澱期。此際，曾熙的活動主要集中在衡陽、龍陽、長沙、北京等幾個地方，而李瑞清則活動於南京、上海、北京。二人有兩次較為重要的小聚：一次是 1911 年赴京參加中央教育會期間。曾熙、李瑞清、譚延闓、夏午詒、吳劍秋等眾好友重得歡聚，一道談論書畫、品評鑒賞。會議結束後，曾熙、譚延闓二人送李瑞清赴火車站，候車之餘曾

〔註36〕李瑞清：《清道人遺集》，黃山書社，2011 年版，第 17 頁。

氏專門臨摹《華山碑》贈予李氏。民國時期，好友之間經常以書畫作品往來相贈，而對於曾、李而言，這種饋贈即是對彼此書畫成長的鞭策，更是一種深厚友誼的見證；另一次是 1915 年秋季曾熙出遊西湖，旋至上海看望老友，曾氏與李瑞清、李瑞奇、譚延闓、鄭孝胥等來往密切。10 月 27 日，曾氏、李氏、鄭氏等相聚客棧，曾熙拿出收藏的何紹基臨《張遷碑》卷與好友分享交流。當時，何紹基臨《張遷碑》版本甚多，後來譚澤闓（瓶齋）有志收購何紹基臨《張遷碑》百通，曾氏甚為支持，將自己 1907 年購自長沙的《蝯叟臨張遷碑冊》贈予譚澤闓。這年秋天的出遊，促成了曾熙的人生轉向，他最終接受了李梅庵的勸諫，決意移居上海。

　　從齊白石《癸卯日記》來看，1903 年的五月至七月間，曾熙還有一段與齊白石短暫而頻繁的交往。光緒辛丑、壬寅恩正併科會試在河南開封貢院舉行，曾熙前往赴考，考完後即赴京師準備殿試，到京不久就收到了會試發榜高中第十五名貢士的消息〔註 37〕。在北京參加殿試期間，曾熙趁空閒之機頻繁拜訪沈曾植、夏午詒等諸友，而齊白石也剛剛隨夏午詒抵京，於是在夏午詒的寓所二人正式相識。當時的齊白石乃一介「草衣」之身，並沒有聞達之志，甚至對到內廷為官的建議非常排斥，一心想賣畫和印章賺點小錢，以補貼家用。因此，曾熙前來拜訪時，他私下認為曾氏是官場勢利之人，拒絕相見。當被曾熙的誠意感染後，齊白石才一改成見，真正發現曾是「風雅飽學之士」〔註 38〕。此後兩三個月，曾熙和齊白石頻繁走動，往還甚歡，這在齊白石的畫跋中可以窺知一二：

　　　　余前來京師，與曾農髯、李筠庵以書畫篆刻嚮往還為最樂，今
　　再來，得潛庵弟能論畫更益我矣。〔註 39〕

　　《癸卯日記》日記中記載了齊白石和曾熙的多次書畫交流和日常應酬，齊白石曾多次為曾熙治印，偶有得意之作，如 1903 年 6 月 28 日條：「又為嗣元刊印三，皆神品……未刻過嗣元。有宋某者以十金索余工筆中幅，余辭之；又以四金索一美人條幅，亦辭去。余為夏大知我借來，重金輕情，非君子也」〔註 40〕。從以上語言中，我們也能窺見齊白石的「另一面」：他受夏午詒邀請

〔註 37〕《會試全榜題名錄》，見於《申報》，1903 年 5 月 13 日。
〔註 38〕齊白石：《齊白石回憶錄》，北京：東方出版社，2012 年第 1 版，第 65 頁。
〔註 39〕金哲編：《中國近現代繪畫精選集》，河北教育出版社，2000 年 8 月版，第 19 頁。
〔註 40〕王中秀、曾迎三：《曾熙年譜長編》，上海書畫出版社，2016 年版，第 80 頁。

來京，更看重夏氏對他的提攜照顧之情，而非一味借藝生財。對於齊白石的贈印，曾熙也會主動以書作作為酬勞。「君子喻以義」，曾氏與齊氏的交往是典型的君子之交，二人同出湖湘，秉性的豁達耿直也非常相似。但由於此時曾熙尚有經世之志，而齊白石則忙於生計，二人行蹤漂泊未定，很快就天各一方，聯繫也逐漸稀疏了。直到十幾年後的 1919 年，曾熙給好友楊潛庵寫信，才得知齊白石已變篆刻之法，故請楊氏代求印章並順致問候。

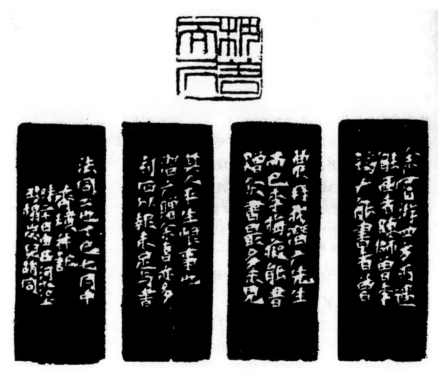

圖 1-4　齊白石刊「枕善而居」，邊款中敘述了與陳師曾、曾熙等人的交往

《曾熙年譜長編》插圖

四是 1915 年曾熙定居上海至 1930 年去世。以曾熙、李瑞清和李瑞奇兄弟、譚延闓和譚澤闓兄弟等為核心的「書畫圈」逐漸形成。從湖南到上海後，曾熙的人際關係發生了結構性變化，打破了以同鄉為主的交際鏈條，除了李瑞清兄弟、譚延闓兄弟、向燊等舊交外，也必然與譚延闓、李瑞清等好友的朋友圈發生新的關聯與重疊，如與呂苾籌、張其鍠、俞明震、俞明頤、何詩孫等人的認識即是這種情形。此外，身處上海書畫界，與吳昌碩、王一亭等當地書家的來往自然也不可避免，甚至還會偶而與梅蘭芳等名流發生聯繫。可以說，曾、李二人在上海鬻書期間，其交往階層極其複雜，交遊內容涉及生

活瑣事、經濟往來、宴飲聚會、書畫創作、書畫觀摩、潤格鬻書、字帖出版、
碑帖交易等諸多層面。為了更好集中地還原曾、李尤其是曾熙書法藝術創作
與交流的日常狀態，故在此我們姑且將以日常娛樂或宴飲應酬為主的人事排
除，主要討論與曾、李書畫交流相對密切的交遊圈。筆者根據交往黏性的強
弱〔註41〕把曾、李的「書畫圈」劃分為幾個部分：

　　一是核心層，主要包括李瑞奇、譚延闓兄弟、向燊等摯友及曾、李門下
的張大千、張善孖、蔣國榜、倪壽川、馬宗霍、朱大可、許冠群、胡小石等弟
子輩。其中與曾熙來往最密切的即為譚延闓和李瑞清。曾、李在上海期間的
日常生活和藝術創作活動與核心層人物緊密相關，他們既是曾、李日常生活、
藝術創作、鑒藏、交易活動的參與者，也是最密切的見證者。因此，要全面而
深入地研究曾、李的書畫藝術脈絡及其規律，對其核心朋友圈的分析就不可
或缺。

圖 1-5　曾熙、王聘三、李瑞清合影

〔註41〕由於目前追蹤曾、李日常書畫活動最為詳贍的資料即為《譚延闓日記》，因此
　　　我們考察曾、李「書畫圈」的交往黏性主要以《日記》中的記載作為分析資
　　　料之來源。

二是中間層，主要包括曾、李二人鬻書上海前結識的師輩和老友，如王闓運、陳三立、沈曾植、夏午詒、楊潛庵、鄭孝胥、符鐵年、楊鈞等。這些好友有的在辛亥革命後移居上海成為曾、李的密友，雖稱不上朝夕相處，卻也時常聚會論道，有的則身處異地卻與他們保持著密切的書信往來。因此，中間層涉及的這些友人是曾、李書畫藝術成長道路的長期見證者。

三是外圍層，主要指與曾、李二人交往黏性較小的書家，以寓居上海後結識的書畫名宿和各界名流為主，如吳昌碩、王一亭、劉海粟、趙叔孺、朱揖芬等，也包含與曾、李早年相識的康有為、齊白石等人。他們有的與曾、李有書畫推廣上的合作關係，卻又與之保持一定社交距離；有的則隨著聯繫漸少，書畫藝術上的交往也趨於稀疏。這些人與曾、李的交往黏性很小，對其書畫藝術的成長並未產生直接影響，卻是我們認識曾、李藝術生涯不可或缺的一部分。

以上剖析旨在使大家對曾、李「書畫圈」的基本結構有一個宏觀認識，但作為海上書畫界名家，其人脈關係的廣闊觸角和複雜程度遠非寥寥數言可以定論。曾、李去世後弟子們聯袂成立「曾李同門會」，使之成為上海影響最大的同門書畫組織之一，由此亦可見其「書畫圈」社會影響之一斑。

1.2.2　曾、李「書畫圈」的主要活動內容

深入探析曾、李「書畫圈」的形成過程及其內容，不僅是我們進入曾熙書法世界的窗口，還是我們觀照民國時期上海書畫家群體藝術生活映像的一面鏡子。大體而言，曾、李「書畫圈」的活動內容主要有以下幾種：

1.2.2.1　書畫交流與創作

對於曾、李而言，以二者為中心的「書畫圈」頻繁的書畫交流和創作活動始於 1915 年曾熙定居上海後。彼時，曾熙暫住在虹口譚延闓寓所，由此與李瑞清李瑞奇兄弟、譚延闓譚澤闓兄弟及呂苾籌、張子武等友人的交往得以日益密切，形成了一個中心成員和活動習慣相對穩定的「書畫圈」。由於曾氏寄居在譚宅，因此與譚延闓兄弟的書畫交流最為密切。除了政治上的天賦，譚延闓也是個極有書法稟賦之人，且用功至極，如 1914 至 1922 年間，他一直保持著早起臨《麻姑仙壇記》《東方朔畫贊》的習慣，少則二三紙，多則十餘紙。譚氏的日課習慣對曾熙也有一定的帶動作用。我們從《譚延闓日記》可窺知，二人在共處的時間裏，共同研習碑帖和集字創作等活動非常頻繁，

經常用功至深夜。

如 1915 年 12 月 7 日條：

> 飯後，同曾九、呂滿、大武往李道士家看寫字……閱《孽經室》
> 三集一過，楊碑、柳帖遂及二王，甚至謂子敬不能作榜書，故託詞
> 以拒謝安石，可謂奇矣。曾九邀集字為聯，相與構思，得十餘聯，
> 不覺十一時後，乃歸寢。〔註42〕

又如，1915 年 12 月 19 日：

> 八時起。臨《麻姑》二紙。食粥。同曾九集《散氏盤》字為聯。……
> 遂同曾九、呂滿、大武往古渝軒……既散，曾九同李三去，余輩至
> 三進買鞋，古墨齋看帖，乃附車歸。晚，曾九始還，攜李三藏宋仲
> 溫書譜真蹟來，後有孫雪居跋。飯時，飲一巡，食麵片而罷。與曾
> 九集《散氏盤》字，至十時乃睡。〔註43〕

圖 1-6　李瑞清、曾熙書《奇石幽人五言聯》

私人藏

〔註42〕王中秀、曾迎三：《曾熙年譜長編》，上海書畫出版社，2016 年 10 月版，第
　　　195 頁。

〔註43〕王中秀、曾迎三：《曾熙年譜長編》，上海書畫出版社，2016 年 10 月版，第
　　　203 頁。

我們從《譚延闓日記》中發現，譚、曾二人對集聯頗下工夫。楹聯是傳統文人的必修課，賦予書法作品以文人氣和生命力，楹聯書法這種藝術形式也深得大眾青睞。對於書家而言，楹聯創作既省時省力，便於應酬，又利於揮灑寫意，突破了「館閣體」對性情的束縛。因此，為了迎合大眾偏好，同時出於省時便捷的考慮，書家們不得不提前準備素材，以備應酬之需。梳理曾、李作品可以發現，在各種作品形式中，楹聯佔有很大比重。由於楹聯書法需求量太大，而集聯內容有限，以至不乏聯句內容相互借鑒、共用的情況。如清道人 1910 年為友人寫的「奇石華相映，幽人室不扃」，被楊潛庵稱為「清道人生平第一聯語」〔註44〕。無獨有偶，曾熙在 1918 年也有一件同樣內容的作品（見圖 1-6），上款有「集黑女誌字以太傅法為之」。曾、李書畫交流之密切及相互影響之深，由此可見一斑。

在繪畫方面，曾熙、李瑞清素來偏愛八大、石濤為代表的「四僧」之畫，在購藏上不遺餘力。與李瑞清不同，曾熙晚年才開始作畫，但基於深厚的書法功力，很快便入佳境，能夠以鬻畫自給了。一向藝術批評頗為苛刻的楊鈞也盛讚其「畫特清曠，此時已與孫無逸輩齊肩，以筆力言之，孫等不及」〔註45〕。1930 年新春，曾熙與弟子輩丁六陽、張善孖、馬企周、張大千、廖寄鶴等合作《歲朝清供圖》（見圖 1-7）並題「且傾新歲酒，四坐皆歡顏。汲修仁兄屬補梅並題此，為庚午開歲之喜」。曾熙畫梅後，張善孖、張大千、丁六陽、馬企周、廖寄鶴等分別畫天竺、採芝、佛手、水仙、百合等，諸君以清逸之筆況萬物生發之致，整幅畫朝氣蓬勃，趣味盎然。為開闊眼界，曾、李除堅持日課和交流鑒藏外，還時常攜弟子一道外出觀展學習，除神州國光社等以珂羅版著稱的出版社，古墨齋等以碑帖善本和金石拓片聞名的店鋪也是曾、李等人的常去之處。

至於與上海以外友人間的翰墨交往，則更多通過信件形式展開。在他們的書信往返中，除了日常的噓寒問暖外，互贈書畫也是一種十分重要的溝通方式，既讓友人知曉了自己的藝術近況，也增進了感情。如齊白石曾多次收到李瑞清寄來的書法作品，但一直未見其人，惋惜道：「李梅癡能書，贈余書最多，未見其人，平生恨事也」〔註46〕（參見圖 1-4 中印款）。這種好友間書

〔註44〕王中秀、曾迎三：《曾熙年譜長編》，上海書畫出版社，2016 年 10 月版，第 121 頁。

〔註45〕楊鈞：《草堂之靈·明是非》，嶽麓書社，1985 年版，第 122 頁。

〔註46〕《齊白石全集》第八卷，湖南美術出版社，1996 年 10 月第 1 版。

畫唱和的事例，俯拾皆是，此不一一。

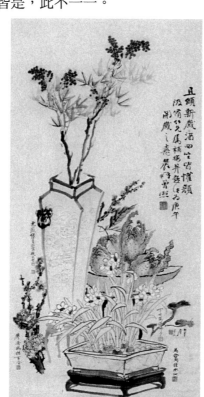

圖 1-7　曾熙師徒作《歲朝清供圖》

《曾熙與上海美專書畫作品集》第 19 頁

1.2.2.2　名人書畫與碑帖鑑藏

　　清代碑帖鑑藏風氣日盛，是乾嘉以來考據之學和金石學興起的必然結果。很多書法家一生醉心金石拓片收藏，以期尋求碑學創作的新途徑。何紹基是較為典型的一位，他一生不遺餘力地購藏大量金石拓片和碑帖善本，自言「余既性嗜北碑，故模仿甚勤，而購藏亦富」。何氏尤其對所藏《張黑女》視若珍寶，以至於「舟車往來，無一日不在行篋」〔註47〕。正是由於這種癡狂的研究興趣和臨摹熱情，使他對《張黑女》等北碑的風格特徵和技法規律研習極深，並在用筆上加以己意，成就了其面貌特異的碑派書風，也客觀上推動了民國時期書家對《張黑女》的學習熱情。

〔註47〕曾熙：《遊天戲海室雅言》，《明清書論集》，上海辭書出版社，2011 年版，第
　　　　1458 頁。

曾熙和李瑞清自幼都成長在湖南，書法審美取向不可避免地受到湖湘名家何紹基的影響。何紹基除了研習北碑，對篆隸書也涉獵頗廣，尤其對《張遷碑》等漢碑，臨摹達上百通之多，一時傳為佳話。何氏的藝術價值取向對曾、李的書畫創作與鑒藏活動影響不可小覷，曾熙更是何氏的忠實粉絲，對其審美理想和藝術造詣都極為認同。二人鍾情於碑帖鑒藏的喜好，除了受何紹基的影響外，近代湖南的地域性學術風氣也是不可忽視的一個因素。曾熙和李瑞清早年以治《公羊》出身，帶有明顯的湖南地域特色，屬於典型的今文經學派。因此，他們主張像治經一樣去尋繹書法之源，並通過梳理和研讀碑帖版本對自身的書法取法優劣進行系統地辨析和反思，從而不斷地改變與創新。正如胡小石所言：「李先生本經師，治公羊，晚年以治經之法論書，從眼觀手摹中分別時代、家數、前後系統與影響」〔註48〕。曾、李二人無論在學術基底上還是在審美趣味上都高度接近，他們的日常書法研習也是建立在貫穿一生的鑒藏基礎之上的。

1916年曾熙臨《黃庭經》為清道人祝賀生日，在題跋中披露，早在1894年他與李氏借住在松筠庵，就曾購得《黃庭經》、水前本《瘞鶴銘》、周器拓片十餘種。這是筆者目前可見的曾、李收藏碑帖的最早記錄。隨著經濟基礎的逐漸雄厚，他們的購藏也日漸可觀，加上譚延闓、譚澤闓兄弟亦嗜收藏，一個以曾熙、李氏兄弟、譚氏兄弟為中心的書畫碑帖鑒藏圈逐漸形成。曾、李的書畫和碑帖鑒藏信息，除了散見於他們的書畫題跋、信札及其友人的記載，《譚延闓日記》也進行了大量的披露。如，1915年12月28日條，除了記錄譚氏一天的日常瑣事，還涉及碑帖鑒藏、書法創作與交流等諸多豐富細節。在他的日記中，一群文人的生活變得栩栩如生。

> 八時起。臨《麻姑》二紙……道士同其徒蔣國榜至，攜何蝯叟藏《史晨後碑》，蓋宋拓也……曾九屬集蘇詩，為道士題一人畫像……與曾九集蘇至十一時，乃就寢。〔註49〕

何紹基一生購藏甚富，其謝世後部分藏品和作品陸續流入民間，曾熙、李氏兄弟與譚氏兄弟對此特有留意，均有不同程度收藏。在譚延闓筆下，我

〔註48〕 胡小石著，游壽整理：《中國書學史》，中國文史出版社，2014年第1版，第295頁。

〔註49〕 王中秀、曾迎三：《曾熙年譜長編》，上海書畫出版社，2016年10月版，第206頁。

們發現，碑帖鑑藏已經成為曾、李「書畫圈」日常交流的重要內容。直到李瑞清去世後，曾熙還專門在寓所宴請過吳昌碩、鄭孝胥、王雪澄等海上名家，一道參觀清道人所藏高克恭《山水圖》和其他古書畫。李瑞清身後蕭條，為了給其購置墓地，曾熙不得不將李氏生前最珍視的陳希夷（摶）「開張天岸馬，奇逸人中龍」五言聯變賣與趙恒惕。為此，1923 年曾熙筆下記錄了這樣一段故事：

> 此希夷先生臨《石門》冊子……道人因以重值訪購得，復為長素先生假去。道人歿，始索還。仍以墓田需款讓與彝午世友。海內但知顯于道人有功於長素先生，斯得之矣。〔註50〕

由此可知，康有為從清道人處借去這件作品後，愛不釋手，久久不願歸還。在李仲乾前去索要無果的情況下，曾熙親自前去才成功索回。也許大家都知道康有為對此聯偏愛有加，卻很少有人知曉康氏與清道人的這段故事。根據張大千回憶，早年曾、李見康有為與宦官來往，遂與他疏遠。梳理史料可知，康有為與曾、李在共同為他人訂立潤格上還有過數次聯合署名，並對曾、李書法藝術給予很高評價。再聯繫以上故事，清道人肯將重金購來的墨寶借與康有為，且曾氏親自前去索回，可推測二人與康氏關係並未僵化。由這件事可見，名人書畫碑帖的購藏和借還成為書家們交流的重要方式之一，這種交流對書風的相互影響也必然產生一定作用。

除了碑帖拓片，名人書畫也成為他們收藏的一部分。李瑞清好友楊鈞曾披露，李氏任南京（兩江）師範學堂監督時，每月薪水只有百金，但當他看到心儀的惲南田畫冊要價一千二百金時，不惜預支半年薪水並舉債六百金購下，其癡迷程度可見一斑。此外，曾、李及其友人的收藏活動也對門人產生了較大影響，帶動了他們參與碑帖善本購藏和品鑒的興趣，如張大千、張善孖、倪壽川、馬宗霍、蔣國榜等。

此外，碑帖題跋也成為曾熙、李瑞清等清末民國書畫群體鑒藏與學術交流的重要內容。清代金石學的興起，極大刺激了碑帖拓本生產和購藏市場，同時碑帖拓片作為集藝術、歷史、技術價值於一身的收藏品，更容易成為書家相互饋贈和交流的紐帶。通過梳理文獻，筆者發現了大量曾熙、李瑞清及其「書畫圈」的碑帖題跋，信息量大，極具史料價值。如 1915 年曾熙寓滬後，

〔註50〕王中秀、曾迎三：《曾熙年譜長編》，上海書畫出版社，2016 年 10 月版，第497 頁。

得知譚澤闓對何紹基臨《張遷牌》情有獨鍾，有意將其臨作百通購置入篋，頗為感動。因此，曾熙於 1916 年初將 1907 年購入的何紹基臨《張遷碑》贈與譚氏，並題長跋敘述此冊收藏始末，以識紀念。無獨有偶，1918 年 6 月震亞圖書局版的《錢南園杜詩蘇詩合冊》更是有曾熙、李瑞清、胡小石、李健、譚澤闓等多名書家題跋〔註 51〕。這些題跋內容豐富，思想性強，除了介紹碑帖的歷史價值和流轉過程外，還會植入書者的審美觀念，堪稱微縮版的書法美學論集。

1.2.2.3　訂潤鬻書賣畫

對於以筆墨為生的曾、李等人而言，鬻書賣畫自然是其經濟收入的最主要來源。顯然，要想在上海這個高手雲集、派系複雜的書畫圈贏得一席之地，一方面需要資歷更老的「前輩」提攜，另一方面構建志趣相投且能形成市場合力的小群體、小圈子就顯得格外必要。「南曾北李」的組合顯然是一個非常成功的以小群體合力取勝的範例。剛到上海之時，李瑞清的書畫也並沒有很快在上海打開市場，貧困、孤獨、窘迫使他非常希望好友曾熙前來。1916 年初，曾熙正式在上海掛例鬻書，清道人親自撰寫《衡陽曾子緝先生鬻書直例引》〔註 52〕（圖1-8）。李瑞清在這篇短文中，以平實的語言向人們介紹了曾熙的藝術成就，將「南宗」「北宗」的身份標籤正式傳遞給市場，迎合了大眾「尚奇」的文化心態，從此「南曾北李」的名號迅速散播開來。是年 1 月 23 日，《民國日報》開始刊登《曾子緝書例》（圖1-9），其中除了「名刺二金」一條與李瑞清略有區別外，其他各條如出一轍，可以推測這則潤例完全是由李瑞清代訂的。

在李瑞清力薦和媒體渲染下，曾熙很快在上海淘到了第一桶金。正如當年 3 月 1 日《譚延闓日記》中所言：「曾九月來字運甚佳，已可獲八百餘元矣，誰謂今日民窮財盡耶？」是年 6 月 11 日和 19 日，《申報》以《海上又來一書家》和《湘名士留滬鬻書》為題對曾熙留滬鬻書的背景進行連續介紹。次年，上海隸書耆宿張祖翼去世，《申報》再次刊文，稱「今張君作古，就記者所知，目前滬上工篆隸者，當推湘名士曾農髯為首屈一指矣。」〔註 53〕顯然，作為上海最知名、影響最大的紙媒之一，《申報》的推薦和渲染對曾熙書法市場的打開有推波助瀾之功。

〔註 51〕王中秀、曾迎三：《曾熙年譜長編》，上海書畫出版社，2016 年版，第 306 頁。
〔註 52〕《大同月報》第 2 卷，1916 年，第 16 期，第 81～82 頁。
〔註 53〕《申報》，1917 年 4 月 6 日。

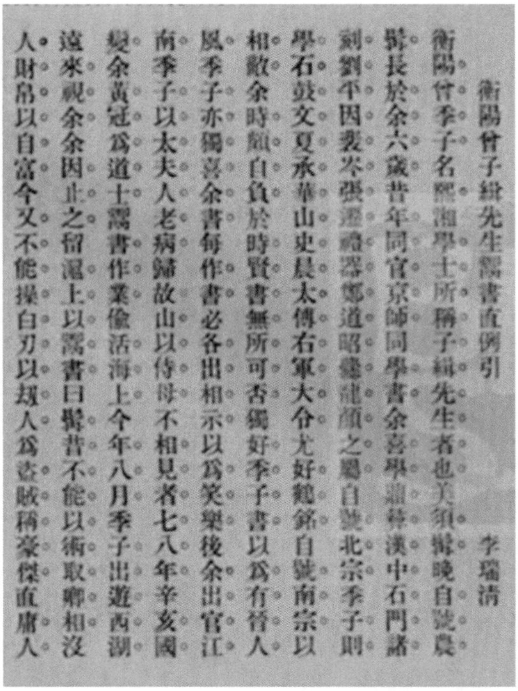

衡陽曾子緝先生鬻書直例引　李瑞清

衡陽曾季子名熙湘學士所稱子緝先生者也美須髯晚自號農髯長於余六歲昔年同官京師同學書余喜學漢中石門諸刻劉平國裴岑張遷禮器鄭道昭爨龍顏之屬自號北宗季子則學石鼓文夏承華山史晨太傅右軍大令尤好鼎銘自號南宗以相敵余時頗自負於時賢書無所可否獨好季子書以爲有晉人風季子亦獨喜余書每作書必各出相示以爲笑樂後余出官江南季子以太夫人老病歸故山以侍母不相見者七八年辛亥國變余黃冠爲道士鬻書作業僑活海上今年八月季子出遊西湖遠來視余余因止之留滬上以鬻書曰髯昔不能以術取卿相沒人財帛以自富今又不能操白刃以越人爲盜賊稱豪傑直庸人

圖 1-8　《大同月報》第 16 期刊登《衡陽曾子緝先生鬻書直例引》　局部

曾子緝書例

鬻書直例

冊子　每頁二金

楹聯　丈二尺十二金　六尺六金

堂幅　丈二尺每幅十四金　五尺五金

屏風　丈二尺每幅八金

橫幅　半幅同屏

琴條　同屏

卷子　每尺二金　八尺八金　五尺五金　八尺十二金　四尺四金　八尺六金　六尺五金

整幅同堂幅

名刺　二金

牓書　每方尺三金　七尺七金　四尺四金　六尺八金　五尺四金　四尺三金

（一）凡曰一金作銀一圓

（二）篆書倍直隸書加於定直之半行草唐宋[illegible]

（三）冊頁以一尺爲度過則倍直每開六行一行六字爲例屏聯來文加倍金箋加倍加烏絲欄者別議

（四）滬上喜用銅牌有相素者每字一金書眉冊首比扇名刺題跋每百字五金名畫古碑或不泥直焉

（五）多病之身不耐細書凡團扇一信面均大字騎行

（六）余亦有時作畫山水花草或一爲之有相宗者其直倍書花草橫石其直比於篆書山水畫佛其倍篆

（七）松碑誌墨諸久遠非可成於猝爾其直別議

（八）磨墨費比直原十之一如楹聯生宣紙字過尺者則十之二

經理收件處上海四川路全福里清道人寓

四馬路望平街震亞圖書局　本外埠各大紙店及各大書坊均代收件

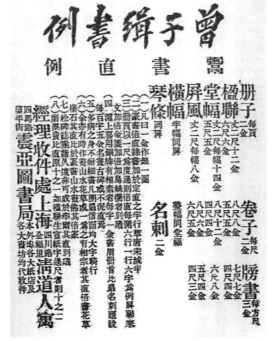

圖 1-9　《民國日報》1916 年 1 月 23 日刊登《曾子緝書例》

　　鬻書雖然給曾、李帶了可觀收入，但與巨大的開銷相比，有時也會出現拮据狀況。對李瑞清來說尤其明顯，李氏雖無妻子，但家眷眾多，均賴其糊口。1916 年 5 月 30 日，譚延闓與曾、李敘談，李氏自言家庭困難，「狀至欲泣下，可哀也」。〔註54〕曹芥初《死虎餘腥錄》中也記載了李瑞清的窘迫：「寒家幾四十人，恃貧道一管而食，六年以來，困頓極矣」。〔註55〕曾熙亦是如此。1926 年，曾熙已名聞海上，書法和繪畫均有不錯市場表現，但仍不免偶而會向友人、門人借款周轉。如 3 月 9 日給弟子姚雲江〔註56〕（1899～1950）的信中道：「趙養翁有夫人之喪，不能不為之小助，向弟處挪借百元，一月奉還。」〔註57〕民國時期，師徒相授的傳統模式仍然是書畫藝術傳承的主流，師徒之間的關係非常緊密，來往也並不侷限於藝事傳授，還會旁涉經濟往來，門人有時也會充當師傅經紀人的角色。如倪壽川託老師曾熙代寫書聯，1921 年 8 月 24 日曾氏覆函：「手書悉。無須十二元，當命廚人以八元足矣，不必魚肚也，外四元仍交上，乞收」。〔註58〕可見，對於門人所託，曾氏在潤格上自然會區別對待，予以折減。

　　曾熙還有寫給倪壽川的書信，云：

　　　　日來忙於寫屏，十日書泥金屏三十六幅，極苦異常。去年口氏

　　喪葬費二千外，大可填補。〔註59〕

　　書信雖然未具年份，但我們從喪葬費一事並聯繫另外幾封書信推測，這封信大抵寫於 1921 與 1922 年間。據曾熙所述，按他 1918 年所定「屏幅丈二尺每幅十二元，八尺八元，六尺六元，五尺五元，四尺四元」「屏聯來文加倍，金箋加倍」〔註60〕而計，收入要逾二千，是很困難的。且有時十天寫三十六幅對聯就「極苦異常」，想必是客戶定製壽屏之類的精工之作，而非一般應酬。

　　對此，我們可參考《譚延闓日記》1923 年 1 月 5 日條的敘述：

　　　　余為袁大書其所作《賀尹家傳》，凡六百餘言，作徑寸字，以一

〔註54〕王中秀、曾迎三：《曾熙年譜長編》，上海書畫出版社，2016 年版，第 240 頁。

〔註55〕曹芥初等：《死虎餘腥錄》，上海書店出版社，1997 年版，第 83 頁。

〔註56〕姚雲江，從業醫生。

〔註57〕《曾熙致姚雲江三十五封》，《新美域》，2008 年第 4 期，第 115 頁。

〔註58〕王中秀、曾迎三：《曾熙年譜長編》，上海書畫出版社，2016 年版，第 406 頁。

〔註59〕劉振宇、姚寶澤：《上海、成都民間收藏曾熙信札選注》，《新美域》，2008 年第 4 期，第 112 頁。

〔註60〕王中秀、茅子良、陳輝編著：《近現代金石書畫家潤例》，上海書報出版社，2003 年版，第 97 頁。

小時了之。晚飯仍吃麵，偶然欲書，適壽銘師壽屏已送來，遂發願，以一夜書之，自八時將至十二時止，書十二幅，幅五行，行廿四字，僅三滿幅，餘有空格，然一千二百字以上矣。速則誠速，工乃未能，特不誤明日郵寄之期耳。〔註61〕

譚延闓以爽健剛正的顏書著稱，相對於曾熙技術複雜的「顫筆」〔註62〕法自然要快一些。六百餘字的應酬之作一個小時內即可完成，而應制的壽屏共十二幅，每幅均一百二十字內，譚延闓一共用了四個小時才寫就，仍言「速則誠速，工乃未能」。可見，壽屏對書家的要求明顯要高於一般應酬之作，也自然費心費力，這樣理解曾熙信中的「極苦異常」之語也就順理成章了。雖然費力，但畢竟對於書畫家而言，書寫壽屏、壽文和碑誌成為他們鬻書收入的重要來源。生日、婚姻、喪葬的筆墨請索屬於大眾剛性需求，報酬自然也格外豐厚。曾、李一生為人撰寫了大量的壽屏、壽文、墓誌銘等應制之作。如1925 年 11 月 8 日曾熙在題李瑞清書《李母李太夫人七慶壽屏》中言：「道人述壽屏，其雍容振腕，下筆謹嚴，如同作碑」，可見其嚴肅的製作態度與日常藝術創作有明顯區別。除了壽屏、壽文之外，墓誌銘的書寫亦較為複雜。較為正式的墓誌銘，誌蓋一般仍由篆書寫就，誌底則為工整的楷書或隸書，有的撰文、篆蓋和書丹由一人完成，有的則由二至三人合作。如《武進許君稻蓀墓誌銘》，由張謇撰文，吳昌碩篆蓋，曾熙書丹，參與者均為名家，可見主人顯赫的社會地位。1930 年曾熙在與友人的信中說：「墓誌字在五百內定值四百四十番，隸分不加，但以冊子式書，可隨時去其訛誤，較易工耳。」〔註63〕可見，在當時墓誌銘上石並印製成冊子流傳成為一種風氣，有的還出版發行，這種作品集兼具紀念逝者和便於臨摹學習的功用，對書寫者要求更高，因此價格自然也相當可觀。

為門人及友人訂立潤例也是書畫家日常交往的重要內容之一。如 1924 年曾熙為張大千代訂潤格，並撰《季爰書畫例言》〔註64〕。20 世紀二十年代初，

〔註61〕王中秀、曾迎三：《曾熙年譜長編》，上海書畫出版社，2016 年 10 月版，第468 頁。
〔註62〕這裡的「顫筆」，學界亦稱「澀筆」，主要是指試圖以「頓挫」「提轉」等技術表現金石碑刻的蒼茫感和金石氣，進而形成的一種以「一波三折」為表現形式的特殊筆法。關於「顫筆」的概念內涵、審美特徵等問題，將在第三章專門闡述。
〔註63〕海上書畫聯合會編：《墨海潮》美術月刊，1930 年 11 月，第 3 期。
〔註64〕原件，上海曾迎三先生藏。

隨著曾熙在上海書畫界聲名日隆，其受邀為新人代訂潤例或與書畫同人合訂潤例的應酬也逐漸多起來。是時，諸多名家聯袂為新人介紹並訂立潤格的風氣在上海頗為流行，反映了當時上海書畫界「老人」提攜「新人」的良好藝術生態。受人委託代訂潤例大致可分幾種情況：一是既撰引文又背書署名。如李瑞清為曾熙撰寫的《衡陽曾子緝鬻書直例引》；二是不撰文只背書署名。如1926年1月5日《申報》刊出《陳散原先生書例》，後附有朱祖謀、王乃徵、譚澤闓、吳昌碩、鄭孝胥等多位書畫界耆宿的聯袂署名；三是僅在潤例廣告標題上冠名。如1923年6月11日《申報》刊登的《吳昌碩介紹樓辛壺書畫名家》，標題後直接附上潤例，簡潔明快。

1923年，曾熙在上海《時報》正式刊登鬻畫潤例，這大抵可視作曾氏正式進軍上海畫壇的標誌。然而，在正式掛牌之前，曾熙進行了長期準備。早在1916年的《曾子緝書例》中就有「余亦有時作畫，山水花卉，或一為之，有相索者其直倍。畫花草橫石，其直比於篆書，山水畫佛其倍篆」〔註65〕一條，有可能當時曾熙的畫作確已有求者，讓他看到了賣畫的商機；有可能是出於清道人的高瞻遠矚，為曾熙日後賣畫做好鋪敘。曾熙晚年頻繁以畫家的身份參加各種社會活動，與黃賓虹、吳昌碩、劉海粟等人多有往來呼應，畫作在上海畫壇頗受歡迎，每參加展覽會，必入名家邀約之列。這個身份也使曾氏的藝術市場變得更加廣闊，成為曾氏立足藝壇的又一旗幟。

除了書畫銷售外，設帳授徒也是書畫家們重要收入來源之一。關於曾、李的設帳授徒活動我們將在下文專門闡述。

1.2.2.4 宴飲聚會

對於書畫家們而言，宴飲聚會是日常生活不可或缺的一部分，既是開展會友、祝壽、酬答、募捐等社會活動的重要方式，也是交流書畫藝術與鑒藏心得的難得機會。除了密友間的「家宴」外，在各種菜館宴請或赴約就成為主要的聚會方式。相對於正式場合的雅集，宴飲聚會空間相對封閉，成員也以熟識的朋友為主，氣氛更為輕鬆愉快。如1919年重陽前夕，沈曾植購得陽澄湖大閘蟹數筐宴請好友，李瑞清席間「獨食花甲之數」〔註66〕，尚稱未過癮，眾人大驚，證實「李百蟹」綽號名不虛傳。

〔註65〕《民國日報》，1916年1月23日。
〔註66〕《時報》，1919年10月25日。

筆者通過梳理《譚延闓日記》發現，曾、李「書畫圈」的宴飲聚會行蹤較有規律。從 1916 年曾熙寓滬至 1920 年清道人去世前這段時間，曾、李及其諸友的聚會多集中在小有天、別有天、古渝軒等幾個菜館。其中，小有天、別有天為閩菜館，位於三馬路，而古渝軒則為川菜，位於小花園〔註 67〕，這些菜館以其物美價廉而深受書畫界寓公們的歡迎。李瑞清生平最嗜小有天菜肴，幾乎天天來此，因作聯句云：「道道非常道，天天小有天」〔註 68〕。這一時期曾熙、李瑞清與譚延闓、譚澤闓、呂滿、張子武、俞明頤、何詩孫、陳散原、汪旋甫、張承之等十數人聚餐活動頻繁，可謂其「書畫圈」活動的高峰期。在這個圈子中，譚延闓堪稱美食家，嗜好魚翅，廣東菜館翠樂居以魚翅著稱，他便成為座上常客。譚氏去世後，「譚家菜」流入坊間，美名流傳，其中以「祖庵魚翅」最為著名。1920 年李瑞清去世後，陶樂春、一品香等菜館成為曾熙等人宴飲活動的主要場所。對於書畫家而言，大快朵頤、推杯換盞不僅是一種溝通感情、放鬆身心的方式，也可在無形間交流經驗，增進書藝，為書畫創作觀念的互鑒提供契機。如 1921 年 3 月 8 日晚，何詩孫在陶樂春宴請曾熙、譚延闓兄弟等眾友，指出其祖父何東洲作書用「回腕法」，但從不擇筆，一半為浙毫，並非人們傳說善用長鋒〔註 69〕。譚延闓曾云李瑞清得「何蝯叟法」〔註 70〕，用筆僅發其一半，其也曾傚仿李法作書。至於譚氏之話是否確切以及李瑞清是否曾從何詩孫口中獲得過類似信息，我們已無從得知。然而，何詩孫作為東洲嫡孫，收藏何氏書跡甚多，且經常與曾、李、譚等人來往，通過他的敘述，何道州作書的種種情形生動地傳遞給曾、李等人，必然對他們的藝術創作產生潛移默化的影響。

書畫助賑有時也會成為宴飲雅集的重要目的，帶有明顯的公益性質。如 1929 年 5 月 10 日，曾熙、符鑄等在一品香菜館宴請同人，為群治大學新校舍建設舉行募捐，邀請滬上名家慷慨捐獻書畫，到場者有黃賓虹、馬公愚、謝公展、鄭曼青、張善孖、張大千等書畫界名流五十多人。其時，曾熙為最長者，但仍精神矍鑠，熱心教育事業，傳為美談。

〔註 67〕陳伯熙：《上海軼事大觀》，《民國史料筆記叢刊》，上海書店，2000 年版，第 86 頁。

〔註 68〕上句源自《道德經》，「道道」在此作為量詞，可謂一語雙關。

〔註 69〕王中秀、曾迎三：《曾熙年譜長編》，上海書畫出版社，2016 年版，第 379 頁。

〔註 70〕見《譚延闓日記》1915 年 12 月 20 日條，王中秀、曾迎三：《曾熙年譜長編》，上海書畫出版社，2016 年版，第 204 頁。

1.2.2.5 出版與教育

清末民初的上海作為新舊思想文化交融的前沿陣地，出版業甚為發達。不僅以圖書、報刊為核心業務的各種報刊社、雜誌社、出版社鱗次櫛比，而且還催生了大量以古代書畫碑帖複製、發行為業務的出版社和書店。特別是有正書局、商務印書館、文明書局、求古齋等一批出版機構率先引進珂羅版技術，為廣大書畫愛好者提供了優質的書畫、碑帖範本，對書畫市場的繁榮具有帶動作用。以康有為、吳昌碩、曾熙、李瑞清等為代表的一批書畫家在上海受到空前歡迎，他們通過鬻書賣畫、出版字帖，極大刺激了書畫購藏市場和大眾學書熱情。曾熙書法在上海頗受歡迎，因此出版物種類甚多（圖1-10）。這些出版物在形式上，以成冊印行為主，整張拓片為輔；內容上，既有專供臨摹的習字範本，也有壽序、墓誌、碑記等應用性文本；版本上，則有珂羅版、石印版、玻璃版等諸多品種，既有公開出版發行的，也有私人自發印製的。由於時代變遷和戰爭等各種因素，曾熙的出版物散佚四方，我們已無法對其出版規模做出精確統計。但根據筆者考察，曾熙當時在上海付梓並流傳四方的各種印刷物應有數百種之多，其中私人印製並贈送友人的也占相當大比重，尤其以壽序、墓誌、碑記等內容為甚。另外，根據資料梳理還可以看出，曾熙、李瑞清、譚延闓等均與震亞圖書局保持著良好的合作關係，他們的眾多手跡和藏品均由震亞圖書局出版發行。

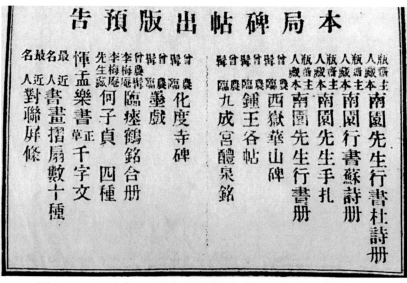

圖1-10　1920年上海震亞圖書局《農髯華山廟碑臨本》
封底刊登的出版預告（私人藏）

除了通過出版播撒藝術清芬外，曾、李還通過辦學等方式踐行自己的教育理想。在 20 世紀初清廷興辦新式學堂的大潮中，曾熙、李瑞清、譚延闓等一批士人都變現得非常積極。其中，曾熙創辦湖南南路優級師範學堂，而幾乎同時，李瑞清則出任兩江師範學堂監督，譚延闓出任中路師範學堂監督。此後，曾熙又陸續擔任嶽麓高等學堂監督、湖南省教育會副會長等教育職務，其任職直到辛亥革命爆發才結束。20 世紀二十年代，曾熙得以重拾教育事業，擔任多家學校的聘任講師和校董。值得注意的是，清廷廢科舉、興辦新式學堂過程中，出國留學也成為教育界的新風尚。除了派出留學生外，李瑞清等教育家們還不惜遠渡重洋，去邀請日本教習來華授課，成為近代教育史上的一道靚麗風景。在美術領域，李叔同、陳師曾、朱屺瞻等書畫家都曾赴日學習，為中國美術界帶來了新鮮的血液。除了「引進來」和「走出去」，李瑞清還在兩江師範率先開設了圖畫手工科，圖畫科包括西洋畫、中國畫、圖案、用器畫四種課程內容。把中國畫列為正式課程可謂現代美術教育史里程碑式的重要事件，而李瑞清無疑具有奠基之功。

1.2.2.6　結社、雅集、展覽、賑災等社會活動

如果說鬻書賣畫是書畫家營生的私利性行為，那麼，投入結社、雅集、展覽、賑災等各項社會活動，則帶有明顯的公益性質，標誌著書畫家群體意識的自覺和家國情懷的昇華。另一方面，大量的結社、雅集、展覽等集體性活動，既為各大報紙提供了豐富素材，也有助於書畫家知名度的提升和人脈關係的開拓。在當時的上海，金石書畫社團繁多，為藝術家們開展社交活動提供了充足空間。李瑞清初到上海就迅速融入了當地的遺老圈，頻繁參加同人組織的書畫社團和雅集活動，而曾熙則加入了廣倉學會、海上書畫聯合會等諸多組織。20 世紀二十年代後，隨著聲名日隆，曾熙在上海書畫界的社會活動及影響力明顯提升。1929 年 4 月 10 日開幕的「教育部全國第一次美術展覽會」是現代第一次官方主辦的全國展覽，參加者幾乎囊括了當時在畫壇有重要影響的所有畫家。為此，曾熙應邀專門題寫展標匾額並以《山水》《古松》兩件畫作參展。展覽結束後，眾人意猶未盡，朱古微、曾熙、程子大、王一亭、吳湖帆等十數位畫壇名流又一道發起觀海談藝社，以賡續藝壇盛事。至於國際性展覽，則以 1929 年王一亭主導的中日現代繪畫展覽影響為最大，曾熙與門人張善孖、張大千、馬企周等都有畫作參展。倘若說參與社團、雅集和展覽是書畫家弘揚傳統藝術之縮影的話，那麼義賣賑災則體現了藝術家

憂國憂民的責任擔當。如 1917 年 12 月 8 日《申報》刊登了以何維樸、李瑞清、吳昌碩、王一亭為發起人的書畫賑災活動，為河南、山西、山東、湖南等地的洪災募捐，向廣大書畫家徵集各類書畫作品及古籍，並稱「庶几硯田分潤，即為饋貧之糧，墨寶同傳，更成種福之券」，〔註71〕民國老一輩們「哀民生之多艱」的社會責任擔當令人肅然起敬。

曾、李及其「書畫圈」的文化藝術與社會活動，除了以上種種，還涉及教育、學術研究等諸多領域。20 世紀二十年代正是曾熙這代書家在上海乃至全國影響如日中天的時期，因此社會兼職和受邀活動頗多，其先後被聘為上海美專、上海女子美專等多家藝術院校的校董〔註72〕和講學名家〔註73〕，並被故宮博物院聘請為首屆專門委員會委員〔註74〕。

曾、李及其友人、門人構成的「書畫圈」是一個可以延伸到當時各個行業、各個階層的社會關係網，借助這張網我們得以窺見一個有血、有肉、有生活的稜角分明的曾熙。通過分析曾、李「書畫圈」及其藝術創作、交流、鑑藏與各種社會活動，有助於還原曾熙從藝活動所處的真實社會生態，也只有如此，我們才能全面而立體地把握曾熙書法創作及其審美觀念的形成過程。因此，無論是從曾、李成長的社會特點而言，還是從他們作為清末民初碑派中堅力量的書法史地位而言，曾、李「書畫圈」的剖析與探討都是一個非常重要的切入點，這個小圈子映照著清末民初文人紛紛橐筆滬上的壯麗藝術景觀，也是我們深入民國書畫史的津梁。

1.3　書藝漸臻妙境：從早年學書到「人書俱老」

上節對曾、李為核心的「書畫圈」的形成過程及主要活動進行了闡述，這種闡釋側重於曾熙藝術成長的時代氣候和交際環境。隨著曾、李「書畫圈」的

〔註71〕《申報》，1917 年 12 月 8 日。

〔註72〕《申報》，1926 年 3 月 20 日。

〔註73〕《海上繪畫全集》（五），上海書畫出版社，2001 年 12 月版，第 1017 頁。

〔註74〕鄭欣淼：《故宮博物院學術史的一條線索——以民國時期專門委員會為中心的考察》，《故宮博物院院刊》，2015 年 10 月。1929 年故宮先後向全國各地聘任的委員寄發聘函，其中王禔為聘字第 1 號，陳寅恪為第 2 號，曾熙為第 13 號，其他還有陳垣、朱希祖、葉公綽、沈尹默、容庚、譚澤闓等人。截止 1930 年 3 月，共聘任專門委員 42 人。當時曾熙的好友譚延闓正任故宮博物館理事會理事，筆者因此推測，曾熙、譚澤闓等人極有可能是譚延闓推薦。

演進過程和群體行跡的逐漸明晰，一批書畫家的真實生存狀態和從藝歷程鮮活地展示在我們面前。然而，對曾熙書法風格最終形成起決定性作用的則是其審美價值觀念，這種觀念的形成可以分為兩個層次：一、湖湘文化尤其是經學興盛為曾氏崇古溯源書學審美觀的形成具有奠基性意義，何紹基書風在湖南的廣泛傳播則為曾熙早期書法取法提供了成功範例；二、寓滬後通過與李瑞清、譚延闓等人的密切交往，在對各體書法源流的條分縷析和審美特質的系統認知後，曾熙更加確定了自己的藝術方向，其創作理念和書法風格也得以最終定型。

1.3.1　湖湘文化對曾熙藝術風格的影響

　　法國史學家兼批評家丹納在《藝術哲學》中指出，「作品的產生取決於時代精神和周圍的風俗」〔註 75〕。丹納認為，藝術作品是一個社會現象，是一個總體。我們要對藝術作品進行系統的研究，就不可能將其與當時的社會、環境等外在因素徹底剝離開來。丹納的理論對於書法史研究具有一定的指導意義，特別是他提出的由作品本身上溯到人及其社會、環境的思維模式有利於我們深化對藝術作品的認識。因此，對曾熙所處的湖湘文化語境進行解讀，顯然有助於我們深入把握曾熙書法藝術的形成過程。

　　湖湘中的「湖」指洞庭湖，「湘」指湘江。一般認為，湖湘文化作為具有湖南地域特色的文化，主要是指南宋到民國時期的文化形態，而其淵源可追溯到春秋戰國時期的楚文化。湖湘文化廣義上包含物質、精神、制度三個層面，狹義上則主要是指以湖湘學術文化為主體的精神文化，包含制度、宗教、學術、禮儀、風俗、性格、價值觀等意識形態。長期以來，湖湘文化並不為世人所矚目，直到近代，通過曾國藩、魏源、王闓運、譚嗣同等湖湘士子的闡發和踐行才重新煥發出生機，特別是其經世致用的理論內涵對湖南士人階層的崛起和中國歷史的近代化演進產生了深遠影響。

　　近代湖湘文化的精神特質主要有以下幾點：一是剛烈悍猛，敢為天下先的開拓精神。湖南巡撫陳寶箴曾言湘人「其民氣之勇，士節之盛，實甲於天下」〔註 76〕，從洋務運動、公車上書再到維新變法、辛亥革命、湘人自治等一系列重大歷史事件，無不湧動著湘人身影。事實上，也正是這種不旁觀、

〔註 75〕〔法〕丹納著，傅雷譯：《藝術哲學》，鳳凰出版傳媒集團、江蘇文藝出版社，
　　　　2012 年第 1 版，第 37 頁。
〔註 76〕《收湘撫電》，見於《總理衙門檔案》，光緒二十四年一月七日。

不從眾、不信邪的開拓進取精神譜就了近代史上湘人救國的慷慨悲歌；二是憂國憂民的愛國情懷。無論是曾國藩、胡林翼、左宗棠等為代表的封建儒士，還是譚嗣同、熊希齡、譚延闓、楊度等資產階級改良派或立憲派，或是黃興、蔡鍔、宋教仁等為代表的革命派，他們的骨子裏都鐫刻著濃厚的家國情懷。三是經世致用。經世致用思想是清代以來湖湘文化的主線之一。王船山是今文經學重鎮，其學術成就對整個湖南學術影響甚巨，而清末皮錫瑞、王闓運、王先謙等一大批學人更加注重經學對社會變革的重要意義，強調經世務實，為湖南士子參與社會變革奠定了牢固的思想基礎。

曾熙作為土生土長的湖南人，湖湘文化對其思想和藝術道路的影響主要表現在幾個方面：

首先，湖湘文化為曾熙書法審美觀念和藝術創作風格的形成奠定了思想基礎。曾熙與明代大思想家王船山同生於湖南衡陽，船山思想的精髓已經通過先輩們的灌輸，在他心中打下了無法磨滅的烙印。曾熙改號「農髯」就取自王船山的「而農」。此外，近代衡陽學風日盛，人才輩出，為曾熙的成長提供了良好的文化土壤。根據《湖南通志》統計，1646～1882的二百多年間，衡陽分別出了 72 名進士和 497 名舉人〔註77〕，僅次於長沙。曾熙青年求學時期的主要思想和學術基礎就是盛行湖湘的今文經學，也正是這樣的經世之學推動著曾熙立志通過讀書改變清王朝積貧積弱的現實。同時，早年曾熙有明顯的君主立憲傾向，既期望通過練兵增強國家軍事力量，又希望通過教育培養具有家國情懷的有志之士。他擔任嶽麓高等學堂監督時，為學生宣講《春秋》《黃書》以培養其愛國情操〔註78〕，即是有力證明。

其次，湖湘文化除了對曾熙經世思想的影響，對其恪守封建倫理綱常的性格也影響至深，潛移默化地影響著他的處世方式和行為準則，並間接傳遞給門人。正如曾熙在《龍田曾氏四修族譜》序中云：「龍田世有遺業，家務詩書，人敦孝友，立族之本在是，熙也志之。夫人之欲尊其宗者，在尊其身；欲尊其身者，在正其學」〔註79〕。這種封建傳統價值觀，無疑與曾熙崇古溯源

〔註77〕《湖南通志》（光緒十一年本）卷 130，第 140～142 頁。轉引自張朋圓著《中國現代化的區域研究·湖南省，1860～1916》，第 74 頁。

〔註78〕謝炳炎主編：《湖南大學校史：公元 976～2000》，湖南大學出版社，2003 年版，第 84 頁。

〔註79〕王中秀、曾迎三：《曾熙年譜長編》，上海書畫出版社，2016 年 10 月版，第 123 頁。

的意識和「閒居玩古，不交當世」〔註80〕的藝術審美趨向存在暗合之處。

1.3.2　何紹基在湖南地區的影響與曾熙早期書風

傅申先生曾在《書法的地區風格及書風的傳遞——以湖南及近代顏體為例》〔註81〕中論及錢灃、何紹基對曾熙、譚延闓、李瑞清等書家的影響。其中，曾熙尤其受何紹基影響至深。曾氏家鄉所在的衡陽地緣上臨近道州，學書借鑒何紹基既是「近水樓臺先得月」，也在謂情理之中。曾熙老家衡陽有一塊「曾氏宗祠」的大字匾額，儼然顏體中晚期風貌，相傳為其辛亥後回鄉修族譜時所書。實際上，不惟曾熙，即便是長沙的李瑞清和茶陵的譚延闓，也在何氏書風的輻射範圍之內。

需要注意，何紹基對曾熙、李瑞清的影響不僅反映在顏體楷書上，還體現在篆隸書上。胡小石曾評先師李瑞清曰：「先生家本江西臨川，生長湘中，早年受何道州之風氣作八分也」〔註82〕，可見，何紹基除了顏體楷行名震湖湘外，其八分書也有一定市場，李瑞清則更多地受到了何紹基八分書的影響。無獨有偶，同在湘中的曾熙早年學書路徑與李瑞清非常相似，這在他 1929 年 9 月 19 日題黃曉汀《劍鳴廬校碑圖》對學書生涯的回顧中可見一斑：

予少喜學劍，與子同一癡。棄劍而學書，篆分日委蛇。及今四

十載，苦樂且忘疲。寧拙勿取巧，與至漢其機。〔註83〕

從「及今四十載」可以揣測，曾熙「棄劍」而攻篆分應該是在 1890 年左右。此際，曾熙正在主攻詩文以備科考，篆分之渾樸與風騷之奇奧同樣吸引著他，在他的學術中碰撞交融，使其早期就有從篆分入手的溯源意識。如 1892 年曾熙入京參加會試時，親見《石鼓文》原石，「摩挲竟日，僂坐古柏下，不忍去」〔註84〕，其癡迷可見一斑。可以說，曾熙和李瑞清早年的學書路徑都是由「上游」的篆分入手而下窺六朝，這種道路的選擇一方面與清末金石學和碑學風氣興起有關，另一方面也與何紹基在湖南書壇的巨大影響有關。

〔註80〕曾熙曾有一方常用閒章為「閒居玩古不交當世」，見附錄。

〔註81〕《中國書法史學國際學術研討會論文集》，西泠印社，2000 年版。

〔註82〕胡小石著，游壽整理：《中國書學史》，中國文史出版社，2014 年第 1 版，第 293 頁。

〔註83〕王中秀、曾迎三：《曾熙年譜長編》，上海書畫出版社，2016 年 10 月版，第 740 頁。

〔註84〕王中秀、曾迎三：《曾熙年譜長編》，上海書畫出版社，2016 年 10 月版，第 27 頁。

雖然何道州的臨摹之作散逸湖湘甚多，但早年曾熙沒有充足的收藏能力，直到十幾年後才得以將視若珍寶的何道州臨作納入篋中。如其跋《蝯叟臨張遷碑》：「此道州臨《張遷》，恰到妙境，純以筆趣博興之冊也。予丁未（1907）得之嶽麓，辛亥攜以入都，出入兵燹，寶愛未嘗釋手」〔註85〕，可見曾熙對何紹基隸書的癡迷程度。其實，我們從曾熙一生的書法創作與理論闡發中都能發現何紹基的影響不處不在，這是我們把握曾熙書風變遷的一個重要線索。筆者認為，何紹基對曾熙早期書法的影響主要有兩個方面：

一是鑒藏與臨摹結合的學書方法。何紹基以碑帖鑒藏著稱，並能將碑帖中探求的筆法運用到書法創作中，形成自己獨特的風格。這種由鑒藏探求筆法之妙的學書路徑對曾熙影響很大。何道州曾云「余既性嗜北碑，故摹仿甚勤，而購藏亦富，化篆、分入楷，遂爾無種不妙，無妙不臻，然遒厚精古，未有可比肩《黑女》者」〔註86〕。何氏以寫《張黑女》著稱，對《張黑女》拓片視若珍寶，臨寫甚勤，以至「無一日不在行篋」〔註87〕，終找到了將《張黑女》與顏楷融會貫通的路徑，遂成大家。換句話說，何紹基在書法創作上取得世人矚目的成就與他精於碑帖善本鑒藏是分不開的。何氏謝世後這些藏本逐漸流入坊間，人爭寶之，以「蝯叟藏本」稱之。從目前資料來看，曾熙第一次看到何紹基藏《張黑女》拓片的準確時間是1894年〔註88〕，從此被《張黑女》的獨特魅力所打動。曾熙發現何紹基從《張黑女》中汲取精髓的奧秘後，就未放棄過對《張黑女》的臨摹、研究與鑒藏，並在鑒藏中不斷比較不同版本之間的優劣，如此鑒寫互鑒，直到晚年。然而，據筆者視野所及，尚未發現19世紀末20世紀初曾熙臨摹《張黑女》的可靠作品。因此，我們只能從他的闡述中去探尋些許蛛絲馬蹟。

如1908年5月31日，曾熙過訪譚延闓，得見其父譚鍾麟與翁同龢往來書信百餘封，驚歎不已，遂借去反覆摩挲長達一個月。後震亞圖書局予以出版，曾熙為之題記：

〔註85〕瓶齋藏《蝯翁臨張遷碑》，商務印書館，1933年8月版。

〔註86〕何紹基：《東洲草堂書論抄》，崔爾平《明清書論集》，上海辭書出版社，2011年版，第1136頁。

〔註87〕曾熙：《遊天戲海室雅言》，《明清書論集》，上海辭書出版社，2011年版，第1458頁。

〔註88〕澳大利亞新南威爾士美術館有一件曾熙臨《張黑女》四屏，題款中有「長沙讀此志將三十年，甲子仲冬農髯熙年六十有四」，因此可以推測曾熙第一次見到《張黑女》應在1894年。

　　本朝諸名家多紹法思翁……與宋四家馳騁者，南園、道州、常
熟三子而已矣。南園擴《告身》之折法，範以隸勢之橫衍，剛偉嚴
直，嶽嶽不可犯，蓋其節不可及也。道州善用《張黑女》之掠空，
小歐陽之擊實，隸法草情，出入《坐位》，睥睨百家，舒嘯徜徉，蓋
其才不可及也。〔註89〕

　　曾熙認為，在有清一代能直接顏平原，與「宋四家」抗衡的只有錢南園
（灃）、何道州、翁常熟（同龢）三人。而其中，錢南園從顏真卿《自書告身》
入手，而翁常熟從錢南園入手，惟有何道州從《張黑女》入手，取其「掠空」
和歐陽通之「擊實」，與魯公精神相接。因此，《張黑女》是何紹基楷書出眾的
利器，這一點想必曾熙早已看破。

　　二是對曾熙隸書學習的影響。何紹基自言：「余學書四十餘年，溯源篆分
楷法，則由北朝求篆分入真楷之緒」〔註90〕，可見，何紹基是由北朝作為作
為打通篆分真楷的突破口的。其主要津梁就是《張黑女》《瘞鶴銘》兩碑，而
後上溯兩漢、三代。尤其是《張遷碑》《石門頌》等東漢分書傑作，何道州均
下過很大工夫，臨摹數十通甚至百餘通之多。其臨作散佚湘中亦多，進入曾
熙、李瑞清的學習視野也在情理之中。如 1908 年曾熙獲得何紹基臨《張遷
碑》，從中讀出了何氏「以筆趣博興」的重要信息，這對曾熙一生的藝術創作
產生了極大影響。首先，我們在曾熙大量隸書臨作中，都可以窺見他對「筆
趣」的重視，反而很難見到那種非常純粹的實臨作品。其次，我們可在曾熙
中晚期作品的跋語中發現大量「以某某筆意為之」的表達方式，可見他對經
典的學習已由早期的實臨上升為一種全面的化用能力，而這種能力正是基於
大量的筆墨實踐。當然，何紹基的作用不可忽視。

　　此外，好友間書學取向和觀念的相互陶染也不可忽視。曾熙好友李瑞清
對何紹基隸書情有獨鍾，他自言「余書幼學鼎彝，弱冠學漢分，年廿六始用
力今隸」〔註91〕，從「弱冠」可知約為 1887 年左右，而曾熙 1890 年左右始
學篆分，二人攻學隸（分）書的時間相去不遠。1894 年二人入京會試時有過
一段形影不離的學習經歷，對於這兩個書法「發燒友」而言，自然不會錯過

〔註89〕《松禪書札》（春及草廬藏），震亞圖書局，1908 年 5 月，民國石印本。

〔註90〕何紹基：《何紹基詩文集·二》，《湖湘文庫》，嶽麓書社，2008 年版，第 804
　　　　頁。

〔註91〕李瑞清：《清道人遺集》，黃山書社，2011 年第 1 版，第 158 頁。

交流學書心得的機會。而何紹基的隸書魅力和審美觀念經過李瑞清的傳遞，必然對曾熙產生一定影響，以至於他後來對何氏的隸書臨作視若珍寶。

圖1-11　曾熙書《清故蕭太宜人墓誌銘》局部

民國印本　上海私人藏

何紹基臨漢碑有一個顯著特點就是「顫筆」的運用，以遲澀頓挫之筆演繹碑刻作品的蒼茫感和金石氣，這種用筆對曾熙、李瑞清的影響不可小覷。我們從曾熙早期臨《夏承碑》的作品，可以窺到些許蹤跡，但曾氏與何氏仍有差異。朱大可在《答友人論書》曾言：「農髯師早年習《夏承碑》、《戎輅表》、《黃庭經》，樸茂之中，饒有風韻；近年鬻書海上，始以魏碑為號召耳」〔註92〕，可見早期曾熙是以《夏承碑》作為隸書主攻方向的，這也與我們梳理曾熙傳世作品所得的結論大抵吻合。從1891年鄉試中舉所書「亞元」匾額到1903年的「雅量涵高遠，清言見古今」五言聯無不充溢著《夏承碑》的矯逸飛動之勢。早期對《夏承碑》的研習成為曾熙學習篆隸的重要基底，也成為我們研究曾熙隸書演變的一條線索。

綜上，何紹基對曾熙早年書法的影響更多地體現在方法和觀念上，隨著時間的積澱，曾熙對何紹基之於自身藝術塑造的借鑒價值也更加明晰，最終促成了其獨特書風和「一以貫之」審美觀念的形成。

此外，曾熙早期小楷的藝術價值也不可小覷。其小楷從《戎輅表》《黃庭經》等鍾王經典入手，並潛心從優質版本中汲取魏晉精神，是其過人之處。我們從曾熙的《武岡鄧先生墓誌銘》《致丁立鈞書》《王楊瓊林公家傳》等早期作品中，都能看到其對鍾王小楷的深刻領會和嫻熟駕馭能力。約作於1909年的《蕭太宜人墓誌銘》（見圖1-11），除了繼承了鍾太傅各表書的渾圓靜穆外，一方面在結構上進行了優化，使整體章法更加統一，與墓誌銘謹嚴肅穆

〔註92〕王中秀、曾迎三：《曾熙年譜長編》，上海書畫出版社，2016年10月版，第712頁。

的性質相吻合；另一方面避免了「館閣體」書法的死氣，筆畫真中帶行，靜中寓動，情性畢現。曾熙小楷藝術成就我們將會在下章專門探討，此不贅述。

1.3.3　從海上鬻書到「人書俱老」──兼談曾熙、李瑞清書法的異同

以 1915 年 11 月 15 日下榻上海虹口華德路譚延闓寓所〔註93〕為標誌，曾熙真正實現了由失意士人到職業書畫家的完美轉型，迎來了人生發展的第二春。當然，曾熙到達上海後並沒有馬上掛牌鬻書，而是有一個「預熱期」，直到 1916 年初在李瑞清推介下才正式潤格鬻書。得到市場積極回應後，他的書法臨摹與創作進入了高產期，隨著筆墨實踐的不斷深入，其書法風格也逐漸定型。

不得不提的是，20 世紀以來書法界發生了一系列天翻地覆的變化。首先是甲骨文、金文、簡牘書、敦煌遺書等大量書跡的出土，徹底改變了長期以來人們對書法史固有的認識；其次，西方照相技術的引進、印刷技術的發展和出版業的進步，使得書畫碑帖影印本迅速普及，改變了珍貴拓本不易傳播、不易獲得的局面，為人們學習書法提供了便捷的資料。在此基礎上，民國書家開始擺脫前人專攻一兩種碑學書體的侷限，開始系統地從篆、隸、草、行、楷各體的技法實踐中去追尋書法風格的變遷規律和審美價值，出現了一批多體兼能的碑學書家，曾熙就是一個典型。之所以可以認定曾熙碑學書家的身份，是因為無論從理論上還是從創作上來講，他在金石碑版上所花費的精力都有壓倒性比重。然而，在思想意識層面，他仍沒有擺脫王羲之以來以「中和」為主要審美趣味的帖學正統價值觀的影響。因此，他的書法雖然整體上側重表現金石碑版的蒼茫和重澀，但堅決反對軟媚和野俗；雖然著眼挖掘碑的奇趣，卻不以表現狠、重為能事。這充分說明，曾熙並未囿於碑版一隅，而是走上了參通碑帖的新路徑。

通過分析可知，曾熙大部分作品的紀年集中在 1917 年後，此前的作品數量稀少且缺乏系統性。因此，我們不妨大膽地以 1917 年為界，將曾熙的書法風格劃分為前後兩個時期：

1917 年以前為成長期，曾熙的書法風格處於一種早期形態。他這一時期

〔註93〕根據《譚延闓日記》記載，譚延闓 1915 年 8 月租下華德路 65 號寓所，1921 年 4 月 9 日移居塘山路 37 號。

的作品，主要以歷代經典碑帖的臨摹為主，注重筆畫的圓轉和結體的形似。取法上較為廣泛，篆書如《散氏盤》《毛公鼎》等，隸書如《張遷碑》《夏承碑》《華山碑》等，楷書如《瘞鶴銘》《張黑女》《戎輅表》《黃庭經》等，無論取資碑學、帖學，均能惟妙惟肖。但這一時期的作品，尤其是篆、隸、楷書，筆法變化尚不豐富，可以看出曾熙尚未對不同風格的作品進行大量的嫁接和融通實驗。

1917 年以後為成熟期。一方面，曾熙廣泛搜羅明清書法名跡和優質碑帖拓本，尤其是見到了敦煌經卷書法、《流沙墜簡》等大量 20 世紀新材料，為藝術研習提供了前沿資料。此後，他對篆、隸、真各體進行了循本溯源式的探索，從三代秦漢篆分下溯六朝真書，以期從書體進化中尋繹「一以貫之」的各體審美規律，更對相近地域、相近風格、相近歷史區間的作品進行歸納融通和大膽嫁接，晚年甚至將畫法與書法進行交互借鑒，逐漸遺貌取神，達到「隨心所欲而不逾矩」的「人書俱老」境界。另一方面，他通過與李瑞清、譚延闓、沈曾植、鄭孝胥等海上名家的藝術交流，對時下主流的藝術取向和審美價值兼容並蓄，汲取各家之長。而後在大量藝術實踐的基礎上去粗取精、去偽存真，建立起真正屬於自己的風格系統和審美話語體系。曾熙成熟期的風格特徵主要體現在以下方面：第一，在「求篆必於金，求分必於石」的理念指導下，對三代鼎彝和兩漢碑刻進行了全面研習。以「顫筆」的「一波三折」和「頓挫提轉」來體現篆隸書的蒼茫感和金石氣，並且以篆入分，以畫入書，對不同風格的作品進行大膽融通和嫁接，極大提升了篆隸線條的質感和活力，為民國時期碑學的發展提供了有益探索；第二，在大量筆墨實踐基礎上將篆、隸、楷各體打通，並能自由化用。尤其是曾熙尋找到了融通《瘞鶴銘》《黃庭經》《張黑女》等魏晉南北朝作品與篆隸書的「密碼」，在一生的臨創實踐中不斷論證和研磨。

為了更好闡釋曾熙書法的特徵，我們以下將曾熙與李瑞清進行對比。

在海上名家中，對曾熙書法風格形成影響最大的就是李瑞清。在曾熙寓滬之初，李氏就將「南宗」「北宗」這對相頡頏的名號推向大眾，實際是更多考慮到「南曾北李」在書畫市場中更容易產生良好的識別度，以便形成「捆綁效應」。此外，李瑞清借助數年來在海上積累的名望，將曾熙一舉推到可與其分庭抗禮的地位，這對於剛剛掛牌鬻書的曾氏來說，無疑是雪中送炭。表面上看，「南曾」「北李」一個偏於「江左風流」，一個偏於「中原

古法」，風格大相徑庭。實際上，對二人的書畫題跋進行分析就會發現，他們在書法藝術創作觀念和審美理想上有太多共同點，甚至有很多書法理論闡釋如出一轍，很難區分誰是原創者。如李瑞清云：「學書之從篆入，猶為學之必自經始」〔註94〕，與曾熙「學書當先篆，次分，次真，又次行」的崇古溯源觀念如出一轍。並且，李氏和曾氏都主張「求篆於金，求分於石」，以致我們很難釐清這種理念究竟是誰借鑒了誰。由此，可以說，這種藝術風格和審美觀念的相似是曾、李二人在長期交往過程中不斷研討、不斷磨合、最終達成共識的結果，不失為民國書家中近友之間相互影響而揚名書壇的佳話。

然而，在「求篆於金，求分於石」的審美意識下，曾熙和李瑞清在取法對象上有所區別。正如李瑞清在《衡陽曾子緝霦書直例引》中說：「余喜學鼎彝、漢中石門諸刻……季子則學《石鼓文》《夏承》《華山》《史晨》……自號南宗以相敵」〔註95〕。實際上，李瑞清的描述並不準確，因為曾熙同樣喜歡三代鼎彝，至於《裴岑》《張遷》《禮器》也無所不臨，由三代下窺兩漢，再下溯魏晉南北朝石刻。對於篆書，曾熙主要著眼三代鼎彝為代表的大篆系統，對李斯小篆和清代鄧石如等書家均有所批評，正謂「神遊三代，目無二李」，在這點上曾、李是一致的。縱觀曾熙的傳世作品，他對《頌敦》《師友敦》《大盂鼎》《毛公鼎》《散氏盤》《馭方鼎》等西周金文無所不臨，涵蓋周、齊、魯、楚等不同地域書風和敦、鼎、盤、壺、罍、匜、鏡等不同器物載體，並對不同地域和載體的書法風貌進行細緻比對分析，以獲得準確判斷。正是這種「地毯式」的取法方式，成就了曾熙對各時代書風的嫻熟把握，為縱向和橫向的嫁接融通奠定了堅實基礎。不同的是，李瑞清在篆隸的體勢上更擅長「犯險」，「顫筆」幅度更大，加上結體勁緊，更顯得蒼辣凌厲；而曾熙將「頓挫」的滯澀與「提轉」的婉通融為一體，對當時野、怪、狠、重的碑學流弊做出了修正。

在楷書上，李瑞清取法魏晉南北朝碑刻中結體方整峻利一路，筆法形態上以方筆為主。而曾熙則取法圓渾疏逸一路，同時傳習魏晉鍾王各書，筆法形態上以圓筆為主。我們從「奇石華相暎，幽人室不局」這幅對聯（見圖 1-

---

〔註94〕王中秀、曾迎三：《曾熙年譜長編》，上海書畫出版社，2016 年版，第 272 頁。

〔註95〕李瑞清：《衡陽曾子緝霦書直例引》，原載《大同月報》第二卷第一號。轉引自《清道人遺集》，中華書局，2011 年 3 月版，第 128 頁。

6）中就可以看出，雖然同一形式、同一內容，甚至都借鑒了《張黑女》的結字方式，但仍能夠看出二人在用筆方面的明顯差異：其一，李瑞清凡轉折處善用方折，有一個明顯的「折肩」；而曾熙曾多用圓轉，如「石」「相」等字的橫折處。其二，在結體上李瑞清中宮緊收，以內擫為主，表現出六朝碑刻的嚴峻凌厲；而曾熙結體舒朗寬博，以外拓為主，表現出魏晉楷法的沖融散淡。沙孟海先生曾指出「北碑結體大致可分『斜畫緊結』與『平畫寬結』兩個類型，過去也少人注意。《張猛龍》《根法師》、龍門各造像是前者的代表。《弔比干文》《泰山金剛經》《唐邕寫經頌》是後者的代表」〔註96〕。通過分析可知，李瑞清更趨近於「斜畫緊結」，而曾熙更趨近於「平畫寬結」。除了我們上述分析的《張黑女墓誌》外，曾熙對鍾繇《戎輅表》、王羲之《黃庭經》、北齊《泰山經石峪金剛經》、南朝《瘞鶴銘》等都非常鍾愛，這更說明曾熙在楷書實踐上與沙氏「平畫寬結」的理念不謀而合，「寬結」的雍容舒朗與曾熙提倡的「掠空」實際是殊途同歸的。

　　1917 年到 1930 年去世前，曾熙書風進入了嫻熟的「嫁接」和「化用」期。我們可以從其大量的作品題跋中發現這種「嫁接」和「化用」的印跡。如1917 年，曾熙為楊潛庵書家臨《敬史君碑》《爨寶子碑》《瘞鶴銘》《文殊經》中堂四屏。其中在臨《敬史君碑》跋語中云：

　　　　敬顯儁碑骨韻逸秀，予以王基碑參寫之，風骨當求之東魏以上。〔註97〕
　　又如 1922 年十月，曾熙跋《道人黑女誌臨本》：

　　　　　　髯亦喜臨《黑女誌》，然以太傅法寫之，或以分書章草入之，但

　　攝其神意即大快。〔註98〕

　　曾熙以八分書、章草或鍾太傅法糅入《黑女誌》，一方面體現了其崇古溯源意識，另一方面也體現了曾氏對《黑女誌》審美特質的深刻認識。曾熙不僅能對同時期的作品進行橫向融通，而且可以對不同書體和時代的作品進行縱向融通，並且可以自由穿梭書畫之間。這種高超的化用能力，與眾多民國同代書家拉開了距離，標誌著曾熙的碑學探索已經進入「深水區」。

　　1922 年對曾熙書法的化用實踐而言，是一個重要的轉捩點。通過梳理大

〔註96〕沙孟海：《略論兩晉南北朝隋代的書法》，載於《沙孟海論藝》，上海書畫出版社，2010 年版，第 114 頁。

〔註97〕王中秀、曾迎三：《曾熙年譜長編》，上海書畫出版社，2016 年 10 月版，第275 頁。

〔註98〕王中秀、曾迎三：《曾熙年譜長編》，第 465 頁。

量文獻和作品可知，曾熙於 1922 年開始頻繁作畫，為 1923 年掛牌鬻畫做準備，這樣他既可以在書畫市場上實現雙贏，也能夠在實踐上將書畫的審美特質聯繫起來，進而「以書入畫」或者「以畫入書」，提升藝術段位。其實，在曾熙正式登報鬻畫前，他已經開始書與畫的「嫁接」實驗，將畫中的松、蘭、竹、梅的畫法和篆分的筆法結合起來，或以古松之法作書，或以書法入梅、蘭、竹等，豐富了書畫的筆墨意趣。

如，1922 年壬戌大寒後，曾熙以寫古松法臨《叔向父敦》：

> 叔向父敦，以寫古松之法臨此，蓋又可翰之書矣。〔註99〕

又如，同年十一月，題《紅梅圖》：

> 髯不解畫，但解書，然以吾作書之法作畫，見者多驚歎之，髯亦頗自得。〔註100〕

又，1923 年癸亥一月，為宇澄寫《蘭竹圖》：

> 宇澄道兄從子戚乞髯書，不知髯近日之書皆瀉之畫，亂寫蘭竹頗肖石濤，宇兄視此如何？〔註101〕

從以上的種種敘述可以看出，曾熙晚年對書法和畫法進行了大量的「嫁接」和「化用」實踐。正如趙子昂所言「石如飛白木如籀，寫竹還與八法通」，「書畫同源」為藝術家共知，但真正付諸實踐並非易事。我們縱觀清末民國書法史，「以書入畫」和「以書入印」者甚眾，但能「以畫入書」並以篆分法入畫的，可謂寥寥，而這正是曾熙的過人之處。曾熙曾言「但知以書家筆墨寫之，其雙勾取宋元法，而以篆分行之，則髯法也」，可見，他對自己的這種嘗試非常滿意。通過書、畫互動，曾熙為大篆的審美特質找到了新的表達方式，將「顫筆」的「頓挫提轉」與梅、松等物象形態聯繫起來，以篆書的線條對繪畫的「肌體」進行了改造，表現出一種高逸蒼古的獨特韻味，也標誌著曾熙的書法藝術漸入「老境」。曾熙的這種嘗試在創造力上完全突破了鄧石如、吳昌碩等清代篆書大家的藩籬，豐富了大篆的筆墨意趣，不失為碑學在民國演進的又一特色。

為了直觀展示曾熙書風成熟期的「嫁接」與「化用」實踐，我們特梳理曾熙作品的題跋輯錄為下表（見表 1-1），以還原書者的創作意圖。

〔註99〕王中秀、曾迎三：《曾熙年譜長編》，第 472 頁。
〔註100〕王中秀、曾迎三：《曾熙年譜長編》，第 495 頁。
〔註101〕王中秀、曾迎三：《曾熙年譜長編》，第 478 頁。

表 1-1　「化用」與「嫁接」意識在曾熙作品中的表述〔註102〕

書 體	作品名稱	語言表述	形 式	年 份
篆書	臨《吳尊》	作篆如作畫，但以腕法筆趣為之	扇面	1920
	「章草宮辭」五言聯	集《石鼓》文字……以周金器參寫之，庶失之扁削與笨滯者，得資補救焉	對聯	1920
	臨《壬器》	楊補之畫梅疏瘦中有奇趣，因師其法寫《壬器》	手卷	1920
	臨《吳尊》	以《齊法》臨《吳尊》	條幅	1921
	臨《散氏盤》	《散盤》道人以渾勁之筆為之，已成神絕，髯乃毀圓為方，頗肖馬遠	冊頁	1921
	臨《師酉頌》	以楊補之畫梅法臨此	手卷	1923
	臨《叔向父敦》	《叔向父敦》，以寫古松之法臨此，蓋又可輸之書矣	不詳	1923
	「魯廷周室」五言聯	集《頌敦》字以蝯叟腕法入之	對聯	1925
	臨《趩尊》	《趩尊》以《邵鐘》筆法臨此	條幅	1925
隸書	《隸書課徒卷》之《石門頌》	此用篆法，為八分宜先學《齊罍》，後為《石門頌》，乃得之	手卷	1921
	「履道揆往」五言聯	此隸法基於秦，盛於西漢，《通開褒斜》及《裴岑經功》尚存筆法	對聯	1926
楷書	臨《敬顯儁碑》	《敬顯儁碑》骨韻逸秀，予以《王基碑》參寫之，風骨當求之東魏以上	條幅	1917
	「梵理清標」五言聯	集《爭座位》字，以《刻經誦》筆法為之	對聯	1918
	「奇石幽人」五言聯	集《黑女誌》字以太傅法為之	對聯	1918
	集《敬顯儁碑》聯	集《敬顯儁碑》字參以《報德像》以厚其骨力	對聯	1918
	臨《瘞鶴銘》	此銘骨法通達，予以《王基碑》參寫之，風骨求之東魏以上	條幅	1918
	臨北朝刻經	以《王子椿》法書此	條幅	1921
	臨《黃庭經》	以《鶴銘》法臨《黃庭經》	條幅	1921

〔註102〕表格作品主要來源於《曾熙年譜長編》輯錄的作品，以及部分經過遴選的拍賣會作品，擇有紀年者錄入。

臨《鄭使君碑》	《惠公誌》參以造像書此	條幅	1922
「盤中坐上」五言聯	集《經石峪》字以晉《永和磚》筆勢為之	對聯	1922
「品仰文崇」八言聯	集《禊帖》字，以篆法攝《鶴銘》書之耳	對聯	1923
臨《黃庭經》	以《鶴銘》筆勢為此，覃溪所謂『憬然大字勒崖初』也	扇面	1923

　　孫過庭《書譜》在闡述學書階段時曾提出「通會之際，人書俱老」，這用來比況曾熙晚年的藝術狀態恰如其分。不惟藝境，曾熙的心態在晚年也漸入「老境」，這在他 1927 年《贈馬宗霍山水冊十二幀》的一則題跋中可窺：

> 老依江海上，往還二三友。既有筆可耕，無須人送酒。古人畫
> 平遠，無不學趙大年之柳。老髯乃寫三松且自況也。〔註 103〕

　　曾熙以「松」自況，深寓「歲寒，然後知松柏之後凋」之意，一種雖老而堅韌不拔、恬淡自適的心境躍然紙上。又一題跋云：

> 江山不改六朝色，置酒何須論興亡。丁卯三月既望，海上煙塵
> 稍息，天氣融和，九十日春元已過七十六日，兩日來頗稱佳日，寫
> 此並記之。〔註 104〕

　　這時，辛亥「鼎革」時的茫然和失意已在曾熙的心中完全消解了，取而代之的是一種世外桃源式的悠然與平淡，這種心境與他此時的書畫藝術境界是吻合的。

　　毋庸諱言，一個藝術家的創作狀態和藝術風格的生成與其成長的時代、社會、地理、文化等各種外在環境都有不可割裂的聯繫。前兩節我們重點解剖了曾熙成長的時代背景以及其「書畫圈」構建始末，這些都是滋養其書法藝術的社會環境因素。本節則重點闡述了曾熙的書法藝術成長之路，從早年的書法學習、鑒藏生涯到晚年的「人書俱老」，對曾熙書法風格的形成原因及過程進行了全面回顧和追蹤。縱觀曾熙的人生和藝術歷程，我們發現他的書法藝術似乎隨著人生境遇的起伏而不斷變化，變得豐富、包容、多元、漸入

〔註 103〕《張大千的老師——曾熙、李瑞清書畫聯展》，臺北：國立歷史博物館，2011
　　　　年版，第 29 頁。
〔註 104〕《張大千的老師——曾熙、李瑞清書畫聯展》，臺北：國立歷史博物館，2011
　　　　年版，第 29 頁。

老境。但又似乎一切都沒有變，他對篆分的偏嗜沒有變，他博採眾長、碑帖兼修的取法原則沒有變，尤其重要的是其以篆籀筆法和筆意統攝其他各體的「一以貫之」的理念沒有變。這種「一以貫之」的理念貫穿在曾熙書法創作的各個書體中，下面我們將一一展開。

第 2 章　曾熙書法創作

　　通過對曾熙的人生與藝術歷程的系統梳理，我們得以明晰曾熙是如何從一個封建士人逐漸走上職業藝術之路的。同時，我們也得以發現，一個藝術家的成長和藝術風格的生成不僅受到政治、經濟、文化等多種因素的影響，還與其生存環境與人際關係網有著密切的聯繫。以 1915 年寓居上海為標誌，曾熙的生存環境和關係網都發生了深刻的變化。更為重要的是，他已經逐漸融入上海多元而包容的藝術生態系統中，在名望上得以與康有為、吳昌碩、沈曾植、鄭孝胥、李瑞清等名家分庭抗禮，構築起既有晚清餘韻又有民國精神的海派書風。

　　隨著名氣的增大，曾熙作品的社會需求量也越來越大，1915 年以後，曾熙進入了藝術生涯的高產期，十幾年間創作了數以千萬計的書法作品。這些書法作品形式繽紛，類型多樣。在書體上，篆、隸、楷、行、草無所不包，而其中篆書以大篆為主，隸書以八分為主、古隸為輔，楷書又可分大楷、中楷和小楷，草書則主要為章草；在形式上，條幅、對聯、中堂、橫幅（批）、長卷、鏡心、扇面、信札等品類繁多，又以對聯和條幅所佔比重最大；按載體用途，又可分為匾額、信札、碑記、題跋、便條、名刺，等等；按內容，則可分為詩詞楹聯、書論、畫論、考證、記事等。形式和內容多樣的書法創作足以說明了當時上海書法市場需求的旺盛。尤其是對聯、扇面等形制和家傳、墓誌銘等內容的盛行，也足以說明了書法的存在已滲透到民國上海生活的各個方面，這為曾熙、李瑞清等為代表的職業書家的成功轉型提供了賴以生存的社會基礎。

　　在各體書法中，曾熙的隸書最為時人推重，尤其李瑞清曾將他標榜為「今之蔡中郎」，這個評價是很高的。時過境遷，書法的時代審美風尚和生存環境已經發生了相當大的變化，其書法創作的成就和價值自然也需要重新進行解

讀定位。為了展現之便利,筆者在此以篆、隸、楷、行、草五體為序對曾熙的書法創作成就進行全面解讀。

2.1 浪漫寫意的篆書

　　古人云:「取法乎上,僅得其中」〔註1〕,理論與實踐造詣深厚的曾熙自然深諳此理。自開始學書起,他就以「取法乎上」為目標,堅定了以篆分入手的觀念。而篆書又分大篆、小篆,前者以青銅器(即「金」)為主要載體,後者以碑版石刻(即「石」)為主要載體。清代的鄧石如、楊沂孫、吳讓之都是以小篆為宗名噪後世的,吳昌碩則浸淫《石鼓文》而自成一家,這些書家總體取法還都屬於「石」的範疇。與此相對,曾熙和李瑞清則秉持「神遊三代,目無二李」的理念,跳過「二李」小篆,從他們所推崇的三代文字(主要是商周金文)即古篆中去汲取養分,凡《毛公鼎》《大盂鼎》《散氏盤》《頌鼎》《師酉敦》等各類金文,無所不臨,以此來構建書法之「氣」與「骨」。儘管曾熙以隸書聞名海上,自言篆書不及清道人,但他在篆書上用功絲毫不少。此外,在筆法和精神氣質上,他的篆書並不遜於李瑞清。

　　曾熙的篆書取法廣泛,筆者經過粗略統計,目前可見的臨摹之作有三十多種(表 2-1〔註2〕),涵蓋了鐘、鼎、盤、尊、罍、簠等各種器型和各種地域風格。在博涉的基礎上,曾熙對各種風格的經典之作如數家珍,以至於可以望其彷彿而知其國別:「大抵雍容肅穆者,魯也。俊傑廉捍者,齊也。凝重篤實者,晉也;雄橫恣肆者,楚也」〔註3〕。

表 2-1　曾熙篆書臨摹篇目概覽

類　　別	作品名稱(排序不分先後)				
金文	《大盂鼎》	《毛公鼎》	《散氏盤》	《虢季子白盤》	《焦山鼎》
	《頌鼎》	《剌鼎》	《頌敦》	《師酉敦》	《函皇父敦》
	《史頌匜》	《大鼎》	《趞尊》	《虢叔旅編鍾》	《師兌敦》

〔註1〕〔清〕周星蓮:《臨池管見》,《歷代書法論文選》,上海書畫出版社,1979 年版,第 403 頁。

〔註2〕本表主要綜合《曾熙年譜長編》、《曾熙書法集》等出版物收錄作品和部分私人收藏作品而成。

〔註3〕曾熙:《遊天戲海室雅言》,《明清書論集》,上海辭書出版社,2011 年版,第 1456 頁。

	《邵鐘》	《師趛鼎》	《齊侯罍》	《馭方鼎》	《使族敦》
	《壬器》	《吳尊》	《楚鐘》	《曾伯黎簠》	《大克鼎》
	《光和鼎》	《師麰敦》	《格伯敦》	《師虎敦》	
石刻文字	《石鼓文》				

　　在篆書創作上，他遵循不同地域書風的審美特質而進行不同程度的再現與表現，並進行巧妙地「化用」和「嫁接」，如前所述的「以齊法臨《吳尊》」就是典型的例子。其篆書風格可以大致分為兩個時期：

2.1.1　模仿期

　　1917 年以前可視作第一個時期。這一階段曾熙的篆書處於模仿期，書法作品以臨摹作品為主，真正意義上的創作非常稀少。其臨摹上主要以「形似」為目標，並通過大量的臨摹實踐，探索不同地域書風間的區別與聯繫。在用筆上，曾熙早期篆書顯得中規中矩，雖使用「顫筆」，但總起來說變化幅度不大，視覺上整體給人以平正溫和的感受。線條追求微弱的節奏變化，中實而渾圓。1917 年臨《頌敦》（圖 2-1）就是這一時期的代表作品，用筆嚴謹有度，結字工穩整飭，全篇井然有序、莊重渾穆，充盈著濃鬱的廟堂之氣。

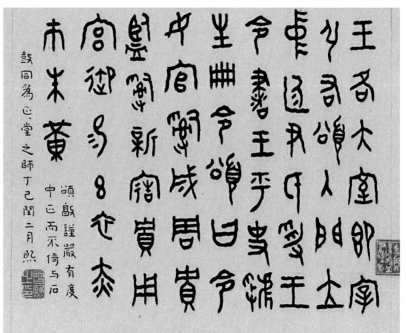

圖 2-1　曾熙臨《頌敦》冊頁

私人藏

　　為了更加直觀揭示其模仿期篆書的特點，我們不妨將 1917 年曾熙臨《頌敦》冊頁（以下簡稱「冊頁」）的局部與 1925 年集《頌敦》聯句（以下簡稱「聯句」）的局部進行單獨分析，同時參以《頌敦》原器拓片（以下簡稱「原作」）進行對比（表 2-2）。

表 2-2　曾熙臨《頌敦》冊頁、集《頌敦》聯句和《頌敦》拓片局部對照表

類　型	室	新	頌	周	令
《頌敦》拓片					
1917 年臨《頌敦》冊頁					
1925 年集《頌敦》聯句					

　　可以發現，1917 年的冊頁作品在氣質上以靜為主，筆畫遲澀，粗細均勻，結體內斂；而 1925 年的聯句作品則精神飛動，筆畫流暢婉通，粗細對比極大，結體開張。如冊頁的「室」字寶蓋頭的左右兩個部分顯得非常對稱，甚至比原作還要拘謹，線條雖有微弱的顫動，但並不明顯。而聯句的「室」字則極為寫意，下部「土」的兩個橫畫的長短與冊頁的「土」完全相反，第一個橫畫破直為曲，弧度極大，而第二個橫畫則短而直，二者形成鮮明對比。寶蓋頭部分與「至」部之間的空間橫向舒展，營造出一種「疏可走馬」的藝術韻味；冊頁的「新」字筆畫近於均勻等分，結體較之原作略顯疏朗，而聯句的「新」則疏密明顯，上密下疏，重心上移，其線條質量比冊頁的「新」也有了大幅度的提升。冊頁的「新」字可謂「積點成線」，如履薄冰，而聯句的「新」字則用筆酣暢，於遒勁中見恣肆，完全是另一種神情；原作的「頌」和「令」字結體都較為勻稱，而冊頁的「頌」和「令」字雖有結構上的改造，但相較聯句而言，用筆和結字都十分均勻平正，「頌」字的右半部分，內部空間十分狹小，營造出一種「密不透風」的感覺，這些都說明曾熙此時的臨摹心態顯得恭敬而拘謹，不敢越雷池一步；冊頁的「周」和原作的「周」字一樣，中間的一豎

並未貫通到「口」的上端，而聯句的「周」則直接貫通下來，凸顯了書家藝術創作的大膽和果敢。冊頁的「周」字，筆法和結字上基本模仿原作，相較於聯句而言，明顯不如後者筆法豐富，藝術的衝擊力也遜色不少。總起來看，曾熙此時對經典篆書作品的藝術表現還處於如履薄冰的模仿階段，力求筆法和結字的嚴謹，還未達到「隨心所欲而不逾矩」的自由創作階段。

　　由於此時曾熙尚未開始大規模的篆書創作，且這一時期作品散佚民間，因此我們目前可用以參照的作品資料也非常有限，只能從零散的墨蹟中去窺探一二。但是可以肯定的是，沒有量變就沒有質變，模仿期的大量實踐積累對曾熙的書法創作的成熟而言是非常必要的。如果曾熙沒有對商周金文的嫺熟掌握，就不會有化用期那麼浪漫寫意的藝術發揮，也不會有他對書畫筆意的融會貫通，甚至也不會有他打通各體的技術基礎。

2.1.2　化用期

圖 2-2　吳昌碩 1919 年作《石鼓文》集聯與
曾熙 1920 年作《石鼓文》集聯對比

左圖藏於香港藝術館，右圖見於《曾熙書法集》第 5 頁

　　1917 年後特別是 20 世紀二十年代後，曾熙的篆書創作進入了一個嶄新的時期。他開始對不同風格的作品進行大膽「嫁接」和「化用」，用筆也更加豐富，結體俯仰多姿，大開大合，筆調浪漫，表現出十足的「寫意」氣息。如《章草宮辭篆書五言聯》（圖 2-2，右一）雖然以《石鼓文》為原型，但線條較之《石鼓文》更加飛動多姿，如「子」「天」等字都較原字靈活多變且氣勢開張，表現出古篆如書亦如畫的審美特點。「宮」字「宀」旁呈多邊形，圓轉中見方折，而內部的兩個「口」則化方為圓，兩個部分巧妙形成了一個「和而不同」的有機整體，極有特色。此外，「白」字的構形與「宮」幾乎如出一轍。為了更多地說明曾熙篆書浪漫寫意的特點，我們可將以臨《石鼓文》而成為一代宗師的吳昌碩與曾熙進行比較。如圖 2-2 中左圖為吳昌碩 1919 年所作集《石鼓文》聯「花事樂為種，禽鳴箸有辭」，而右圖為曾熙 1920 年所作集《石鼓文》聯「章草王子敬，宮辭白樂天」，二者在時間上和形式上都較為接近，具有對照意義。從取法對象來看，二者都是取法《石鼓文》，但筆法、結字和精神氣息卻截然不同。首先從用筆上看，吳昌碩更接近於《石鼓文》，線條蒼茫幹練，筆力豪縱，介於大篆與小篆之間。而曾熙則更加接近於金文，線條婉轉生動，略施「顫筆」，用筆趣味十足，相比吳昌碩更為自由率意。如「宮」字的左右兩個豎畫一放一收、一露一藏，非常巧妙，寫意味道十足；在結體上，吳昌碩作品勁緊而曾熙作品鬆動，如吳聯的「樂」字密不透風，而曾聯的「樂」字則布白疏朗，將古文字的形象性刻畫的十分逼真。此外，吳昌碩將左右結構的字普遍處理得左低右高，而曾熙則不拘於一格，左高右低者有之，左低右高者也有；在整體的精神韻味上，吳昌碩更多表現《石鼓文》的雄強、森嚴之氣，而曾熙則溯「石」到「金」，追逐西周金石文字的飛動、散漫之趣，同時加以金文的澆鑄感，增其古厚，充滿浪漫寫意的氣息。通過對比吳昌碩和曾熙臨寫的《石鼓文》，可以發現，吳昌碩用筆和結字的技術難度和豐富性不及曾熙；吳昌碩更加忠實於原石精神的再現，而曾熙則更加側重於審美意趣的抒發；吳昌碩顯得理性，而曾熙更顯浪漫。之所以曾熙對《石鼓文》的藝術表現方式與吳昌碩有如此大的差異，其中的奧秘我們從曾熙作品的題款中可以窺探：「此石謹嚴，學者易病局促，師鄧篆法以追石鼓，則筆扁鋒削，已失古人渾灝之氣。因以周金器參寫之，庶失之扁削與笨滯者，得資補救焉」。因此，曾熙以西周金文的意趣來演繹《石鼓文》不是為了刻意求奇，而是為了規避時下學鄧石如者的扁削和笨滯，追求古人的渾灝之氣。這樣我們也就

可以理解，之所以曾熙將大篆作為打通各體的關隘，是因為他認為以商周金文的代表的大篆融筆法豐富、結體奇巧、章法生動、氣息醇古於一體，從此入手可以「居高臨下」地參通各體，規避時人學書的拘泥和刻板，將氣格打開。當然，吳昌碩是歷代臨《石鼓文》而成為一代大家的典型，在整個書法史上都有不可撼動的地位，這一點毋庸置疑。需要指出的是，在此比較兩位同時代書法大家的作品，絕非試圖就此對藝術水準高下進行品評，而是為了凸顯曾熙篆書獨特的藝術特色。

　　這一時期，曾熙對篆書大膽的「化用」和「嫁接」除了以「金」入「石」之外，還注重不同金文之間的溝通，甚至將書意和畫意匯通起來。我們曾在第一章第三節論述曾熙成熟期書風時列舉了其「化用」和「嫁接」思想在題跋中的表達方式，下面我們重點分析這種思想在書法技術上的表現。

圖 2-3　曾熙臨《散氏盤》局部（左）與李瑞清臨散氏盤局部（右）對比

　　首先，我們將曾熙臨《散氏盤》與李瑞清臨《散氏盤》的局部進行對比（圖 2-3），且以「用」「矢」「散」「邑」「邎」等字為例。從筆法上來看，曾熙和李瑞清都以「顫筆」著稱，發源自古篆筆法，主要是西周金文。但不同的是，李瑞清臨《散氏盤》基本以圓筆寫就，表現在起筆和運筆多圓，如「用」「矢」等幾個字的起筆。「邑」「邎」兩字的上半部雖然有微妙變化，但弧線仍顯得均勻平滑，追求一種圓融婉通的效果。而曾熙對於李瑞清以圓筆寫《散

氏盤》早有認識，這在他的題款中可以發現：「散盤道人以渾勁之筆為之，已成神絕。髯乃毀圓為方，頗肖馬遠寫意，略有逸趣」。

前文已述，曾熙和李瑞清關係非同一般，藝術觀念非常相近，很難說清楚是誰影響了誰。但從技術上看，曾熙的處理方式更勝一籌。他能將較為輕鬆地將一類書法風格參透，並能自由出入書意和畫意之間，又不失豐富的筆墨意趣。從這一點上講，他的藝術感覺要勝於李瑞清。就臨《散氏盤》而論，曾熙的「用」和「矢」的取勢就非常奇特，前者字勢由右上而左下，後者則由左上而右下，俯仰之間，妙趣橫生。「迺」等字中的封閉部分都打破平分的慣例，疏密明顯。這種奇特的取勢和疏密關係不僅體現在單字上，還體現在行間布白。在筆法方面，曾熙方筆融入《散氏盤》中，並時出枯筆和破鋒，給人以逸筆草草的感覺，充滿畫意。因此，綜合筆法、結字和布白上的技術表現，我們也就理解了曾熙所說的「頗肖馬遠寫意」。需要指出，以李瑞清的字帖版本與曾熙的創作進行對比，也具有一定的侷限性，但限於現有資料的缺乏，只能在此略作分析。

圖 2-4　曾熙篆書《臨師酉敦》卷局部及單字放大圖例

《曾熙書法集》，第 31 頁

其次，我們再來分析一下曾熙篆書筆法的內理。如果說「馬遠寫意」還比較抽象的話，那麼曾熙以畫梅法寫篆書則顯得生動而具體了。曾熙曾有一件送給弟子張善孖的篆書橫卷（圖 2-4），這個作品的獨特之處在於它的題跋中交代了書家的藝術構思原理：「以楊（揚）補之畫梅法臨此」。揚補之是兩宋之際的著名畫家，以墨梅著稱，在後世文人心中，他的梅花別有一種清峭脫俗的風骨。曾熙對其推崇備至，學其畫意，並將畫意引入書法。他的這幅大篆作品實際上是以西周金文《師酉頌》為臨摹對象，但全然不似金文那種

厚重恢弘，而是富於濃鬱的寫意色彩。細觀作品局部，「天」「子」「不」「用」等數字施以濃墨，其他則枯、潤相雜，「拜」「休」「文」等字則純以線行，如老藤枯枝，勁峭遒曲，蘊含著一種倔強向上的生命之力，與揚補之畫梅的意趣在某種角度上是吻合的。

我們可以從曾熙 1929 年題《五松五梅花卉扇十幀》的寥寥數語中體味：

和白老人嘗言：揚補之畫梅幹如錢鑄，阿筠亦稱道，談之津津有味。

直是鼎彝變相耳。道州七十後倘畫梅，當有此風骨。

骨瘦而疏，其清在神。〔註 4〕

曾熙將揚補之畫梅法稱為「幹如錢鑄」，又稱其為「鼎彝變相」，可見他參悟到了畫梅筆法與金文之間的內在聯繫。從筆法上，揚補之畫梅以乾枯遒勁之筆見長，其筋節頓挫與金文的澆鑄感非常接近，故可互參化用，如「拜」「休」「乙」等字的線條無異於梅花的枝幹，梅枝以疏瘦乾枯之筆見神采，金文以高渾雄邁之筆顯氣魄，二者雖然表現形式略有差異，但都追求一種清剛雅逸的「風骨」，而這種「風骨」也正是自古以來的讀書人所崇尚的。曾熙的「骨瘦而疏，其清在神」正是這樣的一種況味，他心中的揚補之畫梅是這種境界，他筆下的臨《師酉敦》也是同樣的境界。古人云「書畫同源」，在曾熙的創作觀念裏，這個源既是筆法之源，也是審美本質之源。

通過以上分析，我們再來思考曾熙書論提出的「篆隸貴透迤養氣」的觀點，就不難理解他所崇尚的「氣」正是篆籀之氣，是一種高古豪邁之氣。誠然，曾熙能從浪漫寫意的古篆筆法中參悟出書與畫在精神上的契合之處，也自然能參通各種書體之間的內在聯繫，獲得打通各體的機杼。我們經常在曾熙的篆、隸等各體作品中看到這種化用實例，其有此高超的領悟能力和筆墨化用能力在清末民國的上海書壇也實屬難能可貴了。

2.2　圓融洞達的隸書

我們通過上節暸解了曾熙浪漫寫意的篆書成就，並對其高超的筆墨「嫁接」和「化用」能力有了初步認識。實際上，在吳昌碩、沈曾植、鄭孝胥、李瑞清等同代書家中，曾熙得以並駕齊驅，主要得力於他的隸書。以上幾位書

〔註 4〕王中秀、曾迎三：《曾熙年譜長編》，上海書畫出版社，2016 年版，第 696 頁。

家，有的「與古為徒」，堅守傳統經典，有的「陶均草隸」，在不同書體與風格的融合方面有所開拓，均堪稱清末民初碑學風氣的成功踐行者。其中吳昌碩以篆刻和《石鼓文》為根底的大篆著稱於世，沈曾植則以碑面帖底的草書見長，鄭孝胥以行楷書見稱，李瑞清亦擅大篆，曾熙則被稱為「海上隸書第一人」，尤其以八分著稱。

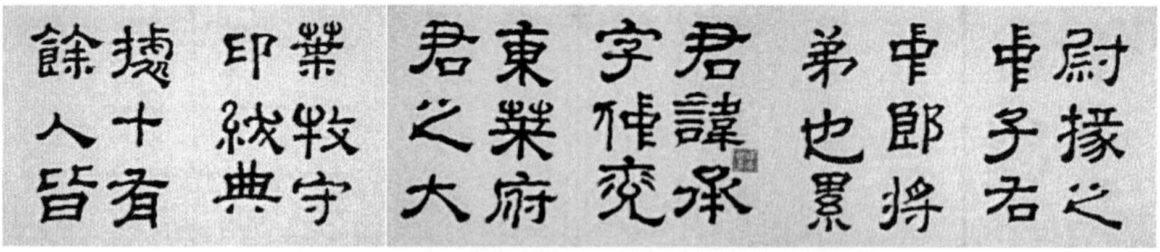

圖 2-5　曾熙臨《夏承碑》冊頁局部
《曾熙書法集》第 57 頁

當然，曾熙篆隸真行各體皆有可觀之處，是一個素養非常全面的書家，只不過時人對他的隸書評價最高。如 1917 年張祖翼去世後，《申報》刊文曰：「桐城張逖先君祖翼，年逾古稀，夙工隸書……今張君作古，就記者所知，目前滬上工篆隸者，當推湘名士曾農髯為首屈一指矣」〔註5〕。曾熙的好友李瑞清對其隸書更是推崇備至，稱：「自魏晉以來，能傳中郎之絕學，惟農髯一人」〔註6〕。鄭孝胥題曾熙書《鄭鼎臣師敘述先令並感舊詩卷》曰：「曾侯擅八分，精楷時無兩。爛然書盈卷，相重非標榜。」〔註7〕可見，無論是當時的主流媒體還是主流書家對曾熙的隸書成就均給予了極高評價。客觀上講，在書畫市場高度成熟的上海，時人相評難免有過譽之嫌，這種主觀性非常強的評騭推舉在朋友之間就更加難免了。但事實上，當時海上擅隸書者也確實寥寥無幾，憑藉個人實力曾熙也足以成為其中的佼佼者。目前可見的曾熙書法作品中，楷書和隸書作品所佔比重最大，可見其用功之多，甚至在隸書上下的工夫並不遜於他的同鄉何紹基。難怪曾熙自言「近代古篆，自推梅庵首屈一指。若夫分隸，則老夫亦有一日之長」〔註8〕，這種自信並非妄自吹噓，而是建立在大量的筆墨實踐基礎之上。孫過庭云「質以代興，妍因俗易」，隨著

〔註5〕《書家寥若星辰》，1917 年 4 月 6 日《申報》。

〔註6〕馬宗霍：《書林藻鑒》，文物出版社，1984 年 5 月第 1 版，第 336 頁。

〔註7〕曾迎三：《曾熙書法集》，上海辭書出版社，2013 年版，第 138 頁。

〔註8〕曾熙：《遊天戲海室雅言》，崔爾平選編：《明清書論集》，上海辭書出版社，第 1458 頁。

審美趣味的變遷，今人對曾熙隸書的印象與民國相比已有明顯差異，並存在一定爭議，推崇者認為其古意盎然、精神洞達，貶損者謂其用筆虯曲誇張，有「造作」之嫌。顯然，如果不對曾熙的隸書進行細緻研讀，就不能明晰其取法源流，也難以理解書者「造作」背後真正的審美旨趣。

圖 2-6　《雅量清言隸書五言聯》

《曾熙書法集》第 51 頁

　　基於此，筆者對目前可見的曾熙書法作品、信札與門人手稿進行了系統梳理，發現了大量充滿真知灼見的書法理論，很多至今仍有一定指導意義。在這些書論中，曾熙談隸書的篇幅和比重最大，內容從篆隸之變到《石門》《張遷》《夏承》《華山》等經典名作皆有涉及，似可從側面印證曾氏於隸書的用功之勤和研習之深。曾熙是一個理論與實踐並重的書法家，他循本溯源式的隸書實踐既是對清代以來碑學運動的回應，又凝結著自己對隸書創作方向的前瞻思考。從曾熙書論中可見，對他隸書影響最大的兩個書家一個是蔡邕，一個是何紹基。因此，他的創作也無不折射出這兩個人的影響。曾熙一生遍臨諸碑，面貌多樣，主要表現出三個特點：一是取法蔡中郎，對相傳其名下的《夏承碑》《華山碑》情有獨鍾（圖 2-5）；二是借鑒了何紹基的「顫筆」技法，增加隸書的「篆籀氣」和「金石氣」；三是隸楷相雜，又施以篆筆，篆隸楷三體參通互融。

2.2.1　取法蔡中郎

　　《夏承碑》被元王惲定為蔡邕所書後，清人多延此說，並給予很高評價，如王澍《虛舟題跋》云：「此碑字特奇麗，有妙必臻，無法不具。漢碑之存於今者，唯此絕異」〔註9〕，翁方綱評云：「是碑體參篆籀，而兼下開正楷法，乃古今書道一大關捩」。曾熙對翁方綱等人的判斷是認同的，在夏承碑出土信息與可靠文獻缺失、版本系統混雜的情況下，他又是如何斷定《夏承》為蔡中郎所書呢？通過系統研究可知，之所以將《夏承》納入古代名家正統的敘述譜系中，基於曾熙對清人託名蔡邕的大量隸書碑刻，如《夏承》《華山》《陠閣》《郭有道》等進行的系統對比，這種對比來源於其大量的筆墨實踐，從而得出了「筆勢洞達，非中郎不能為此」的結論。既然認為《夏承》出自中郎，那麼他對《夏承》的推崇就順理成章了。《熹平石經》同被認為出自蔡中郎，而曾熙卻鍾愛《夏承》，這是因為他認為「石經為應制之作，夏承為得意之書」。《熹平石經》是實用性的作品，標誌著隸書的程式化，而《夏承》「陰斂陽舒，雲譎濤駭，蓋中郎取古籀之精入八分，神品也」〔註10〕，富有藝術性，這個判斷反映了一位藝術家對作品天然的敏感嗅覺。因此，縱觀曾熙書法理論，其中多次談到《夏承碑》，均給予極高評價。此外，他還對姿態雄奇的《華山碑》表現出濃厚的興趣，因為《華山》與《夏承》一樣，同樣被視為蔡邕所書，清代翁方綱等名家均執此說，遂而成為諸多書家與大眾心中的不易之論。雖然曾氏早就洞見了《華山》與《夏承》善用折法與轉法的不同，但也在二者之間體察到了某種互補關係：「八分至東漢，已極其妙，至中郎更變化無窮，一碑有一碑之筆法。如華山以折法取其姿，後來如曹真、王基皆其法。嗣夏承一脈，以古籀化為分書」。在曾熙看來，《夏承》是從「古籀」（即古篆）筆法化來，因此更有高古之氣，自然是學分書必溯之源。以《華山》立其骨，以《夏承》豐其神，正是我們把握曾熙隸書風格系統的關鍵。

　　曾熙一生臨寫的漢碑不下數十種，如《禮器》《曹全》《張遷》《石門》等。一方面，他在教學中儘量通過大量隸書經典作品的臨摹向門人們全面展示漢隸的整體精神風貌，如1921年的《隸書課徒卷》（圖2-7）；另一方面，他自己也進行了大量的藝術實踐，對於經典之作，臨摹均有數十遍之多，多則上百遍。曾熙目前存世最多的隸書作品皆以《夏承》或《華山》為主要風貌。取

〔註9〕〔清〕王澍：《虛舟題跋》，《歷代書法論文選續編》，1993年8月版，第676頁。
〔註10〕曾迎三：《曾熙書法集》，上海辭書出版社，2013年版，第74～78頁。

法《夏承》和《華山》的作品主要以楹聯為主，這種形制的盛行，一方面說明它迎合了當時市場定制和應酬的需要，另一方面也說明對於大字來講，漢隸相對容易獲得更好的藝術表達。

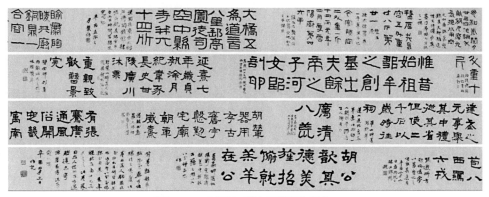

圖 2-7　曾熙《隸書課徒卷》

《曾熙書法集》第 74～78 頁

　　1903 年的《雅量清言隸書五言聯》（見圖 2-6）是曾熙早期學《夏承》的代表作品之一。這幅作品的背景作者在題跋中有明確交代：李筠庵（瑞奇）持朱竹垞（彝尊）分書來晤談，曾熙喜其用筆渾厚，因此擬其用意作書。縱觀該作，用筆厚重圓潤，波磔處出鋒而收筆平緩，既孕育著濃厚的書寫意味，又不失莊重謹嚴，相較朱竹垞更加收放有度，正如作者所言「用其意非學其筆法」。無論從作品的用筆結字，還是從精神氣息來看，顯然從《夏承》脫化，只是這時的曾熙受限於學書階段和藝術視野，在創作上尚不敢越雷池一步。我們已經無法從文獻記載中查證曾熙是何時開始學習《夏承》的，但從齊白石的《癸卯日記》1903 年 6 月 25 日條中，還是可以發現一條線索。齊白石這時正在好友夏午詒家中做客，他在日記中自云「看宋拓蔡中郎書夏承碑照印本」「午詒學之，未能彷彿一二也」。可見，曾熙的好友夏午詒彼時也正在練習《夏承》，而齊白石記載的 1903 年 6 月也正是曾、齊二人往來最頻繁的時期，那麼夏、齊所見的「夏承碑照印本」曾熙想必也見過。而齊白石《癸卯日記》1903 年 5 月 31 日也曾記載他「為嗣元刊名字二」，我們對目前可見的曾熙的眾多印章進行比照分析發現，這幅作品上的「曾熙之印」和「子緝」使用的頻率極低，似乎與齊白石是時為之刊印的記載暗合，但無論如何曾熙此時已經用功於《夏承》的事實是可以肯定的。

　　總之，曾熙之所以鍾愛《夏承》和《華山》，是因為在其心中它們出自蔡

中郎之手,自然奉為經典,成為隸書取法的優選。曾熙一直秉持由古籀打通其他各體的理念,而《夏承》從「古籀」化來,其圓融洞達的筆法和遒曲開張的取勢,都極富神采。《華山》又可與《夏承》互補,其筆法多折,精神硬朗。因此,曾熙精研《夏承》《華山》的主要意圖就是剛柔兼備,氣骨並重,以《夏承》豐神,以《華山》立骨。

2.2.2 以「顫筆」顯「篆籀氣」和「金石氣」

曾熙隸書在取法上以蔡中郎為宗,而在筆法上則以「顫筆」顯「篆籀氣」和「金石氣」為特點。「顫筆」在曾熙的篆隸作品中甚至變為一種審美趣味和特定符號,成為我們對曾熙筆法的最直觀感受。我們以目前收錄曾熙作品最為豐贍的出版物《曾熙書法集》為例,其中收錄曾熙隸書作品 41 幅,明顯使用「顫筆」的作品高達 38 幅,頻度極高。可見,在曾熙的創作觀念裏,「顫筆」是他筆法使用上的得意之處。

圖 2-8	圖 2-9	圖 2-10
《神功嘉惠五言聯》	《履道揆往五言聯》	《相與時還五言聯》
中貿聖佳 2011 年秋拍 編號:0781	上海道明 2007 春季拍賣 編號:0240	北京匡時十週年秋拍 編號:1763

實際上,「顫筆」筆法的運用在何紹基、李瑞清等清代書家的篆隸書中都能找到明顯的印跡。如果分析何紹基《臨張遷碑冊》就不難發現,「顫筆」的運用無處不在,較之曾氏甚至有過之而無不及。何紹基以古籀法入隸書,筆畫虬曲頓挫,積點成線,增加了點、線的力感和質感,與鄧石如的清遒、伊秉

綏的渾嚴相比有很大差異。顯然曾熙對何紹基的這種筆法非常讚賞，但他並不是全盤接受，而是對何紹基的「顫筆」進行改造，使之更加婉通圓融，矯正了一味顫掣的澀味，使之遠離野俗，凸顯出古篆的「篆籀氣」和「金石氣」。正如曾熙評何紹基所言：「存閒雅於恣肆之中，發生新於甜熟之外」，這大概是曾熙對隸書如何走向剛柔並濟、碑帖通融之路的美學思考。

　　我們且以曾熙和海上隸書名家張祖翼的作品比較為例。《神功嘉惠五言聯》（圖 2-8）是曾熙比較典型的隸書作品。從取法上看融合了《夏承》和《華山》。從筆法上看，雖書體為隸書，卻有著明顯的篆書痕跡，如「群」字的「羊」的寫法，還保留著篆書的象形味道。由此可見，曾熙的隸書是從篆書化來。具體到單字上，我們又能發現一些重要的信息。如「神」「化」「嘉」「普」「群」「生」等多數字的筆畫中都有「顫筆」的存在，這種「顫」明顯是有意而為之，而不是無意識的難以脫去的「習氣」。例如，「功」字基本沒有用「顫筆」，線條非常圓融勻順，極類小篆，而「齊」字的長橫也是順暢帶過，「造」字的情形也非常類似，這說明「顫筆」在曾熙的書法創作中是匠心之筆。再如，「生」字的三橫中，中間一橫以直為主，而上下兩橫則以曲為主，「嘉」「普」「群」也有類似情況，這些都能說明曾熙創作的理性。實際上，其中的「顫筆」運用是書家追求古篆「篆籀氣」的生動寫照，這種遒曲而婉通的線條從古篆中來，揉入隸書中，則提升了隸書的古意，正如曾熙所說「以篆入分，則分古」。而我們再來對比下張祖翼的《相與時還五言聯》（圖 2-10）。張祖翼的隸書先於曾熙聞名海上，他有著深厚的傳統功夫，對漢碑技法掌握可謂嫻熟，但其創作與臨摹並未拉開明顯的距離，基本上屬於循規蹈矩。這幅對聯以《曹全碑》為基底，用筆古厚而秀逸，但技術上與曾熙相比顯得簡單了許多。「讀」「書」兩字的橫畫非常多，張氏並未進行適當變化，因此筆法並不豐富，顯得拙而板。米芾曾言「書道在於巧妙二字，拙則指直率而無化境矣」，在這一點上，張祖翼的隸書與曾熙比起來，顯然是「直」多而「巧」少。

　　另外，曾熙也有多直筆的隸書，比如他以《開通褒斜道》和《裴岑紀功碑》為基底的《履道揆往五言聯》（圖 2-9）。這個作品在書體上屬於「古隸」，因此筆法和結構上都尚未盡脫篆書體貌。然而，與張祖翼的「直」不同，曾熙是曲中見直，直中有曲，線條在一靜一動之間，瞬間具有了蓬勃的生命力。如其中的「思」「卓」等字，在處理多個橫畫的時候，曾熙總能遊刃有餘，避免了直運的僵硬和雷同，這種效果正是「顫筆」的運用所致。但這幅作品的

「顫筆」與《神功嘉惠五言聯》不同，不僅在線條上更加瘦勁剛硬，除了圓通的轉筆，增加了不少頓挫，如「履」的豎、「思」的捺、「往」的撇，等等，凸顯了作品的「金石氣」，而「當」字的長筆畫、「今」字的撇捺則仍是古篆的線條。曾熙將古篆的提轉和頓挫都用在隸書的創作上，使線條既有圓融洞達的一面，又有遲澀有力的一面；既豐富了隸書的筆法和趣味，又凸顯了隸書的「篆籀氣」和「金石氣」，不失為提升隸書藝術表現力的成功探索。當然，「顫筆」的頻繁運用也給他引來不少非議，沙孟海就認為曾熙的「顫筆」運用有點過度。實際上，相對曾熙而言，李瑞清的「顫」更為誇張，幅度也更大，因此遭到後世的激烈批評。又因為曾、李在用筆上非常相似，故而蒙受「株連」也不足為奇。其實，曾熙在各體上，都非常講究「顫」的技巧，並不是信馬由韁、一味造作，他在努力追求一種「中」的狀態。

總之，「顫筆」是曾熙以古篆筆法提升隸書「篆籀氣」和「金石氣」的重要探索，不僅運用在篆隸書中，還滲透在各體之中。對於曾熙書法的重要筆法特徵「顫筆」，我們將在下章專門闡釋。

2.2.3　篆隸楷參通

在崇古溯源的書學理念下，曾熙一方面引篆入隸，另一方面引隸入楷，正如他所言「以分筆作真，則真雅」。這種處於似隸非隸、似楷非楷、隸楷之間的又夾雜著篆書用筆的形態，在曾熙作品中也有一定的比例。如 1922 年的《名世說法六言聯》（圖 2-11）、1924 年的《修名至味五言聯》（圖 2-12）等。這類作品主要取法《泰山經石峪金剛經》等摩崖石刻，用短鋒粗筆寫就，波磔隱含，鋒芒內斂，結體寬博舒朗，介於楷隸之間，又富有濃鬱的篆籀氣息，兼具高古渾穆和空靈野逸之趣。康有為對曾氏的評價頗為到位：「由圓筆以下窮南碑，故其行楷各體皆逸，體峻者見骨氣，體逸者見性情，所謂陰陽剛柔各盡其妙」。〔註 11〕曾熙自號「南宗」，其取法的隸書和楷書均屬疏朗奇逸一路，對「逸」的追求凸顯了曾氏師古的格調之高，「篆筆為分，則分古；以分筆作真，則真雅」〔註 12〕，他以篆書提升隸書、以隸書提升楷書的理念至今仍有指導意義。

〔註 11〕馬宗霍：《書林藻鑒・書林紀事》，文物出版社，2015 年版，第 245 頁。

〔註 12〕曾熙《遊天戲海室雅言》，崔爾平選編：《明清書論集》，上海辭書出版社，第1455 頁。

　　《名世說法六言聯》結字上偏扁，用筆上波磔明顯，儼然濃厚的隸書風貌。但筆畫較之《夏承》《華山》這些典型的八分書又顯得收斂含蓄，也有向楷書過渡的趨勢。在技巧上，曾熙並未完全因襲《泰山經石峪金剛經》，「名」「有」「三」「千」等字的多數筆畫都有「顫筆」的味道，顯得雄壯而圓通，蘊含著一種篆籀的遒勁鼓蕩之氣。《修名至味五言聯》同樣是一件隸楷參通的作品，「五」「千」「名」等字的結體較之《名世說法六言聯》更為修長，更加接近於楷書，但從「味」等字的鉤和點則又能體味到隸書用筆的含蓄，並沒有典型楷書的那種棱角分明的提按。不僅體勢上似隸又似楷，其「經」字的偏旁還有篆書遺意，筆法也是來自篆籀。因此，這種作品可看作是篆隸楷參通的典範，顯示了曾熙在書體關係上高超的「嫁接」和「化用」能力。

 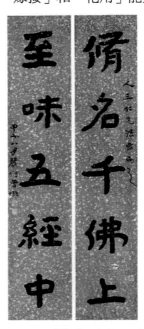

圖 2-11　《名世說法六言聯》　圖 2-12　《修名至味五言聯》

《曾熙書法集》第 90 頁　　　　《曾熙書法集》第 95 頁

2.3　溝通「南北」的楷書

　　如前所述，除隸書外，曾熙的楷書作品也有相當大的比例傳世。在楷書作品中，對聯、家傳、墓誌銘、碑記等形式和內容又占主要比重，反映了市場對藝術性和實用性書法作品消費習慣的一個側面。

大體而言，曾熙楷書根據字的大小、取法對象和藝術風格的差異，可大致分為三種類型：第一種是取法南北朝的大楷，尤以南朝《瘞鶴銘》和北朝《張黑女墓誌》為主要取法對象；第二種是鎔鑄鍾王的小楷，又加以碑意，崇尚碑帖融合的筆墨意趣；第三種是溝通碑帖的中楷，以墓誌銘、家傳、碑記等實用性作品為典型。較早提出大楷、中楷和小楷名稱的當屬李叔同，他在《談寫字的方法》中提到：「既然要發心學寫字的話，除了寫篆字外，還有大楷、中楷、小楷，這幾樣都應該寫」〔註13〕。遺憾的是，他並沒有對三者進行細緻探討，以至於後來學書者雖基本默認了這種類型的區分，但對於它們嚴格的概念範疇仍莫衷一是。因此，我們在此只能粗略根據作品的形制大小和用途進行區別，即：一般的對聯、中堂、條幅、橫幅等作品的楷書字號最大，基本屬於大楷範疇；其書信所用楷書、家傳中的部分楷書以及以《黃庭經》等經典為主要取法對象的楷書，因字形最小，故列屬小楷範疇；而大部分墓誌銘、家傳、碑記等所用楷書，大小介於前二者之間，故列屬中楷。這三類楷書作品雖然形制和取法上有差異，但都有一個共同的特點，即溝通「南北」：一是將南、北書風結合起來；二是將南帖的溫雅與北碑的雄健氣息融合起來。其旨歸都是達到陰陽調和、剛柔並濟的藝術境界。

2.3.1　取法南北朝的大楷

可問：「魏碑新舊出土者，無慮數千百種，其大別如何？」

師曰：「文章可分陰柔陽剛兩大類，碑版亦然。魏碑之中，刁遵、崔敬邕、張黑女、高貞、敬顯儁等，得陰柔之美者也；鄭文公、張猛龍、馬鳴寺、嵩高靈廟等，得陽剛之美者也；龍門二十品，陽剛居十之七八，陰柔居十之二三。學者各擇其天資學力之所近習之可也。」

可注：近代作魏碑體者，以師及清道人為兩大派：道人折旋中矩，所謂剛克；師周旋中矩，所謂柔克。包安吳、康南海輩，紛紛品評，不如師以二言盡之矣。〔註14〕

曾熙的大楷以南北朝碑為主要取法對象，氣格上則以魏晉之風為最高理想。曾氏的楷書審美觀，從門人朱大可與他的上述對話中可以窺見一絲線索。

〔註13〕李叔同：《李叔同精選集》，瀋陽萬卷出版公司，2015年版，第149頁。

〔註14〕曾熙：《遊天戲海室雅言》，崔爾平編：《明清書論集》，上海書畫出版社，2011年版，第1458頁。

朱大可以魏碑的區分話題發問，曾熙認為魏碑可分為陽剛和陰柔兩大類型。《刁遵墓誌》《崔敬邕墓誌》《張黑女墓誌》《高貞碑》《敬顯儁墓誌》等屬於陰柔一類，這類多以墓誌為主；《鄭文公碑》《張猛龍碑》《馬鳴寺碑》《嵩高靈廟碑》等，屬於陽剛一類，主要是神廟碑、墓碑和摩崖石刻作品；《龍門二十品》為代表的造像題記則是剛多柔少。在曾熙看來，這種分類的標準實則源自文章，因此他論書往往能與詩文聯繫起來，這是其論書的一個特色，反映出作者深厚的文學素養和各科融通思維。這種問答實錄或者說訪談式的教學方式非常新穎，朱大可將恩師論書妙語抄錄下來，並加以自己的心得，遂成一段兼具藝術價值和文獻價值的學術對話錄。朱大可認為近世魏碑，李瑞清和曾熙是最為典型的兩派，前者筆勢多方，謂之「剛克」，後者筆勢主圓，謂之「柔克」。正如曾熙號「南宗」而清道人號「北宗」之言，朱大可的判斷也基本上代表了時人對曾李風格差異的一般認識。

曾熙的大楷，上溯魏晉，下接隋唐，但總起來看，呈現出以下三種面貌。

2.3.1.1　取《黑女》之「掠空」

《張黑女墓誌》是曾熙最為鍾愛的楷書作品之一，因此以此為主要基調的楷書創作也較多，形式上以對聯和條幅為主。曾熙鍾情《張黑女》，與他的「古篆分隸」的崇古溯源學書觀念是一致的，《張黑女》雖為魏碑，但去漢未遠，筆畫中仍未完全脫掉隸意，因此顯得格外古雅，這點正是吸引曾熙的地方。另一方面，曾熙發現，他在書法上的「精神偶像」何紹基實際上在《張黑女》中收益頗多，尤其何氏書法的結體與《張黑女》如出一轍，這個不被時人關注的重大「發現」使他異常驚喜，頗多受用。從他的一段跋語中可窺見一二：

> 何蝯叟雖以顏體得名，然其結體，實出張黑女。試觀何書，往往上半大於下半，與顏書適得其反，此實得諸張黑女者。特常人見其點畫，一本顏書，遂謂蝯叟專學魯公耳。〔註15〕

曾熙認為，何紹基主要得力於顏魯公的世俗認識是不準確的，從何氏書法「上半大於下半」的特殊結構就可以推測他實際是從《張黑女》上獲取養分，這是曾熙經過長期筆墨實踐得出的結論。除了「上半大於下半」，曾氏還發現《張黑女》的一個典型的審美特質——「掠空」，他在書法理論中曾多次

〔註15〕崔爾平編：《明清書論集》，上海書畫出版社，2011年版，第1458頁。

提到這個詞。

> 去平原之嚴強，內矜而外和，骨峭而韻秀，楊少師是已，師之
> 者思白，歷乾道尚多師紹，蓋顏書之一變也。取其轉使，縱橫篆分，
> 運以黑女之掠空，道因之擊實，蟬蛻古人振腕自得，顏書至道州又
> 一變也。〔註16〕《跋錢南園書論坐冊》

> 道州善用《張黑女》之掠空，小歐陽之擊實，隸法草情，出入
> 《坐位》，睥睨百家，舒嘯徜徉，蓋其才不可及也。〔註17〕題《松禪
> 書札》

> 梁程虔神道與崔敬邕志同取掠空之勢，南帖中黃庭內景經與石
> 門銘同擅縱擊之長。〔註18〕

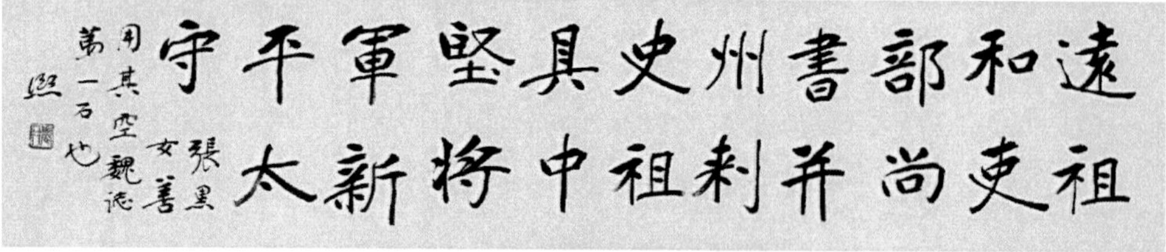

圖 2-13　　《節臨張黑女橫幅》

《曾熙書法集》第 173 頁

結合曾熙論述的上下文看，「掠空」應該是指《張黑女》空靈朗逸的結字特徵，與歐陽通《道因法師碑》的「擊實」相對應。但更重要的是，「掠空」還強調了一種速度和空間，即運筆的爽快果敢和筆勢的外拓。因此，曾熙在空間上繼承了《張黑女》「掠空」的特點，並予以誇張，在筆畫上削肥為瘦，加大其對比力度。符鑄云：「吾尤愛先生作黑女鶴銘，刻厲雋峭，運筆所至，無不愜心。」〔註19〕符鑄之所以認為曾熙寫的《瘞鶴銘》「刻厲雋峭」，也正是這個原因。基於此，我們再來品賞曾熙以《張黑女》為面貌的臨摹和創作，就不難揣測出作者的審美意圖。以《節臨張黑女橫幅》（圖 2-13）為例，曾熙在線條上對原誌進行了改造：一是空間上的開拓。例如「祖」「吏」「州」「刺」

〔註16〕曾熙：《書畫題跋》（選輯），崔爾平編：《明清書論集》，上海書畫出版社，2011年版，第 1464 頁。

〔註17〕王中秀、曾迎三：《曾熙年譜長編》，上海書畫出版社，2016 年版，第 103 頁。

〔註18〕王中秀、曾迎三：《曾熙年譜長編》，上海書畫出版社，2016 年版，第 196 頁。

〔註19〕馬宗霍：《書林藻鑒·書林紀事》，北京：文物出版社，2015 年 3 月版，第 246頁。

等字的很多筆畫都非常纖細，這樣字內空間就並不覺得滿，而是「空」。另外，他在原誌基礎上繼續拉開上下、左右結構之間的外部空間，對「尚」「將」字等字的內部空間也進行了調整，使之更加寬博舒朗，尤其是「具」字內部的三橫直接轉換為三點，既使整個字形顯得靈動巧妙，又突出了內部空間之「空」；二是筆法上的開拓。曾熙一改《張黑女》潤澤簡淨的用筆，如「州」「守」「軍」等字加以「顫筆」增其靈動。此外糅入行書筆意，提升書寫性，如「刺」「具」「堅」「將」「新」「平」等字筆畫銜接處映帶關係明顯，使原本靜穆嫻雅的氣氛一下子活躍起來，有了帖學書法的飄逸靈動之氣。因此，曾熙的臨帖意圖非常明顯，他是帶著再創作的思路來臨帖的，有意突出《張黑女》「掠空」的特點，為此他甚至願意犧牲原字的另一部分特徵。曾熙所做的這些調整反映出了一個成熟書家應有的取捨意識，事實上，何紹基在取法《張黑女》時也同樣如此。

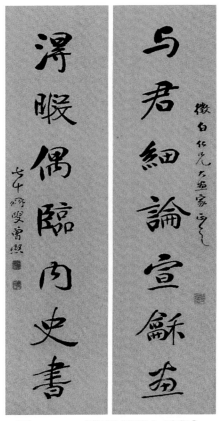

圖2-14　《與君得暇七言聯》

《曾熙與上海美專書畫作品集》第 129 頁

1930 年的《與君得暇七言聯》（圖 2-14）算是曾熙晚年化用《張黑女》的真實寫照，這時他已經具備了鎔鑄諸體的技術能力，意識上也不如早年一樣中規中矩，而是篆隸楷行草冶為一爐，與古碑帖貌離神合，「在似與不似之間」。我們從「與」「暇」「史」「書」等字還能隱約看出《張黑女》的影子，尤其是「書」字的最後一個長橫，施以隸筆，純粹從《張黑女》而來。然而，進一步認真端詳，則差異又很大，「和」「得」「暇」「內」等字更是糅入了行書的牽連，「畫」字則儼然草書寫法，末筆還有篆籀的氣息，「內」字的折肩出以魏碑的方筆，整幅字在技術構成上相當複雜，卻又整篇看去渾然一體，氣息相和。足以看出，晚年的曾熙在技術上已經達到了「隨心所欲而不逾矩」的境界。從觀眾的角度來看，《與君得暇七言聯》筆畫上如楷書一樣循規蹈矩，又有草情篆韻，既有北碑的高渾大氣，又有南帖的儒雅嫻靜，是一件非常成功的融合之作。

在曾熙的審美觀念裏，《張黑女》既可以上溯篆分，又有魏晉散逸之風，是「法」和「韻」的有機統一，因此成為其主攻對象。然而，曾熙並不建議初學者直接上手魏碑，而是應該上溯到「古篆分隸」，以求「筆力沉著」，否則就會力弱氣怯，「字字臥於紙上」〔註 20〕，他的這種觀點可以視作對包世臣、康有為極力崇碑的抗議和修正。

2.3.1.2 《瘞鶴銘》：與《黃庭經》神理相諧

可問：「瘞鶴銘果出何人手筆？」

師曰：「逸少也。此余寫黃庭經得之。取瘞鶴銘與黃庭經合觀，體制雖殊，神理不爽，從來諸家好以考據論碑版，而不知以書法論碑版，此其所以惝恍迷離，不可究詰也。」〔註 21〕

關於《瘞鶴銘》的作者，自古以來聚訟不止，唐代鎮江方志《潤州圖經》認為是王羲之所書，北宋黃庭堅、蘇舜欽多延此說，其中蘇氏更有「山陰不見換鵝經，京口今存《瘞鶴銘》」之句。宋人黃長睿則認為是南朝陶弘景所書，黃氏的觀點在考據風氣興盛的清代影響很大，受到廣泛認可。曾熙則從書法本體的層面，認為《瘞鶴銘》是王羲之所寫，對清人以考據辨真偽的做法予

〔註 20〕曾熙：《遊天戲海室雅言》，崔爾平編：《明清書論集》，上海書畫出版社，2011年版，第 1456 頁。

〔註 21〕曾熙：《遊天戲海室雅言》，崔爾平編：《明清書論集》，上海書畫出版社，2011年版，第 1457 頁。

以否定。他從自己的筆墨實踐出發，發現《瘞鶴銘》和《黃庭經》雖然一為大字，一為小字，但二者精神氣息上非常合拍。曾熙得出這樣的結論並非主觀臆斷，而是站在筆墨實踐的角度。從目前可見的文獻記載來看，曾熙見過的《瘞鶴銘》版本甚多，又對《黃庭經》進行了大量的臨習實踐，對二者在藝術氣息上的內在聯繫想必有著深刻的認識。況且，在曾熙傳世楷書中，數量最多的就是以《瘞鶴銘》風格面貌為基底的作品，其鍾情之至可窺一斑。

張大千	李瑞清	曾熙	原拓

圖 2-15　曾熙、李瑞清、張大千臨瘞鶴銘局部對比

《曾熙李瑞清張大千瘞鶴銘雅集》第 223 頁

　　作為清末民初的海上領軍書家，曾熙堪稱碑學運動的得力踐行者，其楷書得《張黑女》《瘞鶴銘》之神髓，形成了圓秀蘊藉、氣勢飛動的典型風格。事實上，就曾熙的取法傾向而言，與其說他是清末碑學運動健將，不如說他是溝通南北、碑帖融合的探索者。因為，《瘞鶴銘》正是書法史上溝通南北書風的傑作，它既有北碑的雄強渾穆之氣，又有南帖的溫雅靈秀之韻。曾熙選擇《瘞鶴銘》作為楷書的主攻方向，也正是基於他認為瘞鶴銘筆法和右軍筆法是參通的這一判斷。《瘞鶴銘》作為南北津梁的歷史地位也得到了黃庭堅、

何紹基等大家的認同〔註22〕。作為曾熙的好友，李瑞清對《瘞鶴銘》同樣推崇備至，他在《陶齋尚書藏瘞鶴銘跋》中云：「瑞清生平論書分三大派：鶴銘為篆宗，爨寶子為隸宗，鄭文公為篆隸合宗……此本用墨古厚，六朝秘妙全露紙上，納篆入真，幾欲上凌石門矣，尤可寶也」〔註23〕，稱「鶴銘為篆宗」，與曾熙「此石從篆出」〔註24〕的結論是一致的。而曾熙、李瑞清又將這一觀點傳授給他們的學生張大千，對張氏的書法創作影響很大。我們通過對比曾熙、李瑞清、張大千臨摹的《瘞鶴銘》單字（見圖 2-15）可以看出，三人對此石出自篆法的結論是高度認同的。

曾熙取法《瘞鶴銘》，除了關注其寬綽舒朗的字形外，對其用筆和取勢也有獨到的理解。主要表現在以下幾點：一是線條的質感。曾熙說「《鶴銘》如畫家畫松，各有奇骨耳」，這種「骨」正是篆籀線條所表現出來的高古氣息。我們知道，曾熙的「顫筆」給人留下了深刻印象。褒之者謂之有逶迤之氣，碑味十足；貶之者云其乏自然之美，造作求奇，爭議頗多。其實，我們如果結合眾家評論，再賞析《瘞鶴銘》原石，就不難理解曾熙的用意了。《瘞鶴銘》作為摩崖石刻，歷經千年，「火氣」已泯，又有仙道色彩，其金石氣和歷史蒼茫感也許只有通過這種遲澀遒曲、富有篆籀氣的線條才能完美表現出來；二是圓筆的運用。「中和之美」是後世對王羲之書法的至高評價，「中和」是一種蘊藉含蓄、不主張揚之美，也是一種從容不迫、張弛有度之美，而筆法上的「圓秀」則與這種審美意境殊途同歸。曾熙以擅「圓筆」著稱，他臨《石門銘》《張黑女》等北朝作品，都非常注重這一原則。也可以說，「圓」中生「秀」是他對魏晉風度的獨特詮釋。這樣我們就能理解他最開始所講的《瘞鶴銘》與《黃庭經》「神理不爽」，其實正在「圓秀」二字；三是「以奇反正」的取勢。1922 年曾熙集玉煙堂本《瘞鶴銘》作了《浮江銘山》七言聯，在跋語中他闡明了這一觀點：「唐太宗評書稱右軍筆法勢似倚為反正，惟此石足以當之」〔註25〕。1925 年冬曾熙在臨匋齋藏明拓本《瘞鶴銘》題跋中再次重申：「此石

〔註22〕本小節部分文字已發表於《中國文化報》，2016 年 8 月 23 日，題為《海派大家曾熙臨〈瘞鶴銘〉》。

〔註23〕李瑞清：《清道人論書嘉言錄》，崔爾平編：《明清書論集》，上海書畫出版社，2011 年版，第 1520 頁。

〔註24〕王中秀、曾迎三：《曾熙年譜長編》，上海書畫出版社，2016 年版，第 571頁。

〔註25〕曾迎三編：《曾熙書法集》，上海辭書出版社，2013 年版，第 164 頁。

從篆出，且可悟以攲反正之法」〔註26〕。對於王羲之的「似奇反正」，歷代書家多有論述，最為精闢的當屬董其昌的「蓋以奇為正，此趙吳興所以不入晉、唐門室也」〔註27〕。如前所述，曾熙一直認為《瘞鶴銘》為王右軍筆跡，「以奇為正」的字勢也是緣由之一。

《瘞鶴銘》是以渾灝野逸著稱的大字摩崖石刻，黃庭堅更是贊曰「大字無過《瘞鶴銘》」，它因獨特的時空環境，先天帶有篆籀味道，結字空靈疏朗，故而在曾熙以古篆筆法打通楷書的過程中，成為一個絕好的津梁。既然曾熙認為《瘞鶴銘》與《黃庭經》精神相契，他將《瘞鶴銘》的形態特徵和精神氣息糅入到小楷的創作中也就不足為奇了。

2.3.2　鎔鑄鍾、王的小楷

「康雍之世，專仿香光；乾隆之代，競講子昂；率更貴盛於嘉、道之間；北碑萌芽於咸、同之際」〔註28〕，康有為以寥寥數言勾勒了整個清代書風的演變歷程。隨著清代中期鄧石如、伊秉綬兩位碑學中堅的大力實踐和阮元《北碑南帖論》《南北書派論》的散播，碑學審美觀念不斷深入人心，以董（其昌）、趙（孟頫）為取法對象的清代帖學書風已成為強弩之末。辛亥鼎革以後，碑學風氣得以延續。然而，在碑學旗幟的遮蔽下，還有一條隱含的書法史線索容易被人們忽略，那就是清初風靡一時的以「館閣體」為代表的小楷書風的演變歷程。

2.3.2.1　清代「館閣體」的變遷

小楷自古為歷代文人科場必備技能，明代「臺閣體」和清代「館閣體」都是封建科舉制度的產物。尤其是清初書壇出現了永瑆、翁方綱、劉墉、王文治、張照等為代表的「館閣體」名家，士人們紛紛傚仿，變本加厲，形成了以「烏、方、光」為審美特徵的清代小楷書風。「館閣體」長期籠罩科場和朝野，與碑學書法一起代表了兩條並行不悖又各具生存空間的書法史線索：前者流行於士人，後者流行於大眾；前者求工，後者求變。

〔註26〕王中秀、曾迎三：《曾熙年譜長編》，上海書畫出版社，2016年版，第571頁。
〔註27〕董其昌：《畫禪室隨筆》，《歷代書法論文選》，上海書畫出版社，2012年版，第541頁。
〔註28〕康有為：《廣藝舟雙楫》，《歷代書法論文選》，上海書畫出版社，2012年版，第777頁。

康有為在《廣藝舟雙楫》中將這種應試小楷歸入「干祿」一類，並梳理了乾隆朝「以書取士」以來文人競相追尚的「館閣體」風氣的發展歷程：

> 今應制之書，約分兩種：一曰大卷，應殿試者也；一曰白摺，應朝考者也。欽差大考，御史、軍機、中書教習，皆用白摺……蓋以書取士，啟於清代乾隆之世。當斯時也，盛用吳興，間及清臣，未為多覯。嘉道之間，以吳興較弱，兼重信本，故道光季世，郭蘭石、張翰風二家大盛於時。名流書體相似，其實郭、張二家方板緩弱，絕無劍戟森森之氣……自茲以後，雜體並興，歐、顏、趙、柳諸家採用，體裁壞甚。〔註29〕

從康氏的論述中可知，「館閣體」的取法風氣經歷了一個複雜的時代變遷。從開始的趙、顏書風，再到趙、歐書風，再到後來的歐、顏、趙、柳各家雜糅，「館閣體」書風一直在唐楷的桎梏下畸形生長，風氣每況愈下，走向了萬劫不復之境。從清末到民國初期的一個階段裏，擅長「館閣體」小楷的多為科場士子。其中，以宗顏、歐者為最巨，如何紹基、易培基、譚延闓兄弟、華世奎、張謇等都以「顏體」見長，而融合歐、顏者則有陸潤庠、劉春霖、張元濟、陳三立、樊增祥等。然而，除了何紹基、譚延闓等少數人成長為卓有成就的書家外，大多數以「館閣體」擅場的士子們則在碑帖書風轉變的洪流中漸漸消匿於書壇。除了藝術發展空間的日趨逼仄，「館閣體」作為實用性書體的生存空間也發生了革命性的變化，這一變化的標誌就是1906年清廷廢除科舉制度。科舉廢除後，寫就一手「烏、方、光」的「館閣體」小楷對於文人而言已不再是考取功名的「敲門磚」與「剛性需求」，於是「館閣體」的生存空間不得不被迫由科場向市場轉移。隨著時代更迭和市場需要，碑記、墓誌銘、壽文、家傳等一些應制題材仍有「館閣體」小楷發揮餘熱的空間，尤其在上海、北平等大城市這種應制小楷非常流行。然而，在碑學興起尤其是北碑風靡的洪流下，「館閣體」逐漸偏離了審美航向，被人們遺忘在書法史卷的一隅。

「館閣體」天然帶有應制書體的屬性，似乎在誕生之際就昭示著其藝術之路必然走向終結的宿命。另一個不可忽視的原因是，除了清初的傅山、王鐸、劉墉等少數書家能夠能夠孤蓬自振外，「館閣體」書家們始終沒能衝破唐楷的藩籬而上溯魏晉小楷，或近取碑學之長，形成自己的獨特面貌。在「館

〔註29〕康有為：《廣藝舟雙楫》，崔爾平編：《明清書論集》，上海書畫出版社，2011年版，第1392頁。

「閣體」衰敗的另一面，魏晉小楷的承傳「書脈」卻並未中斷。清末民初仍有部分碑學書家，他們一方面從三代、兩漢和六朝碑版中汲取養分，構建自己的碑學書法話語體系；另一方面，根植魏晉帖學傳統，在書法源流的探尋中去思考碑學與帖學的內部聯繫。他們大而能作六朝碑榜書，小而能為魏晉小楷，表現出卓越的傳統功力和融通能力，代表人物有曾熙、吳昌碩等。另外還有一些書家，從敦煌經生書和《流沙墜簡》等 20 世紀初的新材料中汲取養分，加入到小楷中來，亦能別開境界，如康有為、沈曾植等。

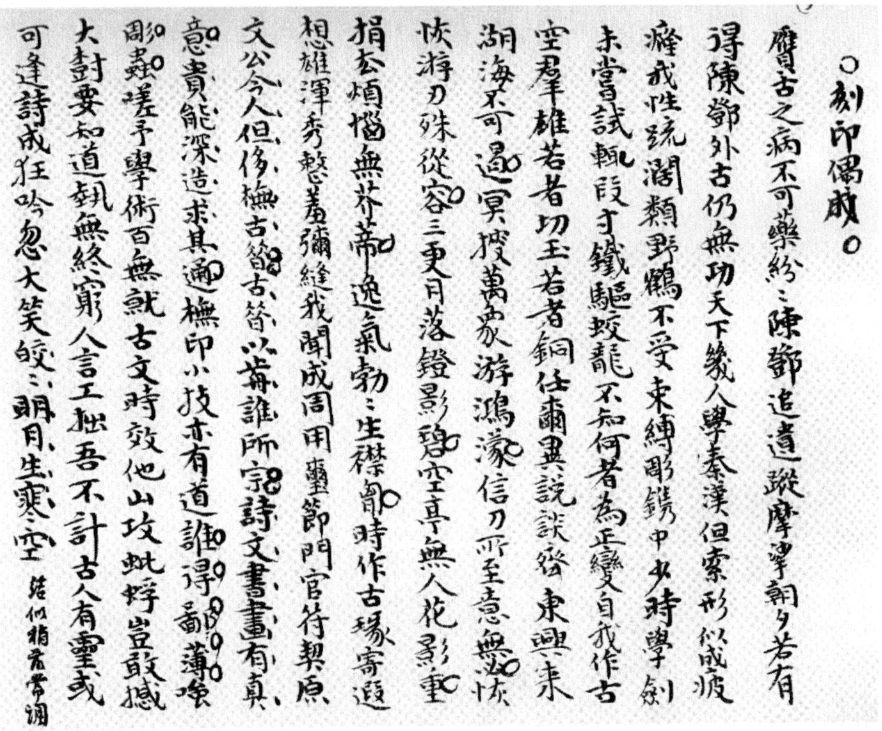

圖 2-16　吳昌碩小楷《刻印偶存》局部

《吳昌碩書法集》，上海人民美術出版社，1984 年版，第 2 頁

　　吳昌碩小楷最初取法顏魯公，後師法鍾繇，並融入行書筆意，古樸靈動。《刻印偶成》（見圖 2-16）是吳昌碩較為典型的小楷作品之一，用筆上尚有明顯的魯公痕跡，尤其是橫畫收尾處的重按轉提，如第六行的「可」字。但從結字的扁勢和布局的寬鬆來看，又汲取了鍾繇小楷的古樸靈逸。但總體來看，其小楷仍未能在變化中求得統一，個別字的造型尚不穩定，並略顯雷同。吳昌碩在小楷上下過一定工夫，但並未臻於精妙之境，而是逐漸將精力轉移到篆籀上，浸淫《石鼓文》而卓然獨出，成為晚清碑學的重鎮。

　　相較而言，曾熙在小楷上的成就更為突出，主要表現在以下幾個方面：一是曾熙長期進行魏晉小楷的臨摹和創作，從 19 世紀末到 20 世紀二三十年代，跨度近三十年，貫穿其藝術生涯的始終。尤其對《黃庭經》與《瘞鶴銘》之間的內在聯繫進行了深入思考，因此他對魏晉古法的認知和繼承相比同時期書家更為深入；二是曾熙在創作過程中，對魏晉小楷的「神理」進行了最大限度的尊重和保留，在此基礎上以碑學的某些筆法特性植入小楷中，不失為碑學視野下對魏晉小楷發展的大膽實驗和有益探索。

2.3.2.2　曾熙小楷的「入古」與「出新」

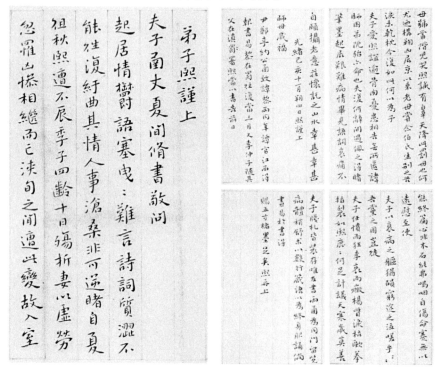

圖 2-17　曾熙小楷《致丁立鈞書》局部

《曾熙書法集》第 129 頁

　　曾熙的小楷大概可以分為兩個發展階段：1895 年其收藏《黃庭經》起至1915 年 11 月移居上海，可視作曾熙小楷的「入古期」。這一時期，曾熙通過大量的臨摹和創作，對鍾、王小楷的筆法系統和精神特質進行了深入研習，其作品屬於純正的魏晉帖學一脈；1916 年開始正式潤格鬻書至 1930 年辭世，可視作其小楷的「出新期」。隨著曾熙書法市場認可度的提升，其取法也彰顯出多元性和融通性，他將碑學系統的某些審美特質融入到小楷中，使其小楷

書既有魏晉人的蕭散空靈，又不乏南北碑的大氣磅礡，呈現出「小中見大」的審美意趣。

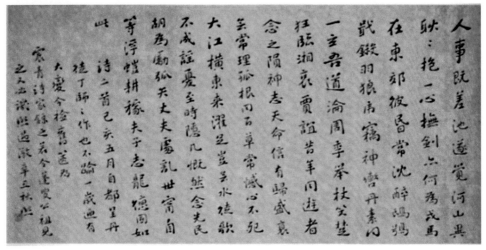

圖 2-18　曾熙小楷《錄舊詩橫幅》局部

《曾熙書法集》第 215 頁

　　第一階段的代表作品當屬 1899 年的《致丁立鈞書》（圖 2-17）。這時曾熙三十九歲，正是他孜孜於仕途的時期。丁立鈞是曾熙鄉試時的考官，當時的職位是翰林院編修、國史館協修與武英殿總纂，後來參加強學會，投入救國運動。曾熙對丁立鈞一直執以師生之禮，甚為恭敬，因此他多封書致丁立鈞的信札都為小楷寫就，端莊嚴謹，對恩師的敬意躍然紙上。《致丁立鈞書》共有五幀，每幀五六行，每行大多在十五至二十字之間。從用筆上來看，屬於典型的魏晉小楷筆法，清健精妙而收放有度，尤其是「捺」畫的收筆極其穩重內斂，而橫折處化折為轉，反映出鍾、王小楷蘊藉沖融的一面。總體上，筆法更近於《黃庭經》；結字上，橫勢與縱勢相間，而以橫勢為主，間架寬博舒朗，與鍾太傅意趣合轍。縱觀全篇，古雅之氣盎然，充分體現了《黃庭經》的精妙和鍾繇各表的「渾靜」，不失為曾熙「入古期」的典範之作。

　　實際上，曾熙從 1895 年購得思古齋本《黃庭經》以來，對此視若珍寶，為行篋必備之物，時常與友人一道摩挲展玩，臨摹上也用功甚勤。但令人惋惜的是，曾熙早期的小楷目前可見者寥寥，尤其缺乏 1915 年之前的作品。我們只能從他論書的隻言片語和現有作品的相互印證中去探尋其早期小楷的創作風貌及審美思想。

　　1901 年的小楷作品《錄舊詩橫幅》（圖 2-18）與《致丁立鈞書》相去不

遠，但風格和表現手法卻明顯差異。在繼承鍾、王小楷的靜穆氣息與清健用筆的基礎上，《錄舊詩橫幅》加入了行書的筆意，並增其點畫厚重，精氣內含，如「綿裏鐵」，借鑒了劉墉小楷的筆墨趣味。曾熙對劉墉推崇備至，他曾言：「本朝小真書，人皆稱翁學士，然骨韻不及靜娛室，疏秀遠遜成邸如，以諸城之篆《大觀》、蝯叟之跋《黑女》校之，則三子又不足道也」〔註30〕，在曾熙的審美觀裏，在清代前中期的小楷名家中，劉墉成就最高，可以與之分庭抗禮的也只有清末的何紹基。劉墉和何紹基的書法有一個共同特點，即二者皆深諳剛柔之道，都從顏體楷書和魏晉小楷中汲取養分，擺脫了「館閣體」的匠氣與靡弱，進而開創出小楷的新境界。

從 1916 起，曾熙的小楷創作進入了第二階段，即「出新期」。這一階段隨著曾熙書法市場在上海的拓展，他的各體書法實踐也得以全面展開。曾熙從大量碑帖的臨摹中發現，篆隸書是真、行、草各體的源泉，而南北碑楷書與魏晉小楷自然也不例外。因此，既然南北碑和魏晉小楷具有同源性，那麼書風的相互嫁接和融通就成為出新的重要突破口。

在人們的印象中，曾熙是一個典型的碑學書家，尤其是以「顫掣」筆法來寫漢碑和北碑，使他飽受非議。實際上，曾熙非常敬畏傳統，其書法理論亦表現出明顯的「崇古溯源」意識，如他云「以篆筆作分，則分古；以分筆作真，則真雅；以真筆作行，則行勁。物有本末，此之謂也。」〔註31〕因此，他的「入古」，是對書體與筆法傳統源流的價值尋繹；他的「出新」則是建立在「入古」的基礎之上，通過實踐上大膽嫁接與理論上細心論證對魏晉小楷的時代審美價值進行反思和修正。筆者認為，曾熙小楷的「出新」主要體現在以下方面：

一是以碑學慣用的臨摹方法介入魏晉小楷，提升「筆力」，盡掃「館閣體」以來的流弊。他在與門人朱大可的對話中曾談到小楷的用力方法：

> 臨小真書，不易精進，以其運指不運腕也。必取各碑方寸之字，拓之至數倍之大，筆酣墨飽，揮灑淋漓，然後腕不懸而自空，力不使而自出矣。〔註32〕

〔註30〕曾熙論書墨蹟，上海私人藏。

〔註31〕曾熙：《遊天戲海室雅言》，《明清書論集》，上海辭書出版社，2011 年版，第1455 頁。

〔註32〕崔爾平編：《明清書論集》，上海辭書出版社，2011 年版，第 1459 頁。

　　碑學一脈書法多以氣魄勝，因此書家們尤其主張「運腕」。曾熙給朱大可提議將小楷放大後進行臨摹，就像臨兩漢、六朝碑版一樣，這樣就可以充分釋放出「腕力」，小楷的力量感自然提升。正如米芾所言「凡大字要如小字，小字要如大字」〔註33〕，小字要寫出大字的氣魄，必然要以大字的方法來訓練，以提升「腕力」。

　　二是以「南碑」融右軍、以「北碑」入太傅，即以「碑意」入小楷。縱觀曾熙的楷書作品，我們經常可以看到「以《鶴銘》書《黃庭》」〔註34〕之類的表述方式，可見其書法實踐的融通意識。曾熙認為，「右軍純以篆法為今隸，大字《鶴銘》小字《黃庭經》而已」〔註35〕，在篆法的繼承上，《瘞鶴銘》與《黃庭經》是參通的。曾熙認為《瘞鶴銘》是王羲之所書，其根據是「此余寫黃庭經得之。取《瘞鶴銘》與《黃庭經》合觀，體制雖殊，神理不爽」〔註36〕，這樣將《瘞鶴銘》與《黃庭經》融通起來就合情合理了。可見，曾熙對碑帖之間的內在關係的思考是建立在筆墨實踐基礎之上的，並非憑空臆想。對此，門人胡小石深諳其道：

　　　　衡陽曾農髯先生事《大王》，以《鶴銘》合《黃庭》，以《王基》
　　入《戎輅》，上通《夏承》、《華山》，蔡學復明於世。〔註37〕

　　曾熙將北碑《王基碑》筆法摻入鍾繇《戎輅表》，我們目前沒有看到有力的作品。但將南碑《瘞鶴銘》筆法摻入王羲之《黃庭經》的作品，卻不在少數，較有代表性的當屬 1918 年的《楷書條幅》（見圖 2-19）。這一階段，曾熙正在致力於篆隸書和南北碑的技法訓練，尤其對《瘞鶴銘》情有獨鍾，因此得以將《瘞鶴銘》的筆意特徵遷移運用到小楷中。此幅的「門」「朝」「則」「足」等字均為碑版大字的寫法，結體寬博，氣息雍容，「漢」「六」等字更是增以隸意，改變了魏晉小楷的原有肌理。尤其是「一」字並未一筆直入，而是「顫掣」而行，呈現出金石碑版的斑駁感和蒼茫感，豐富了小楷的情趣。我們截取曾熙臨《瘞鶴銘》局部與臨《黃庭經》局部對比，發現兩幅圖的「之」

〔註33〕米芾：《海嶽名言》，《歷代書法論文選》，上海書畫出版社，1979 年版，第 361頁。

〔註34〕王中秀、曾迎三：《曾熙年譜長編》，上海書畫出版社，2016 年版，第 525 頁。

〔註35〕王中秀、曾迎三：《曾熙年譜長編》，上海書畫出版社，2016 年版，第 229 頁。

〔註36〕曾熙：《遊天戲海室雅言》，崔爾平編：《明清書論集》，上海書畫出版社，2011年版，第 1457 頁。

〔註37〕王中秀、曾迎三：《曾熙年譜長編》，上海書畫出版社，2016 年版，第 238 頁。

字的取勢雖然各異，但「一波三折」如出一轍，正如曾熙自言的「體制雖殊，神理不爽」。1921 年，曾熙在給弟子倪壽川的信中道：「爱以《鶴銘》書《黃庭》。此予生平最適意者」〔註38〕，可見以《瘞鶴銘》法寫《黃庭經》是曾熙非常得意的嘗試。誠然，曾熙以這種「顫筆」融入小楷的作品也許今人看來並不如其純正取法鍾、王的小楷作品顯得自然、精妙，甚至有一些矯揉造作之感，但在碑學潮流風靡的清末民初，能對魏晉小楷的出路進行思考和實驗已屬不易。此外，1916 年曾熙臨《黃庭經》也是其代表作品，我們將進行專門分析。

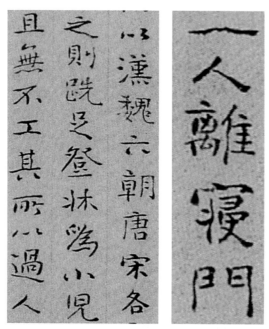

圖 2-19　曾熙《楷書條幅》局部

《曾熙書法集》第 145 頁

歸根結底，曾熙的「出新」實際上就是將碑學審美特性的部分元素融入到魏晉小楷中，演繹出小字的「大氣象」。

2.3.2.3　碑帖交融構築小楷「大氣象」

之所以曾熙一生鍾情《黃庭經》，既在於他出於右軍之手，又在於它與《瘞鶴銘》一樣，除了流露出魏晉人的古雅和散逸，還有一種近於摩崖的「大氣象」。他曾自言：「覃溪老人題水前本《鶴銘》，詩云：曾見黃庭肥拓本，憬然

〔註38〕王中秀、曾迎三：《曾熙年譜長編》，上海書畫出版社，2016 年版，第 313 頁。

大字勒厓（崖）初。道州以為真知《黃庭》與《鶴銘》」〔註39〕，翁覃溪（方綱）的「曾見黃庭肥拓本，憬然大字勒厓初」被曾氏多次提及。可見，對翁覃溪與何道州的論斷，他是非常認同的。為了讓以古雅著稱的魏晉小楷呈現出「大氣象」，曾熙除了施以「顫筆」外，還將碑版的方筆和鍾繇小楷的寬博結字糅合進來，不失為碑帖交融的創造性實驗。

1916 年曾熙臨《黃庭經》（圖 2-20）可謂其臨摹作品的典範之作，從書法藝術成就角度而言，其代表性不亞於 1899 年創作的《致丁立鈞書》。與《黃庭經》原作相比，曾熙的臨作更加追求整體的統一性和兼容性，如對「開元」等字都進行了相應處理，使之趨於平穩、協調。在用筆上，曾熙斂方為圓，增其渾厚，尤其是收筆的捺畫，較之原作更加圓融蘊藉，正如前人所講「無往不收」；結字上，進一步拉開間架，使字內空間得到釋放，在這一點上更多地借鑒了鍾繇小楷的處理方式。

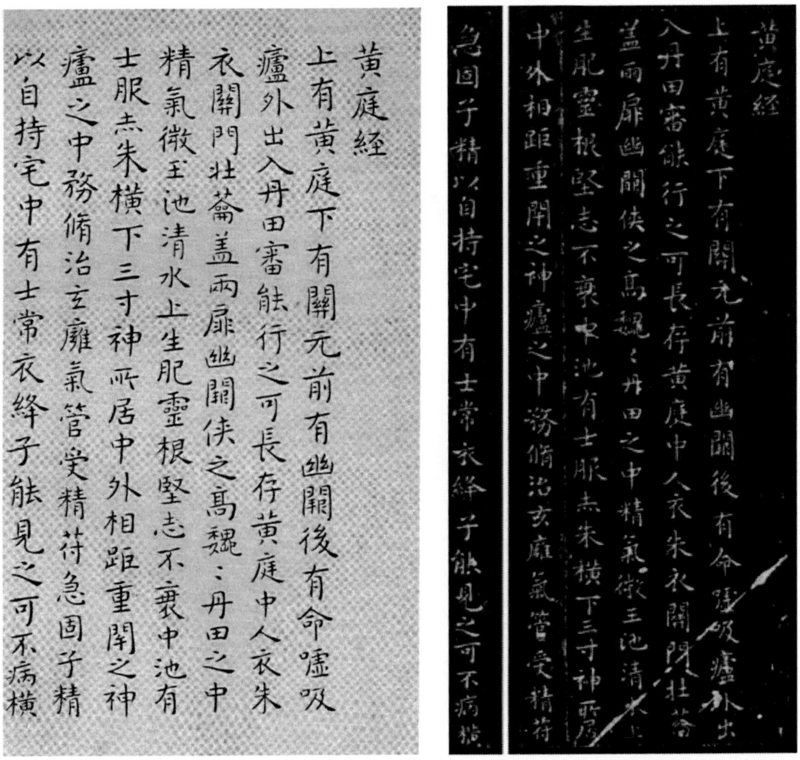

圖 2-20　曾熙臨《黃庭經》局部與「思古齋」本《黃庭經》局部對比

見於《書法》雜誌，2014 年第 3 期

〔註39〕王中秀、曾迎三：《曾熙年譜長編》，上海書畫出版社，2016 年版，第 196 頁。

此外，曾熙還對《黃庭經》原作的諸多單字在筆法和結字上進行了改造，使之在變化中求得統一。我們將曾熙臨《黃庭經》與其最推崇的「思古齋」本《黃庭經》進行局部對比（表 2-3）發現，曾氏將王羲之的「內擫」和鍾繇的「外拓」有機地融合起來，如將「守」字豎畫變直為曲，寶蓋旁也有微妙變化，以「顫掣」筆法入之。「能」「命」「七」「池」「幽」「旁」等都較之原帖更加開闊舒朗，尤其是「七」和「池」字末畫的下傾頓時提升了整個字的張力，使之呈現出雍容博大之氣象。此外，為了表現魏晉小楷的「大氣象」，曾熙還對《黃庭經》進行了筆法上的改造。如「居」字下部「口」的橫折處化轉為折，將魏碑的險峻和峭拔之感完美地烘托出來，與「尸」部的圓轉處形成鮮明對比，相得益彰。又如「人」字的捺畫收尾加重，「能」字的末筆化點為捺，都是為了提升原字的古樸意趣，變「妍」為「質」。從以上種種可以看出，曾熙對《黃庭經》肌體的改造，不僅是有意為之，並且可謂匠心獨運。

表 2-3　曾熙臨《黃庭經》與「思古齋」本《黃庭經》局部選字對照表

化點為捺	破直為曲	化露為藏	化轉為折	增其厚重	變正為敧	變放為收	變緊為鬆	調整布局
能	守	命	居	人	七	池	幽	旁
能	守	命	居	人	七	池	幽	旁

　　總之，曾熙巧妙地將碑學書法的剛勁重澀和鍾、王小楷的溫雅蘊藉融為一爐，使小字表現出「大氣象」，反映出其高超的「化用」能力。這種「化用」能力一方面與其早期的「入古」實踐密不可分，另一方面也得益於曾熙作為碑學中堅的求變意識和敏銳洞察力。在清末民初書壇，當大部分書家沉浸於北碑崛起的盛事時，當清代「館閣體」剛剛在書家們的口誅筆伐下落幕時，曾熙仍不忘對魏晉小楷的傳承與挖掘，實為難能可貴。

2.3.2.4　曾熙小楷成功的原因及當代思考

　　筆者認為，曾熙的小楷之所以能入魏晉人格轍，首先在於他是一個善於「博涉」的書法家，這樣才能在實踐上將各體的關隘和樞紐打通，獲得「鎔鑄」的能力。我們今天的書家學習小楷，或者師法鍾太傅，或者取法二王，或者浸淫於趙松雪、宋仲溫，更多地是「專精」一家甚至囿於一帖，而乏於「博

涉」諸家或諸碑帖，因此難以獲得變通和融合的能力。相比之下，清末民初書家普遍有過「博涉」的學書經歷，如吳昌碩、沈曾植、鄭孝胥、曾熙、李瑞清等。曾熙更是從三代鼎彝、兩漢碑刻、六朝誌銘到魏晉小楷無所不取，在大量筆墨實踐的基礎上對碑帖進行大膽嫁接和融通，從而開拓了清末民初時期魏晉小楷的新境界。

其次，曾熙具有強烈的「崇古溯源」意識，提出篆、隸、楷、行、草的學書次第，有了篆隸這個源泉的支撐，其小楷自然高古脫俗。當然，曾熙能有這樣的溯源意識，在本質上還是緣於其深厚的學養積澱和藝術素質。曾熙作為清末最後一批士人，不僅書法可觀，其詩文也堪稱一流。對於詩與書的聯繫，他曾指出：

> 三代鼎彝，古樸奇奧，此三百篇，離騷也。兩漢碑誌，雄強茂密，此十九首古樂府也。六朝誌銘，遒麗精能，此三張、二陸、陶、謝、顏、鮑也。唐碑嚴謹，宋帖豪放，近人恢奇恣肆，變態百出，此李、杜、韓、白、蘇、黃、范、陸，以及湘綺、白香、散原、海藏也。學詩者，必先知其源流，推其條理，然後可以集大成，學書者何獨不然！〔註40〕

對於當代書家而言，溯源顯得同樣重要。不僅要明晰書法各體之源流，而且應將書法之源追溯到中國傳統文化之根上，這樣書法才能獲得「源頭活水」。

再次，重精工、少應酬也是其曾熙小楷臻於妙絕的原因之一。在清末民初的海上書法市場，對聯、條幅、匾額等實用性較強的形式明顯走俏，而小楷因為費時、費力、價高而無法批量生產，這也在一定程度上保護了曾熙研習小楷的精力和興趣。曾熙的《致丁立鈞書》和臨《黃庭經》等都不是應酬之作，因此他得以成功地將小楷「見精微」的一面完美呈現出來。反而，他以《張黑女》《瘞鶴銘》等為面貌的對聯大量流入市場，難免沾惹「大路貨」之嫌，當然，其中也不乏應酬之作，後果是給曾熙的聲名帶來一定的負面影響，這種影響一直延續到今日。這也足以啟示，在書畫經濟繁榮的當代，書法家在市場價值與藝術價值的博弈中更應保持清醒頭腦，減少應酬之作，這樣既是對人民大眾負責，也是對自己的藝術生命負責。

〔註40〕曾熙：《遊天戲海室雅言》，崔爾平編：《明清書論集》，上海書畫出版社，2011年版，第 1461 頁。

2.3.3 溝通碑帖的中楷——以墓誌銘、家傳、碑記等應制作品為例

　　曾熙的楷書還有一種存在形式，即墓誌銘、家傳、碑記、壽文等應制作品，一般以私人印行或付梓出版為流傳形式。民國時期的上海經濟發達，外來人口聚集混居，文化多元，體現出強大的包容性。墓誌銘、家傳、碑記、壽文等傳統習俗和儀禮文化在上海發達的印刷業和出版業支撐下顯得愈發熠熠生輝，尤其是有了書家和名流們的廣泛參與，這些印行物或出版物除了原有的紀念性屬性，還兼具了史料價值和藝術價值，成為民國文化中不可或缺的一部分。

圖 2-21　曾熙書碑記、家傳、墓誌銘印行剪影　　上海私人藏

　　與一些楹聯形式的應酬作品不同，墓誌銘、家傳、碑記、壽文等因為題材的莊重性和定制者傳之久遠的主觀訴求，對書家的要求更高，因此書家收取的報酬也是對聯作品的數倍。如，1918 年《曾農髯先生鬻書直例》中的楹聯作品潤格為「丈二尺廿四元，一丈二十元，八尺十元，七尺七元，六尺六元，五尺五元，四尺四元」〔註41〕，而「碑誌壽文直別議」，壽屏則直接標明「每幅十元」，是相當於八尺楹聯的價格。又如，1923 年《神州吉光集》第 3 期刊登的《曾農髯書潤》就寫明「壽屏碑誌及書畫題跋別議」〔註42〕。我們經過梳理曾熙書寫的墓誌銘、家傳、碑記、壽序等印行作品後發現，這部分作品大多以真書寫就，少數為隸書。這些楷書作品的風格也有一定的規律：大多數以《張黑女》為基調，如《阮君墓誌銘》《孫君碑》《雷母唐夫人墓誌銘》《清故廩生李君墓誌銘》等；其他則多以鍾繇、王羲之小楷為基調，如《武

〔註41〕王中秀、曾迎三：《曾熙年譜長編》，上海書畫出版社，2016 年版，第 231 頁。
〔註42〕王中秀、曾迎三：《曾熙年譜長編》，上海書畫出版社，2016 年版，第 363 頁。

岡鄧先生墓誌銘》《吳先生興學碑記》《清故蕭太宜人墓誌銘》《張奉政先生家傳》（圖 2-22）等。

　　經過筆者研究發現，曾熙以《張黑女》為基調的家傳、墓誌銘、碑記等作品主要成型於 1917 年後。這類作品在形體上屬於中楷，入筆多側鋒直入，筆畫橫輕豎重，結字則重心上移，上密下疏。加上鉤畫多用外拓筆法，整體顯得舒朗空靈，氣勢開張，體現了《張黑女》的「掠空」的精神氣質。此外，曾熙書寫這類應制作品並非循規蹈矩，死板單調，而是偶以行書和隸書筆意摻入，以調節其趣，但即使重趣也並不如大楷作品那樣放浪形骸，而是謹嚴有度。如 1929 年的《孫君碑》，「甫」「籍」「祖」字的橫折處都有一個明顯的「折肩」，「世」字的豎折處則化方為圓，顯得圓厚古樸，這些都是曾熙在《張黑女》的基礎上進行的適當改造。筆者認為，曾熙以《張黑女》為面貌的這類楷書與其小楷一樣，均為精心之作，因此在最大限度上體現原帖的精神氣質。在當時海上書壇，擅長《張黑女》者不多，能將《張黑女》寫得像曾熙一樣爐火純青的，就少之又少了。因此，曾熙的這類作品可作為初學《張黑女》之津梁，顯得更加彌足珍貴。

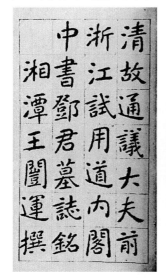

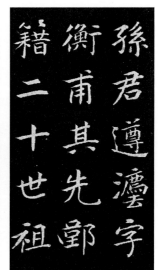

| 《武岡鄧先生墓誌銘》 | 《張奉政先生家傳》 | 《孫君墓誌銘》 |
| 1893 年 | 1924 年 | 1929 年 |

圖 2-22　曾熙書墓誌銘、家傳概覽

民國印本　上海私人藏

曾熙 1917 年之前的中楷作品則體現出濃鬱的小楷氣質，以鍾、王為主要基調，主要這個時段，曾熙對南北碑的研習還未深入，未能打通不同風格之間的關隘。實際上，我們在本章第一節闡釋了曾熙篆書的發展階段，也正是以 1917 年為界。可以說，篆書上的參悟對曾熙小楷和其他各種書體的深入具有非常重要的意義。如曾熙為恩師鄧輔綸書寫《武岡鄧先生墓誌銘》時只有三十歲，這時其對鍾、王的理解還處於初級階段，無論在用筆、結字上都略顯生澀。而《張奉政先生家傳》則是曾熙晚年的作品，處於曾氏書法藝術的成熟期，這一時期他已從觀念和實踐上打通各體。因此，縱觀全篇，我們可以體會到其用筆的果敢爽利和結體的妥帖多變，很多字除了取法鍾、王，還加入了《張黑女》的結字特徵，如「政」「人」「懷」等字。並且，在骨力上，比早年的作品更加硬朗。這些必然得力於他對篆書的浸淫。

曾熙成熟期的中楷，並非只是《張黑女》一種面貌，有時還融入了鍾、王小楷。在處理墓誌銘、家傳等這些應制作品時，曾熙選用《張黑女》還是鍾、王小楷為主要基調主要取決於定制者的要求、字數的多寡以及謀篇布局的需要。如通篇字數較少，每行四五字，則屬於典型的中楷規格，用《張黑女》風格則更顯骨力強健、風神俊朗；而若字數多，則每行六至八字，自然以筆法精妙為佳，字號也要小一些，《張黑女》的舒朗氣質很難體現出來，故以鍾、王小楷基調為最佳。此外，不同功用有時也會對選用的風格產生一定影響，如刻碑流傳，則《張黑女》以其天然的北碑氣質自然成為曾熙的首選，如單是印行饋贈親友，則風格選擇便可靈活掌握。這些規律和技巧，對於筆墨運籌已經駕輕就熟的曾熙來講，早已了然於心了。

總之，相對於那些專門以市場流通為目的的大字楷書作品，墓誌銘、家傳、碑記、壽文等應制之作更能凸顯書家在經典臨摹上的真實功力。雖然視覺衝擊力和藝術感染力不及大字作品，但其靜穆精美之氣或有過之，且敗筆更少，是我們認識曾熙楷書成就不可或缺的重要一環。並且，大量的市場應酬也成就了曾熙。不少後來學者指責曾熙的中楷中規中矩，儼然「館閣體」，其實是站不住腳的：其一，這類作品用途莊重，一般買家對書家都有限定的要求，風格太過藝術化必然會影響作品的可讀性和莊重性；其二，認識曾熙的書法作品，並不應僅就視覺衝擊力「斷章取義」，而應系統全面，觀照其學書理念和審美觀念，這樣才能獲得客觀理性的認識。通過分析可以發現，曾熙的作品並不是千篇一律，而是處處小心經營，將方圓、向背、曲直、大小、

疏密等矛盾處理得恰到好處，體現了一個成熟書家的筆墨駕馭能力。更為關鍵的是，他能以古篆筆法統攝各體，使其楷書既有碑的硬朗剛健，又有帖的溫雅俊秀，兼容並蓄，這一點是許多同代書家難以企及的。

2.4　太真爛漫的行、草書與日常書寫

　　曾熙作為典型以篆、隸、楷精能的碑學書家，其行、草書成就長期不為世人所知。客觀來講，與李瑞清一樣，曾熙在經典法帖上所下的工夫與碑版石刻不能等量齊觀。對此，清道人曾坦言：「余幼習鼎彝，長學兩漢六朝碑碣，至法帖了不留意，每作箋啟，則見困躓。昔曾季子嘗謂余以碑筆為箋啟，如帶磨而舞，蓋笑之也」〔註 43〕。從這段論述可知，與李瑞清相比，曾熙很早就對碑、帖的筆法特性和區別有著清醒認識。他以「南宗」自詡，於南北碑擇溫雅秀逸一路而學之，如《瘞鶴銘》《張黑女墓誌》等，並對王羲之《黃庭經》亦有深入研習，於箋啟則以帖學筆法為之。可以說，曾熙走的是一條碑帖兼容並蓄的藝術之路。

　　前文已述，除了一般形式的作品，其行、草書還多見於書畫題跋和日常書寫的信札（尺牘）、便條、菜單中，尤其是這些日常書寫，非刻意而為，因而更加疏放爛漫，更能體現出書家本真的秉性與才情。根據作品功用與創作目的不同，筆者在此將其行、草書作品分為日常書寫形式的行、草書和作品形式的行、草書兩類。

2.4.1　日常書寫形式的行、草書

　　對於日常書寫，邱振中先生認為：「日常書寫指的是日常生活中為各種事務的需要而進行的書寫，與此相對的是以書寫本身為目標的書寫，例如為寫好字而進行的書寫練習、為創作書法作品而進行的訓練和書寫等」〔註 44〕。日常書寫由於缺乏進行藝術創作的主觀意識，因此往往能將書家最本真的一面展示出來，正如東坡翁所言「無意於佳乃佳」。

　　曾熙的日常書寫以信札為大宗，在書體上以行書為主，間以草書，絕少以純粹草書寫就。誠然，這跟信札便於信息傳遞的功用有非常重要的關係，

〔註 43〕王中秀、曾迎三：《曾熙年譜長編》，上海書畫出版社，2016 年版，第 151 頁。
〔註 44〕邱振中：《書法七個問題——一份關於書法的知識、觀念和深入途徑的備忘錄》，中國人民大學出版社，2011 年版，第 37 頁。

草書雖簡便快捷，但可識性就大打折扣。曾熙信札主要是寫給親友和弟子的，用筆古厚蘊藉，結體開張多變，氣息生動率真，表現出書家高超的筆墨駕馭能力。如《曾熙致譚延闓札》（圖 2-23）是曾熙寫給好友譚延闓的一封訴說自己身體近況的日常手跡，能夠看出書家巧妙地運用了將篆籀中的圓筆與顏真卿的「外拓」結體融合起來，古意十足，行間布白蕭散自然，一派天機，充盈著「魯公三稿」的爛漫氣質。尤其是信札的開頭用筆和結字不溫不火，字字獨立但秩序井然，越到最後越天機流露，與顏魯公的《祭侄文稿》有異曲同工之妙！從該札的右面一幀墨法上富有層次感，一則可能與水墨調和配比有關，畢竟信札不似正式作品那樣謹嚴；另一方面信札用紙多為生宣或半生熟，與當時寫大字作品時使用的蠟箋或粉箋在性能上有較大差異，雖然不及後者墨色黑亮，但容易出現水墨交融的韻味。曾熙和譚延闓交往密切，因此來往書信也最多，這些書跡氣息多輕鬆愉快，既是記錄二人藝術和生活往來的珍貴史料，又不失為率真精彩的藝術作品。

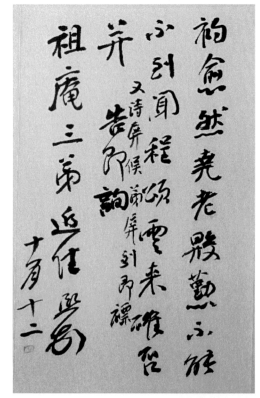
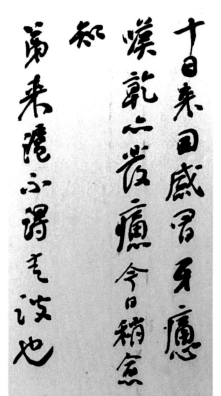

圖 2-23　《曾熙致譚延闓札》1927 年 12 月 5 日

上海私人收藏

　　除了與譚延闓等同輩人有頻繁的書信往來外，曾熙與弟子們也常有書信往來，至今流傳頗多。如《曾熙致姚雲江札》（圖 2-24），是曾熙寫給弟子姚雲江的一封日常信札。姚雲江是上海的執業醫生，曾熙與夫人身體有恙時經常向姚雲江求助，這封信札就是請姚氏為師母開藥方一事所寫。全篇僅有四行，但行草相間，渾然天成，從筆法到結字再到布局都非常精彩。筆法上從容輕快卻無一滯筆、無一率筆，結體展蹙開合，一一自然，「今日」下和「熙頓首」上的兩處留白體現出呼應之妙。這件作品中，「弟」「內」「能」「雲」等字都有濃厚的篆籀氣息，可以看出曾熙對顏魯公審美趣味的理解是極其深入的。他深知碑版石刻與晉唐法帖本來就是二途，雖有共通之處，但不可任意調和，因此身體力行地以純粹帖學的筆法來寫翰札，信手拈來，不施造作，能在方寸之間得其天機。《曾熙致倪壽川札》（圖 2-25）體現出與《曾熙致姚雲江札》相似的天趣，全篇本有五行，後來又加了兩行批註，整個章法立即發生了強烈的疏密變化，反而顯得大小錯落，一一自然。值得稱道的是，即使再小的字，曾熙都能駕輕就熟，寥寥數筆，情趣盎然。如第一行的「好在」兩個字的連接並沒有因為字小而露怯懦，仍然果斷勁挺。「能如」「即告」「受之」等局部連接也很出彩，能看出曾熙對篆書線條的掌控已能成功地運用到他的日常書寫中。

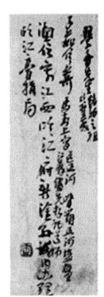

圖 2-24　《曾熙致姚雲江札》1928 年 3 月 13 日

上海私人藏

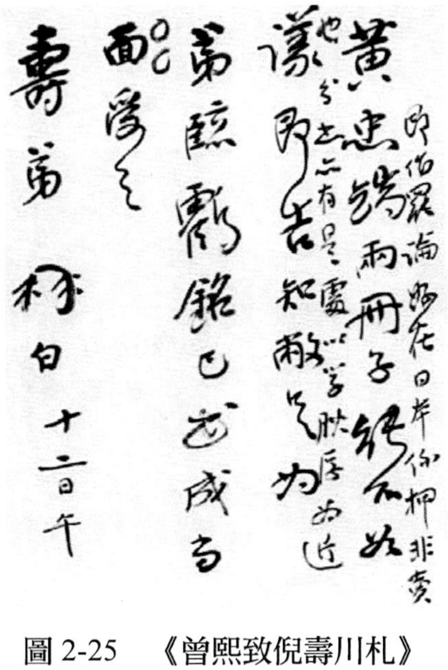

圖 2-25　《曾熙致倪壽川札》1921 年 9 月 11 日

上海私人藏

圖 2-26　《吳昌碩手札》

詳見注 45

這種日常書寫形式除了信札外，還有便條（圖2-27）、菜單、名刺（圖2-28）等，均各有情趣，在此不再一一分析。筆者認為，曾熙的日常書寫具有較高的藝術感染力。表現在兩個方面：一是筆法技術高超。曾熙能將篆籀氣息和傳統帖學筆法進行成功調和，使其信札中既透著一種不可侵犯的堅剛之氣，又流露著十足的文人氣；二是水墨配合巧妙。曾熙高超的水墨駕馭能力，得益於他對書畫的參通。在他的信札中，墨、水和生宣的聯合作用使毛筆的特性充分釋放，呈現出「墨分五色」的天然效果。在此以吳昌碩的一封信札與曾熙進行對比。從《吳昌碩手札》（圖2-26）〔註45〕可以看出吳昌碩同樣對筆墨有著嫻熟的駕馭能力。但他對《石鼓文》的浸淫雖深，未像曾熙一樣成功地將篆法嫁接進他的行草書中，因此他的行草書中宮收緊，用筆多折少轉，單字和整篇的視覺張力均顯不足。

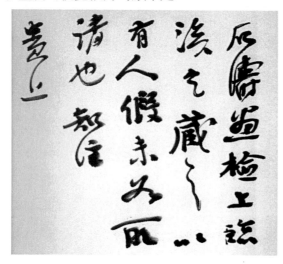 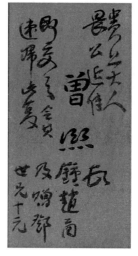

圖 2-27　曾熙行書便條　　　　　圖 2-28　曾熙名刺

《曾熙書法集》第 257 頁　　　　　　　私人藏

尺牘在中國書法史上一直佔有重要的地位，成為歷代書家和文人抒發情懷的重要載體。曾熙列屬中國社會最後一批封建文人，其不帶功利性的日常書寫更能他作為一個文人型書家的卓犖才情和深厚學養。筆者甚至認為，曾熙的這些日常書寫的信札較之楹聯、條幅等作品形式的行草書作品更顯得真率自然，在格調上更富文人氣息，更能代表其在行草書上所達到的藝術高度，似乎也更能與其海上書壇名家的地位相匹配。

〔註45〕張榮德主編：《吳昌碩翰墨珍品》，西泠印社出版社，2013 年，第 2 頁。

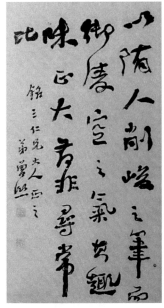

圖 2-29	圖 2-30	圖 2-31
行書論書立軸	《叔明玄宰六言聯》	《即事賞心五言聯》
《曾熙書法集》第 211 頁	《曾熙書法集》第 276 頁	《曾熙書法集》第 251 頁

2.4.2　作品形式的行、草書

　　我們在前面已經提到，曾熙書法作品在上海有很好的市場接受度。大量的市場需求和應酬必然會對一個書家的「應變」能力提出更高的要求。之所以曾熙、李瑞清在民國時期的上海能躋身最暢銷的書家行列，其中一個關鍵的因素就是他們「能寫」，這裡既包含出產量高，也說明他們兼擅多體，能滿足不同買家的需求。因此，我們能看到，曾熙的對聯作品中，既有篆、隸書作品，也有楷、行、草各體。我們在此專門介紹他的行書和草書作品。

　　在曾熙的行書方面，其作品形式頗為多樣，有立軸、橫幅、鏡心、對聯等，尤其以對聯為主，在內容上則有詩聯、書論、畫論、題跋等類型。在此，我們擇最典型的幾種分別闡述。行書《叔明玄宰六言聯》（圖 2-30）可視作曾熙一般行書作品的標準樣式，這類作品在形體上以《張黑女墓誌》為主要基調，以「外拓」筆法顯其「掠空」的特點，並加以連帶，楷、行、草融為一體，時動時靜，頗有灑脫流便之韻致。但整體來看，這類作品尚屬純正的帖學風貌，藝術水平上較為整齊劃一，較之信札的浪漫氣質，則顯得精巧與安排，

與其楷書、隸書、篆書楹聯一樣，屬於市場流通與應酬的大宗類型。《即事賞心五言聯》（圖2-31）則比《叔明玄宰六言聯》顯得浪漫寫意，行、草相雜，雖然結體上還有《張黑女》的影響，但已是純正的行草筆法，且有篆籀氣息，如「即」「心」等字的轉筆處。相對而言，這類作品因為形式的限制，對筆力、結字等各方面的要求更高，因此曾熙只能托出碑學的基底，自然很難像手札那樣氣息變幻流轉、一派天機，用筆較為單一，結體稍欠險絕，章法亦顯平勻，很難在同代書家中脫穎而出。

圖 2-32　曾熙《南岳蘭葉圖》

湖南圖書館藏

但曾熙也有天機神遇之作，如《行書論書立軸》（圖2-29）。從落款和印章上看，這應該是曾熙早年的一件行書作品，其用筆時而粗壯凝重，時而空靈率意，筆調的跳躍性極大，極富視覺衝擊力。這件作品與其主流行書的風格差異極大，甚至很難看出其取法路徑。但正因如此，整個作品平添了幾分拙趣，將曾熙的筆墨駕馭能力和博興之意冶為一爐，更顯難能可貴。可見，曾熙並不是一個墨守成規的「匠人型」書家，他在不斷地探索適合自己的筆墨語言樣式，這件作品即是明證。遺憾的是，曾熙將更多的經歷放在了篆、隸、楷等各體上，在行書對聯這種形式上並未有更多的藝術開拓。

除了專門的行書作品，曾熙書畫作品的題跋也常用行書完成，尤其是畫跋。由於行書書寫率性流便又易於辨識，能很好地與畫融為一體，自然成為很多書畫家題款的首選。曾熙這一類行書風格相對較為穩定，意趣上與信札非常相近，筆法上行草相間，結體外拓而多變，頗有古人「稿草」的爛漫氣息。《南岳蘭葉圖》〔註46〕（圖2-32）是曾熙的遣興之作，其行書題款云：「南岳蘭葉瘦而勁，當風霜嚴厲，其葉益青。可愛」。雖然只有寥寥三行，卻字字偃仰開合，妥帖自然，與生動的蘭草搭配巧妙，充滿了筆墨情趣。

〔註46〕圖片筆者攝於湖南圖書館，尚未公開出版，作品名為筆者所加。

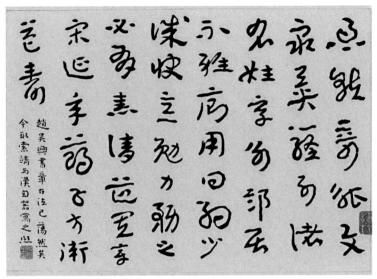

圖 2-33　曾熙《臨急就章》冊頁

私人藏

　　雖然曾熙的行書中也偶有草書夾雜其間，但與其專門寫就的草書作品仍有明顯區別。縱覽曾熙的草書作品，可以發現其構成主要以章草為主，在取法上直接漢分和魏晉章草，從王羲之的《豹奴帖》、索靖《急就章》而上溯篆隸。曾熙認為，宋克的章草雖然高出當代書家，但多楷法，沒有上溯到漢分以上，因此稍欠古意。為力矯此弊，曾熙的章草書融入了隸書的筆法，在線條上則直取篆籀，顯得高古脫俗。這些章草作品大概可分為兩類：一類以臨摹歷代章草名帖為主，如《臨急就章》冊頁（圖 2-33），將索靖章草書的「銀鉤蠆尾」與漢陶器的天真浪漫結合起來，將古篆的「頓挫提轉」與分書的「跳躍取神」結合起來，使章草的古雅與清新之氣並存；一類則是典型的創作作品，以大字楹聯為主。如 1918 年的《清風高義五言聯》（圖 2-34），除了橫、撇、捺等筆畫用隸法外，轉折處全為篆法，線條如「折釵股」，渾圓飛動，呈現出「重」「圓」「活」「暢」的視覺審美特徵：「重」，重要表現在筆畫的厚重有力；「圓」則表現在對篆籀筆法的借鑑，如「風」字的下半部，「隨」「散」「感」「平」等字的牽絲處。再如「隨」字的「有」，纏繞處都是「絞轉」筆法，因此顯出「折拆股」的效果；「活」則體現在動態平衡上，如「中」字三筆雖然非常簡潔，但中間一豎卻寓曲於直，堅挺中含律動，起到了很好的調節效果，使整個字頓時「活」了起來；「暢」則主要是指氣息的通暢，章草的結字再加上篆籀的用筆，自然氣韻生動。

圖 2-34　《清風高義五言聯》

《曾熙書法集》第 115 頁

　　整體而言，在曾熙的行、草書中，以行書成就為最高，而在其行書中，又以信札形式成就為最高。這些信札，雖然看上去似漫不經心、隨意落墨，實則暗合晉韻唐法，集「篆籀氣」與「文人氣」與一身，達到了「隨心所欲而不逾矩」的理想狀態，充分體現了曾熙在傳統帖學上「入古」能力和由碑入帖的「化用」能力，也充分詮釋了其作為清末民國領軍書家的文人情懷和藝術活力。

　　通過本章，我們得以深入認識曾熙在篆、隸、楷、行、草五體上的全面素養和創作成就。儘管民國人認為曾熙的隸書為最佳，但筆者認為曾熙的篆、楷、行、草等各體也別具風味，尤其是他的小楷和行書信札，顯示了深厚的筆墨功力和文人素養。更為重要的是，曾熙能以古篆筆法打通各體的筆墨實踐在民國甚至近現代都有一定的創造性意義。在各體中，我們還發現曾熙以

一種獨特的筆法貫穿始終，即「顫筆」。「顫筆」並不等同於古篆筆法，卻與之有著千絲萬縷的聯繫。因此，要在更深層次上理解曾熙的筆法原理和藝術特色，就必須進一步探尋「顫筆」的內理。

第 3 章　曾熙書法的筆法特徵：
「顫筆」

　　「顫筆」是曾熙書法作品中極為重要的一種筆法特徵和表現形式，濃縮著他對碑學筆法的思考，也代表著民國一代書家對清中期以來的碑學思潮在審美觀念和價值上的反思與探索。曾熙的「顫筆」廣泛見於篆、隸、楷、行、草等各書體系統中，尤其常見於篆、隸、楷等正書系統，行草書中相對而言較為少見。可以推測，這是他針對金石碑版作品的一種獨特的筆法演繹方式，即以「碑筆寫碑」，與他「碑不可通之帖」的書學理念是頗為合轍的。但近代以來，書壇對曾熙「顫筆」的批評也不絕於耳，認為其刻意為之，違背了用筆以自然為上的基本準則。這種批評固然具有一定的合理性，但並非建立在邏輯分析和系統認知的基礎之上，因此難免偏狹。究其根源，一是長期以來曾熙研究的不足和資料的散佚，使人們缺乏對曾熙作品的系統認識。沒有系統的認識，就無法真正領會曾熙「顫筆」的審美意圖；二是曾熙的「顫筆」並未被世人所普遍接受，既由於人們對「顫筆」的形成機制還沒有一個全面瞭解，也因曾氏的「顫筆」並未與觀者產生有效共鳴，這裡面還有一個審美傳達與審美接受的不對等問題。

　　下面，專門探討「顫筆」如何影響曾熙的創作和學書觀念，以及曾熙如何豐富「顫筆」的審美內涵。

3.1　曾熙對「顫筆」的繼承與發展

3.1.1　「顫筆」的歷史沿革

　　「顫筆」，也作「戰筆」，係古代書畫理論概念。「戰筆」一詞最早出於繪畫，唐張彥遠《歷代名畫記》（卷八）：「李（嗣真）云：『孫（尚子）鄭（法士）共師於張（僧繇），鄭則人物樓臺，當雄霸伯；孫則魑魅魍魎，參靈酌妙。善為戰筆之體，甚有氣力。衣服、手足、木葉、川流，莫不戰動』」〔註1〕。宋《黃庭堅詩集注》也有「深密伽陀枯戰筆，真成相見問何如」〔註2〕之句，但其中「戰筆」究竟作何解，尚不明確。張彥遠《歷代名畫記》中的「戰筆」到了元代被表述為「顫筆」，最有代表性的就是夏文彥《圖繪寶鑒》中的一句話：「孫尚子善為顫筆，見於衣服、手足、木葉、川流諸處，皆若顫動。」〔註3〕從以上的敘述中可知，「顫筆」最早為一種源於隋代孫尚子的畫法，甚至進而可以理解為一種遒勁而生動的用筆形態，使所狀事物栩栩如生，「皆若顫動」。「戰筆」一詞在古代書法理論中也有表述，被用來描述一種書體，即「蟲書」。唐韋續曰：「蟲書，春秋胡婦浣蠶所作，亦曰雕蟲篆。」〔註4〕宋釋夢英《十八書體》中專門對「雕蟲篆」進行了解釋：「亦云戰筆書，其體遒律，垂畫纖長，旋繞屈曲，有若蟲形。其狀則弦鳥優游，落花散漫矣。」在這裡，「戰筆書」是一種線條細長婉轉具有裝飾意味的篆書，其大體風貌我們在一些博物館所藏春秋戰國時期鼎彝和金石器具上仍可窺見一斑。雖然這種「戰筆」書體與我們談論的作為筆法的「顫筆」沒有必然聯繫，但其中提到的「屈曲」與「遒律」卻是「顫筆」不可缺少的特點。

　　「顫筆」用來比喻書法的用筆，大抵源於宋代。宋《宣和畫譜》云：「後主又用金錯刀作畫，亦清爽不凡，另為一格法。後主金錯刀書用一筆三過之法，晚年變而為畫，故顫掣乃如書法。」又《宣和畫譜·花鳥三》載：「然書

〔註1〕　〔唐〕張彥遠著、俞劍華注釋：《歷代名畫記》（卷八），上海人民美術出版社，1964年版，第162頁。

〔註2〕　〔宋〕黃庭堅撰，任淵、史容、史季溫注：《黃庭堅詩集注》，中華書局，2003年版。此詩為《寄黃龍清老三首》其一，又見於明成化本《東坡續集》卷二，詩題為《和黃龍清老三首》，查慎行認為「以《釋氏稽古略》考之，確是山谷作」。

〔註3〕　〔元〕夏文彥：《圖繪寶鑒》，商務印書館，1934年版，第9頁。

〔註4〕　〔唐〕韋續：《五十六種書》，《歷代書法論文選》，上海書畫出版社，1979年版，第303頁。

畫同體，唐希雅初學李氏錯刀筆，後畫竹，乃如書法，有顫掣之狀。」〔註5〕清人吳任臣編撰的《十國春秋》引《清異錄》語：「南唐李後主善書。作顫筆樛曲之狀，遒勁如寒松霜竹，謂之金錯刀。」〔註6〕從這些文獻敘述中可以看出，李煜以「顫筆」作書法，其線條遒勁，「一筆三過」，稱為「金錯刀」〔註7〕。後來，李後主又以「金錯刀」筆法作畫，效果與書法相近。另外，可以看出，李煜的「顫筆」法相對而言對畫家們的啟發更大，不少人借鑒後主的「顫筆」法融入繪畫。周文矩是南唐時的宮廷人物畫家，《宣和畫譜》稱其：「行筆瘦硬戰掣，有煜筆法」〔註8〕，可見李煜的「顫筆」之所謂稱作「金錯刀」，與其「瘦硬戰掣」的效果是密不可分的，這我們今天人們印象中的「顫筆」是有差異的。元代夏文彥《圖繪寶鑒》評五代張圖「尤長於大象。其畫用濃墨粗筆，如草書顫掣飛動，勢甚豪放……怪怪奇奇自稱一家法」〔註9〕，「顫掣」的用筆被張圖用於人物畫中，用濃墨粗筆，表現形式與李後主的「金錯刀」自然差異很大，但在概念內涵上已經非常接近於我們今天所說的「顫筆」。實際上，宋代黃庭堅的草書早已將「顫掣」筆法完美融入，以一種一波三折、長槍大戟的特異書風飲譽書壇、自成一家。黃庭堅的「顫掣」用筆主要以使轉為主，表現為一種生動、暢快的線條樣式，與曾熙的「顫筆」並不能等同。然而，無論「顫筆」用於畫法或書法，都豐富了線條的表現手法，在歷代書畫理論家的審美意識中是一種帶有積極意義的筆法探索。

後來，「顫筆」逐漸由褒義轉向貶義，被用來借指刻意求怪的書法習氣。如明代楊慎《升菴詩話新箋證》中提到：「今世解學士之畫圈如鎮宅之符，張東海之顫筆如風癱之手，蓋王氏家奴所不為，一世囂然稱之，字學至此掃地矣」〔註10〕。張弼行草書中的「顫筆」在這裡被比喻為「風癱之手」，成為一種刻意造作的用筆風氣，受到了楊氏激烈的批評。然而，張弼的「顫筆」仍屬於帖學範疇的用筆方式。

「顫筆」一詞被應用於碑學系統，並指代李瑞清等為代表的碑學書家的

〔註5〕潘運告主編：《宣和畫譜》，湖南美術出版社，1999 年版，第 349 頁。
〔註6〕〔清〕吳任臣：《十國春秋》，中華書局，1983 年版，第 269 頁。
〔註7〕金錯刀原為漢王莽所造錢幣名，因用金錯技術為之，故名。
〔註8〕潘運告主編：《宣和畫譜》，湖南美術出版社，1999 年版，第 144 頁。
〔註9〕〔元〕夏文彥：《圖繪寶鑒》，商務印書館，1934 年版，第 28 頁。
〔註10〕〔明〕楊慎：《升菴詩話新箋證》，中華書局，2008 年版。

用筆方式，則始於民國時期。如 1930 年 9 月《上海畫報》刊登《曾農髯軼事》：

> 農髯與清道人李百蟹同鄉里，近年來漢魏碑版諸書，自道人改用澀筆，風氣為之一變，學之者變本加厲，由澀而顫，致失原意，蒙描頭畫腳之誚。農髯力矯此弊，碑版摹張黑女，大篆作毛公鼎，各得神髓。〔註11〕

在時人眼裏，李瑞清的「澀筆」被不明就裏的傚仿者誇張成了故意造作的「顫筆」，而曾熙通過臨摹《張黑女》《毛公鼎》等範本的出版，修正了這種不良時風。在這裡，我們沒有看到時人對李瑞清的批評，因為他們非常清楚「澀筆」與習氣「顫筆」的區別。甚至我們可以看出，時人的評價迴避了曾熙筆法與李瑞清「澀筆」的密切聯繫，不管這種迴避和對曾熙的褒贊是否刻意所為，都足以表明當時「顫筆」習氣的由來與李瑞清筆法的訛傳密不可分。

由於長期以來學術界缺乏對李瑞清「澀筆」的研究，以致人們以訛傳訛地將後人東施效顰而成的「顫筆」之罪名冠於李瑞清頭上。民國以降，「顫筆」就自然而然地被理解為李瑞清之輩刻意追求金石味而刻意造作的用筆習氣，其中以沙孟海的觀點為代表。如其評李瑞清：「晚歲在上海賣字，作各體書，多用顫筆，望似假古董，為市民所喜，亦為識者所譏」〔註12〕。沙孟海作為書壇公認的近現代書法大家，他的評價必然對人們的認識產生深遠影響與引導作用。這種影響一直延續到當代，有學者指出：「李瑞清以篆籀之意與北碑相通習，開創用顫筆模擬金石氣的典型。這種用顫抖的用筆方式來變形遲澀感，雖然看起來有所創新，但是書法用筆的自然度卻大大降低，進而導致書法藝術性的減弱」〔註13〕。同時，作為「南宗北李」另一主角的曾熙，因與李瑞清關係緊密且書風相近，也被後人冠以「顫筆」的負面評價。不可否認，曾熙在用筆上與李瑞清非常接近，但後人直接以「顫筆」為名批評曾氏卻極少，可謂一個出人意料的現象。筆者認為主要有兩種情況：一是在人們固有的認識中，李瑞清是「顫筆」的始作俑者，曾熙是在李瑞清的影響下鬻書的，其書風的形成自然也受李瑞清影響極大。因此，相

〔註11〕王中秀、曾迎三：《曾熙年譜長編》，上海書畫出版社，2016 年版，第 809 頁。
〔註12〕沙孟海：《沙孟海論藝》，上海書畫出版社，2010 年版，第 129 頁。
〔註13〕曹建等：《20 世紀書法觀念與書風嬗變》，上海三聯書店，2012 年版，第 7 頁。

對而言，對李瑞清「顫筆」批評就更具代表性，沒有必要再專門提及曾熙；二是曾熙的書法面貌多樣，在上海尤其以隸書和《張黑女》書風的楷書著稱於世，他的隸書雖然也有「顫筆」形跡，但相對李瑞清要弱得多。而李瑞清就不同，即使在楷書中也大量運用「顫筆」（圖 3-1）。例如，左圖為曾熙隸書《人壽世德五言聯》的「一」字，而右圖為李瑞清魏碑作品中「三」字的最後一橫，我們可以發現同樣為橫畫，後者的筆勢起伏要大於前者。我們如果大量對比曾熙李瑞清的作品就可以發現，這種現象並不是特例，而是俯拾皆是。這就說明，同樣運用「一波三折」的「顫筆」筆法，曾熙和李瑞清的表現形式也有差異，曾氏特別注意波動的幅度，使其處於一種適中的狀態，而李氏則似乎更樂意突出和誇張線條的波幅，以透露他對這種筆法的嫻熟駕馭能力和表現欲望。因此，我們也就不難理解為何傚仿者僅學其形以致醜態百出了。

曾熙「顫筆」筆法示意　　　　　李瑞清「顫筆」筆法示意
取自《曾熙書法集》第 96 頁　　取自《張大千的老師——曾熙、
「一」字　　　　　　　　　　　李瑞清書畫特展》第 127 頁「三」字

圖 3-1　曾熙與李瑞清「頓挫提轉」筆法示意圖

　　不可否認，曾熙、李瑞清書法作品中「顫筆」筆法的大量使用是後世對二人書法藝術成就低估的主要原因。至今仍然有不少人認為，「顫筆」是一種刻意而為之的用筆習氣，而忽視了其審美價值的真實內核和創新意義。因此，要客觀全面地認識曾熙的書法成就，就必須為其「顫筆」正名。

3.1.2　曾熙「顫筆」正名

　　從「顫筆」的歷史沿革來看，它的概念內涵經歷了多次轉變：濫觴於畫法，後見於書法；原為帖學用筆，後被用於碑學領域；原指一種流暢生動的筆法，後被定義為刻意為之的用筆習氣。可見，與「澀筆」「頓挫」等概念類似，書畫理論中的「顫筆」從概念產生之初，並不附帶感情色彩和價值判斷，只是歷經了人為的曲解和演繹後，才被定性為一種刻意的、違反自然書寫法

則的用筆方式和價值觀念。尤其是到了清末民初李瑞清那裡，「顫筆」幾乎成為後世競相對其發起攻擊的靶心。

實際上，與曾熙、李瑞清有密切藝術交流的好友都心知肚明，人們誤解中的「顫筆」並不是李瑞清筆法的真意。對此，與曾、李常有文酒之會的好友符鑄（1882～1947）曾云：

> 清道人以篆籀之氣行於北碑，窮源攬勝，自是殊觀。晚年所作或不無波折稍過之處，然真氣貫注，自然流行。世人傲之，無其深造之功，但一意顫掣，變本加屬，古意全失。論者乃以是為道人詬病，夫豈其咎哉？〔註14〕

在符鑄看來，李瑞清的筆法從篆籀來，以篆籀入北碑，自然是別具一格，因此深得時人喜好，學之者不在少數。但模仿者「顫掣」過度了，變成了「抖筆」，以致「古意」全無，遭人詬病。為李瑞清鳴不平的自然還有好友曾熙和門人胡小石。胡小石在跋李瑞清臨《毛公鼎》中云：「學書者眾俗儒圖夫競尚北碑，雖五尺之童，初事操觚，未解平直，皆已稱《鄭文公》《張猛龍》矣。玩其所習，迷誤不諭，以顫掣為頓挫，目臃腫為古厚，此所謂羊質豹鞟，蒙黔驢以虎皮者也。」〔註15〕胡小石指出，時人以「顫掣」來代替「頓挫」，只是得到了北碑的皮毛，並未理解李瑞清用筆之三昧。然而，「澀筆」或「頓挫」似乎只能狀李瑞清筆法特徵之一隅，而不能狀其全貌，而其中奧秘也許只有與之朝夕相處的曾熙可以破解了。

前面已述，曾熙走上書法之路與李瑞清有直接關係，其寓滬鬻書後幾乎與李氏朝夕相處，在書法上的交流最為深入，可以說，曾熙是當時對李瑞清的書法審美觀念最熟稔和最認同的摯友。因此，曾熙是我們解決這一問題的直接突破口。曾熙並沒有明確提出過「顫筆」這個概念，但在他與門人朱大可的對話中有一段論述，極具價值：

> 李梅庵學書最勤，書中甘苦，知之最深。其一波三折，皆從頓挫提轉中來，所謂『行乎不得不行，止乎不得不止。』海上後生，學之不得，徒得其犬牙相錯之狀。不知者或咎梅庵作偽，此真梅庵

〔註14〕馬宗霍：《書林藻鑒‧書林紀事》，北京：文物出版社，2015年3月版，第247頁。

〔註15〕王中秀、曾迎三：《曾熙年譜長編》，上海書畫出版社，2016年版，第315頁。

之罪人也。〔註16〕

　　曾熙的論述與符鑄、胡小石等人不同，他道出了李瑞清「顫筆」的關鍵，即李氏用筆中的「一波三折」，都是「頓挫提轉」的結果。「頓挫提轉」包含了「頓挫」和「提轉」兩個相互區別又相互聯繫的概念（圖 3-2）。「提轉」是書法技法中的重要概念，由「提筆」和「轉筆」兩個方面，特別是「轉筆」往往需要手指和手腕的協調配合。以「提轉」為主的線條由於毛筆運行速度和力度相對均勻而顯得平滑、流暢，給人以明顯的節奏感和韻律感，因此達到氣息通暢的效果；而「頓挫」是以三代鼎彝和六朝碑刻等為代表的金石碑派書法作品的重要用筆特點和審美觀念，主張毛筆澀行於紙面之上，不使其一筆帶過，而是漸行漸頓，這樣才能表現出金石碑版的剝蝕、蒼樸之氣。以頓挫為主的線條由於毛筆運行速度和力度的不均勻性，會呈現出不規則的「節點」，給人以毛糙、遲澀的審美感受，顯得力量沉著，而這種審美感受也正是金石文字所特有的。同時，「頓挫」也是古代書論中討論筆法時不可逾越的話題，尤其在清人的碑學理論中多有闡發。如包世臣《藝舟雙楫》曾言：「余見六朝碑拓，行處皆留，留處皆行。凡橫、直平過之處，行處也；古人必逐步頓挫，不使率然徑去，是行處皆留也。」〔註17〕包世臣認為，六朝碑刻的用筆特點是「頓挫」，以留住筆，不使其輕滑平淡，這樣才是碑的味道。但是，包世臣對「頓挫」的解讀容易使人產生誤解，因為一味強調「頓挫」而忽視「婉通」，必然導致用筆的刻板和做作，這種傾向在他的書法作品中是有跡可循的。無獨有偶，蔣和《蔣氏遊藝秘錄》也曾提到「頓挫」：「頓挫與提頓相連，欲頓仍須提，既挫又須頓也。知頓，則精神完固，不可重滯；知挫，則骨節靈通，不可拖沓。」〔註18〕與包世臣相比，蔣和的認識到了「頓挫」要與「提頓」連接起來，才能達到「精神完固」和「骨節靈通」的雙重效果。相對而言，蔣和不僅指出了「頓挫」的重要性，而且明確了提、頓、挫三個動作的內在聯繫，已經與曾熙的「頓挫提轉」在概念內涵上非常貼近。

〔註16〕曾熙：《遊天戲海室雅言》，《明清書論集》，上海辭書出版社，2011 年版，第1459 頁。

〔註17〕〔清〕包世臣：《藝舟雙楫》，《明清書論集》，上海辭書出版社，2011 年版，第 1085 頁。

〔註18〕〔清〕蔣和：《蔣氏遊藝秘錄》，《明清書論集》，上海辭書出版社，2011 年版，第 867 頁。

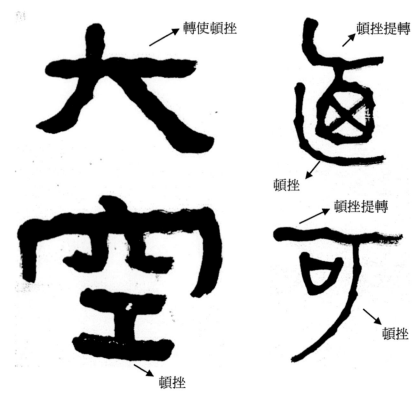

圖 3-2　李瑞清與曾熙作品中的「頓挫提轉」筆法對照圖示

見於《張大千的老師——曾熙、李瑞清書畫特展》第 190 頁、《曾熙書法集》第 21 頁

　　對於「頓挫提轉」的說法，李瑞清本人也有過非常相似的表述。1916 年他在自藏《泰山經石峪金剛經墨拓》的題跋中曾提到：

> 此齊經生書也。其源出於《虢季子白盤》，轉使頓挫，則《夏承》
> 之遺，與《匡喆刻經頌》、《般若文殊》、《無量義經》、《唐邕寫經》
> 為一體，特其大小殊耳。〔註19〕

　　李瑞清認為《泰山經石峪金剛經》的「轉使頓挫」筆法是對《夏承碑》的繼承。這裡的「轉使頓挫」本質上就是曾熙說的「頓挫提轉」，在語義上仍可分為「轉使」和「頓挫」兩個層次，一是強調筆法的「婉通」，一是強調筆法的駐留，實際上與曾熙的「頓挫提轉」同是一義。

　　曾熙指出，人們看到的李瑞清「顫筆」雖然看上去是「一波三折」，但並不是簡單的波浪型線條或者故作扭曲之狀，其動作要領在於「頓挫提轉」，所

〔註19〕李瑞清：《清道人論書嘉言錄》，《明清書論集》，上海辭書出版社，2011 年版，
　　　　第 1527 頁。

謂「行乎不得不行，止乎不得不止」，是一種「行」與「止」之間默契配合、順暢切換的用筆技巧。海上學李瑞清者，只看到了作為視覺假象的「顫筆」，而忽視了用筆的「提轉」，因此「徒得犬牙交錯之狀」。由此可見，人們通常所指的習氣「顫筆」和曾熙以「頓挫提轉」為內核的「顫筆」有如下不同：一、作為用筆習氣的「顫筆」是一種更加傾向於毛筆錐面上下不規則運動的用筆模式，具有隨意性和不可控性。而「頓挫提轉」則包含「提轉」和「頓挫」兩個概念，前者接近於毛筆錐面有規律的弧線運動，後者雖然包含主觀的縱向的「震顫」運動，還包含橫向的有規律的停駐與摩擦，明顯是一種非常理性且主觀可控的筆法模式；二、人們通常意義上的「顫筆」更加關注「震顫」本身的筆墨形態，而曾熙的「頓挫提轉」則更加關注「頓挫」和「提轉」背後的審美內蘊；三、通常意義上的「顫筆」人人可為，並不具有較高的技術含量。而曾熙的「頓挫提轉」具有較高的技術門檻，尤其注意了「提轉」和「頓挫」相輔相成的關係，使他筆下的線條氣暢力足，絕非俗流可為。總之，曾熙對李瑞清筆法的闡釋，既可以看作對外界曲解誤會李瑞清筆法的消解和抗議，也可以視為對自己「頓挫提轉」用筆觀念和審美趣味的表達。

圖 3-3　《泰山經石峪金剛經》拓片與李瑞清集字作品

右圖來自《張大千的老師——曾熙、李瑞清書畫特展》第 190 頁

其實,曾熙、李瑞清口中的「一波三折」「頓挫提轉」代表了清末民初一代書家對筆法的認識和思考。曾熙、李瑞清的好友黃賓虹以「平、圓、留、重、變」五字來統領筆法要訣,其中有一點與曾、李頗為合轍:「三曰:留……算術中之積點成線,即書法屋漏痕也。用筆側鋒,成鋸齒形。用筆中鋒,成劍脊形。李後主作金錯刀書,善用顫筆;顏魯公書透紙背,停筆遲澀,是其留也。不澀則險勁之狀,無由而生;太流則便成輕滑。筆貴遒勁,書畫皆然」〔註20〕。「屋漏痕」、李煜「金錯刀」、顏真卿「停筆遲澀」都是「留」的表現,其目的即實現險勁、遒勁的用筆效果,與曾熙的「頓挫提轉」可謂殊途同歸,只不過曾熙的「頓挫提轉」在技術上更加豐富。況且,黃賓虹與曾熙、李瑞清書畫交流密切,書法觀念上有很多共通之處也非常自然,他們都主張厚、重,反對輕、浮,成為清末民國一代書畫家的審美共識。

反過來看,大眾眼中曾、李的「顫筆」則是一個非常主觀且流於表面的概念,與曾熙審美意識裏的「顫筆」並等同,也不能準確地披露這種筆法背後書家真實的意圖和審美觀念。但鑒於「顫筆」的稱謂已為公眾所熟知、接受,故而不妨仍以「顫筆」為名來追尋曾熙、李瑞清相關審美觀念形成的深刻原因。

3.1.3 曾熙「顫筆」的成因

3.1.3.1 對傳統碑學筆法的反思與闡釋

隨著清中期鄧石如、伊秉綬的實踐和阮元《北碑南帖論》《南北書派論》的誕生,碑學審美觀念不斷深入人心,到了清末,碑學理論和實踐都已非常成熟,出現了何紹基、趙之謙、吳昌碩等一大批碑學書家和以康有為《廣藝舟雙楫》等為代表的一大批碑學理論著作,碑學運動發展到了歷史巔峰。到了民國之初,碑學風氣得以延續。然而,與清代中晚期的書家不同,隨著技術的進步、考古發現的推進和思維觀念的轉變,這一時期的書家具備了更開闊的書學視野和更具革新性的審美價值觀念。他們已經不再沉浸於「中實」「氣滿」「筆筆中鋒」這些前人對筆法的斷想和聚訟中,而是開始從大量的實踐中去反思和闡述傳統碑學筆法的科學性和合理性,探尋真正適合碑學系統的筆墨語言機制。曾熙和李瑞清就是典型的代表,他們有一個共同的特點,

---

〔註20〕黃賓虹:《黃賓虹文集·書畫編》(下),上海書畫出版社,1999 年版,第 159 頁。

就是二人都兼擅多體，上到三代鼎彝，中到兩漢碑刻，下到六朝誌銘均有涉獵，通過大量的筆墨實踐系統地對碑學源流進行梳理和探索，基於對前人筆墨經驗的反思和總結，親身力行進行大量實踐，最終以「顫筆」作為闡釋金石碑版審美趣味的突破口。

　　首先，曾熙對被世人公認為清代中期碑學大家的鄧石如和伊秉綬進行了質疑：「本朝言分，伊鄧並稱。伊守一家，尚涵書卷之氣；鄧用偃筆，肉丰骨嗇。轉相模效，習氣滋甚」〔註 21〕。包世臣在《國朝書品》中將鄧石如的篆隸書列為「神品」，而曾熙認為鄧石如分書用「偃筆」，導致線條的骨力下降，是非常不足取的。對於「偃筆」，其實前人已有闡發，董其昌曾批評蘇東坡：「坡公書多偃筆，亦是一病」。由此可見，「偃筆」即我們平時所講的側鋒，鄧石如以側鋒入隸，豐富了隸書的筆墨情趣，卻導致骨力薄弱，而伊秉綬的問題則主要在於間架結構。

　　　　唐以來，凡為隸分，皆從楷書蛻，墨卿且不免，惟完白能窮究
　　篆勢，其氣骨頗厚實。〔註 22〕

　　曾熙認為，伊秉綬以楷書法寫隸分，顯然不如鄧石如的以篆法寫隸分更顯高古。這是因為前者是「以唐溯漢」，後者是「以秦窺漢」，立足點不同，高下自分。但我們發現曾熙對鄧石如的評價貌似前後矛盾，既認可了他的「窮究篆勢」「氣骨厚實」，又批評了其「肉丰骨嗇」。實際上，曾熙的理論並非前後牴牾，只是他對鄧石如的以篆入分是認可的，但對其以「偃筆」入分是否定的。在他眼裏，無論是伊秉綬的「從楷書蛻」還是鄧石如的「肉丰骨嗇」，都是由於二者沒有擺脫碑學視野的束縛，而上升到更高的金石學視野中去審視書法的發展源流。這種邏輯，實際基於曾熙崇古溯源的書體源流觀。他認為，既然三代是書法發展的源頭，就應該從三代鼎彝中去追尋正宗的筆法，而不應囿於兩漢碑版和六朝誌銘，這樣才能打開境界。他在評李瑞清書法時曾言：「梅道人以周金作篆，兩漢窺六朝，所謂由崑崙觀四瀆之到海」〔註 23〕，深刻反映了曾熙「居高臨下」的筆法觀照方式。周金屬於三代鼎彝範疇，是碑學系統外並處於其上游

〔註 21〕曾熙：《農髯論書墨蹟》，《明清書論集》，上海辭書出版社，2011 年版，第 1465頁。

〔註 22〕曾熙：《農髯論書墨蹟》，《明清書論集》，上海辭書出版社，2011 年版，第 1467頁。

〔註 23〕曾熙：《書畫題跋》（選輯），《明清書論集》，上海辭書出版社，2011 年版，第1466 頁。

的書法存在形式，其核心筆法即古篆筆法，也就是曾熙「頓挫提轉」筆法的來源。「頓挫提轉」有兩個核心內涵：一是「頓挫」，是「力」的要求。正如前麵包世臣所言，作為典型的碑學筆法，「頓挫」是力量和速度有機結合的產物，要「行處皆留，留處皆行」，表現出石刻作品的蒼茫感和金石氣；二是「提轉」，是「氣」的要求。孫過庭曾云「篆尚婉而通」，「提轉」才能氣息通暢，一味「頓挫」就會陷於滯澀，失去線條的活力。包世臣以「中實」「氣滿」「鋪毫」「用曲」「行處皆留，留處皆行」等多個維度來闡述碑學的用筆要訣，顯得凌亂而瑣碎，容易令人無所適從，而曾熙的「頓挫提轉」則將包氏的筆法囊括在內，並勾勒了「頓→挫→提→轉」這個完整的筆法生態系統。

其次，曾熙除了對以兩漢碑刻著稱的鄧、伊二人進行批評外，還對當時的魏碑流弊頗有微詞。

> 今人惑於包安吳之說，初學作書，即臨魏碑，不知魏碑筆力沉著，多從古篆分隸得來，不與此中下一番工夫，無怪其字字臥於紙上也。〔註24〕

民國時期的上海，魏碑頗受歡迎，康有為更是標榜魏碑有「十美」，推波助瀾，影響甚大。不少學書者直接從魏碑入手進入碑學風格系統，筆力困弱，「字字臥於紙上」。曾熙認為，這都是包世臣書學理論所致的流弊。在他看來，魏碑筆力挺健，其源頭就是古篆分隸，不究此秘，魏碑是無法寫好的。朱大可曾言，曾熙教授門人書法，一定要從毛公鼎或散氏盤開始，熟練後方可進入石門頌，篆分達到一定功力後，才會准許他們臨摹魏碑。顯然，這樣做的最主要目的就是提升筆力。朱大可20世紀二十年代初開始從曾熙學書，他的筆記《遊天戲海室雅言》記錄了曾熙教授門徒習書的全過程，很有可信度。除了魏碑用筆的「力」來自古篆分隸，曾熙還認為要以篆書筆法之「圓」去破魏碑之「方」，「造像以篆書之法，掠其天機，遂有妙處，倘索形雕寫必滯笨無味矣」〔註25〕，這樣才能從本質上提升魏碑的藝術境界。其實不僅北碑，對於南碑他也是這樣做的，我們從曾熙多幅臨《瘞鶴銘》的作品中，都能看到篆書筆法的引入（圖3-4）。

〔註24〕曾熙：《遊天戲海室雅言》，《明清書論集》，上海辭書出版社，2011年版，第1456頁。

〔註25〕曾熙：《農髯論書墨蹟》，《明清書論集》，上海辭書出版社，2011年版，第1466頁。

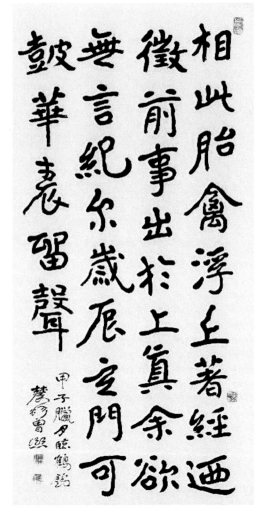

圖 3-4　曾熙臨《瘞鶴銘》條幅

私人藏

在劉熙載的《書概》中有「書要有金石氣，有書卷氣」的論述，「金石氣」作為與「書卷氣」並列的概念被正式提出，標誌著清代碑學審美話語系統逐步完善。但在筆法上，眾多書家仍以「石」為正宗，能以「金」窺「石」並將二者的筆法納入一個系統中考量的，則鮮有其人。曾熙能站在金石學的高度來深入反思和闡述碑學筆法體系的構建，尤其他主張無論兩漢隸書還是南北碑都應該以古篆作為筆法源頭，是極具創新意義的。

3.1.3.2　對古篆筆法的提煉與昇華

曾熙將古篆作為筆法的源泉，那麼解讀古篆筆法也就成為我們理解曾熙

筆法的切入點。曾熙對古篆的無上標榜既可被其書法理論資料所證實，又可以從貫其一生的臨摹和創作生涯中找到線索。他在 1929 年回顧早年學書生涯時曾言：「棄劍而學書，篆分日委蛇」，可見曾熙很早就對篆分的「委蛇」特性所吸引。根據李瑞清《衡陽曾子緝鬻書直例引》「季子則學石鼓、夏承、華山、史晨、太傅、右軍、大令，尤好鶴銘、般若，自號南宗」的敘述，我們可知曾熙學篆最早是從《石鼓文》得精髓的，後來受到李瑞清的影響，主張「求篆必以金」，上溯到三代彝器中去汲取營養。三代彝器在曾熙、李瑞清眼裏屬於古篆的範疇，與「二李」為代表的小篆在筆法上拉開了較大的距離。關於古篆的筆法，我們似可從他的題跋中窺得一二：

> 今人惑於包安吳之說，初學作書，即臨魏碑，不知魏碑筆力沉著，多從古篆、分隸得來，不與此中下一番工夫，無怪其字字臥與紙上也。〔註26〕

> 篆法求之三代彝器，變化備矣！若拘拘於小李，則與斲木為圓何異？〔註27〕

> 此石謹嚴，學者易病局促，師鄧篆法以追石鼓，則筆扁鋒削，已失古人渾灝之氣。因以周金器參寫之，庶失之扁削與笨滯者，得資補救焉。〔註28〕

從曾熙以上的三段論述中，我們可以將古篆筆法的特點概括為以下幾點：一是筆力沉著。因此曾氏對時人學書直接從魏碑入手的做法頗為質疑，認為只有先寫古篆、分隸，才能獲得強健的筆力；二是變化多端。三代彝器除了具備小篆的圓筆、中鋒等特質外，還蘊含著豐富的筆法變化，這一點是「二李」篆書所缺乏的；三是有渾灝之氣。即金石作品所特有的「篆籀氣」，尤其以西周青銅銘文為代表。曾熙對鄧石如「筆扁鋒削」的質疑主要立足於對大、小篆筆法優劣的考量。小篆主要刻於石上，線條單一，以《石鼓文》為近祖；而大篆澆鑄於青銅器（即「金」）之上，線條多變。載體材質的差異決定了其筆法系統的不同。孫過庭云「篆尚婉而通」，大篆除了線條的「婉通」外，還

〔註26〕曾熙：《遊天戲海室雅言》，崔爾平編：《明清書論集》，上海書畫出版社，2011年版，第 1456 頁。

〔註27〕曾熙：《集頌鼎聯》，私人藏。見於《曾熙年譜長編》，上海書畫出版社，2016年版，第 440 頁。

〔註28〕王中秀、曾迎三：《曾熙年譜長編》，上海書畫出版社，2016 年版，第 273 頁。

有有小篆所缺乏的「渾灝之氣」、豐富的筆法變化及一種鬱鬱勃發的生命活力，這些都是「二李」以及鄧石如的小篆所無法達到的。正如著名畫家黃賓虹在《國畫之民學》中所言：

> 大篆外表不齊，而骨子裏有精神，齊在骨子裏。自秦始皇以後，一變而小篆，外表齊了，卻失掉了骨子裏的精神。西漢無波隸，外表亦是不齊，卻有一種內在的美。〔註29〕

因此，從筆法變化和視覺張力的角度來看，曾熙認為大篆優於小篆也不無道理。那麼，曾熙是怎樣對古篆筆法進行提煉和昇華的呢？

上文提到，曾熙的「顫筆」是以「頓挫提轉」為核心要義的，而「頓挫提轉」正是從古篆中來，又對古篆進行了語義的延伸。主要表現在兩個方面：

一是將古篆遒勁虬曲的特徵進一步誇張，提升古篆筆法視覺張力，同時加大了行筆中線條波動的幅度，通過這種古篆「肌體」的改造，使之煥發出飛動的精神氣息。為了更好地說明曾熙對古篆筆法的改造，筆者特選取曾熙臨摹《毛公鼎》《散氏盤》《頌鼎》《師友敦》中的部分字例與金文原字進行對比（表3-1）。如「巠」字的首筆橫畫，曾熙的臨本變直為曲，提高「振幅」，如同「顫掣」而成，加上原字本有的斜勢，顯得更加精神飛動；「永」「若」「乍」「對」「酉」「年」等字都善於「用曲」，正如李瑞清所言「筆筆如鐵鑄之」，結構上顯得更加舒朗開闊，使三代彝器恢弘渾穆的精神特質更加凸顯。

表3-1　曾熙對古篆筆法改造與原作對照表

作　品	《毛公鼎》		《散氏盤》		《頌鼎》		《師友敦》	
例字	巠	永	若	內	乍	對	酉	年
原拓								
曾熙臨本								

〔註29〕黃賓虹著、王中秀選編：《黃賓虹論藝》，上海書畫出版社，2012年版，第208頁。本文原載1948年《民報》副刊《藝風》第33期。

二是在古篆流麗圓轉的筆法運動中加入頓挫和提按，破圓為方，方圓並用，表現出時而婉通、時而頓挫的空間節奏和時間節奏。在此基礎上，曾熙發現了古篆筆法和畫法的內在關聯，他曾在《曾農髯與張善孖論書畫之問答》中云：

> 古人稱作畫如作書，得筆法；作書如作畫，得墨法。前義允矣。
> 後義墨法，云猶宋元以後書家之言耳。

> 以篆法言之，書家筆筆皆畫法也；以筆之轉使頓宕，究何異寫古松枯樹。古稱吳道子畫人物為蓴菜條，即篆法也。篆法有所謂如枯藤，畫法也。

> 吳仲圭畫松皆篆法，王叔明勾水亦籀文。吳固不能篆，王篆又反不如勾水，此畫不能入書也。〔註30〕

曾熙認為，「以書入畫」是就筆法而言，古篆的「轉使頓宕」與古松枯樹同是一筆。「以畫入書」則是講究墨法，如枯藤，則是畫法。因此曾熙不僅「以書入畫」，而且把畫法裏濃淡枯濕的墨法引入書法中，再加上「頓挫提轉」的「顫筆」，使古篆筆法更加富有藝術表現力，達到無法不備的境界。如以上示意圖中的「永」「內」「酉」等字都加入了枯筆，再加上頓挫、提轉等筆法，使古篆的線條擺脫了「澆鑄」的製作感，更加浪漫和率意，富有筆墨意趣。我們曾在第二章「浪漫寫意的篆書」一節闡釋了曾熙筆法與畫法參通的具體表現，在此不再贅述。

綜上，曾熙的「頓挫提轉」筆法從古篆中來，又在古篆用筆的基礎上進行了深化和昇華，使其旁通畫法，成為一種可以直接嫁接到碑學創作中的獨特筆法。

3.1.3.3 對何紹基「澀筆」的繼承與改造

眾所周知，何紹基以顏底碑面的行書著稱於世，被後世稱為碑帖融合的代表人物。相比之下，很少有人對他的隸書給予關注，而曾熙很早就發現了何氏隸書的價值。在清代書家中，曾熙最為推崇的有三家，一是錢南園，二是何道州，三是翁覃溪，這一點我們在前面已經提到。其中，他又對何紹基的隸書情有獨鍾：「蝯叟各體：分第一，篆次之，真行又次之。今人實其真、行，所謂識武夫也。」〔註31〕曾熙之所以會得出這樣的結論，與他一生主攻

〔註30〕王中秀、曾迎三：《曾熙年譜長編》，上海書畫出版社，2016年版，第375頁。
〔註31〕曾熙：《遊天戲海室雅言》，《明清書論集》，上海辭書出版社，2011年版，第1459頁。

篆分密不可分。關鍵是他從篆分中悟得了「一以貫之」的筆法語言，即古篆。而他在此基礎上又繼續歸納提煉出了「頓挫提轉」四字，補救了鄧石如以「偃筆」寫分書與伊秉綬以楷書入分書的弊端，這種筆法的獲得最早就源於何紹基的啟迪。

「頓挫」中的「節點」　「提轉」中的「節點」

圖 3-5　何紹基臨《石門頌》局部及筆法示意圖

上海私人收藏

何紹基以獨創的「回腕法」作書著稱，曾言：「每一臨寫，必回腕高懸，通身力到，方能成字，約不及半，汗浹衣襦矣」〔註 32〕。有研究者認為何紹基號「蝯叟」是因為其臂長如「蝯」，其創「回腕法」也正是基於這一點。無論如何，何氏的「回腕法」並不具有普適性，甚至對於常人而言，這無異於一種違背自然生理規律的執筆法，費力而不討好。然而，也這是這種嘗試使何紹基獨闢出以「澀筆」寫篆隸的蹊徑，使其呈現出「存閒雅於恣肆之中，發生新於甜熟之外」〔註 33〕的新風。其中，「生新」即是「澀筆」的內在表現。

在書法理論中，古人常將「疾」和「澀」對舉，蔡邕《九勢》稱：「疾勢，出於啄磔之中，又在豎筆緊趯之內……澀勢，在於緊駃戰行之法」，「緊駃戰行」是形容戰馬時而停駐迴旋時而奔騰疾馳之狀。對於「疾」「澀」與行筆速度「快」「滿」的關係，劉熙載進行了澄清，他在《書概》中云：「古人用筆，不外『疾』、『澀』二字。澀非遲也，疾非速也。以遲速為疾澀，而能疾澀者無之」，又云「惟筆方欲行，如有物拒之，竭力與力與之爭，斯不期澀而自澀矣」。可見，劉熙載認為的「疾」不等同於速度上的「速」，「澀」也並不是速度上的「遲」，而是並含一種抗拒之力，這種力無法直接訴諸於

〔註 32〕〔清〕何紹基：《東洲草堂書論抄》，崔爾平編：《明清書論集》，上海辭書出版社，2011 年版，第 1136 頁。

〔註 33〕曾熙：《遊天戲海室雅言》，《明清書論集》，上海辭書出版社，2011 年版，第 1459 頁。

筆畫形態之上，卻又蘊含於筆墨之內。曾熙曾評價何紹基「無一滯筆，無一率筆，張萬鈞之弩，欲發而持之」〔註34〕，其實正是對其「澀筆」的精當描述。何紹基「澀筆」的實現除了長峰羊毫和「回腕法」的輔助外，更多地是出於其對碑學筆法的理解，通過這種逐步頓挫、提按的方式來體現斑駁、生拙的金石氣息。實際上，對於「澀筆」，古人早有論述，如唐代韓方明在《授筆要說》中說：「不澀則險勁之狀無由而生，太流則便成浮滑，浮滑則是為俗也。」〔註35〕只是在碑學興起的清代，「澀筆」被書家用來作為醫治甜俗、流滑帖學俗氣的良方，尤其在碑版文字的臨寫上得到較為廣泛使用。例如，《何道州臨石門頌墨蹟》〔註36〕冊頁是何紹基1862年冬所書，這時他已經63歲，當屬晚年成熟期的臨摹之作，較能代表何紹基對漢碑筆法的理解。從該冊中可見，用筆上的「頓挫」多於「提轉」，以至於很多字中出現了明顯的不規律的「節點」（圖3-5），雖然金石文字的「澀感」油然而生，卻顯得頗不自然，如「府」字；另如「佐」字的橫、豎，「文」字的橫、撇、捺等筆畫中「轉筆」與「頓挫」搭配使用，則產生相對規律的「節點」，相較單純的「頓挫」而言通暢感則大大提高。在曾氏看來，何紹基的「澀筆」雖然頻用「頓挫」，顯得生拙艱澀，卻無乖「提轉」，又能精神婉通，因此「無一滯筆，無一率筆」，仍然是「碑學」筆法的合理模式。然而，曾熙並沒有完全因襲何紹基的筆法，而是在繼承的基礎上對其進行了改造，他將何氏「澀筆」的「頓挫」予以繼承，在此基礎上突出了「提轉」的作用，使線條變得既生而澀，又婉而通，不像何紹基那樣偶出「鋸齒狀」的奇怪之筆。

何紹基臨寫的《石門頌》尚不多見，但《張遷碑》頗為常見，成為曾熙日常學習何紹基筆法的直接藍本。我們從1921年曾熙《隸書課徒卷》中臨《張遷碑》中遴選單字與何紹基1862年臨《張遷碑》第八十六通中的單字進行對比發現（表3-2），曾熙在筆法上對何氏做了以下改造：一是降低了筆畫提按的幅度，如「有」「南」「廣」「戎」字的橫畫，整體上變曲為直，但又保留了微妙的變化；二是「頓挫」與「提轉」結合。「頓挫」強調行筆的

〔註34〕曾熙：《農髯論書墨蹟》，《明清書論集》，上海辭書出版社，2011年版，第1468頁。

〔註35〕〔唐〕韓方明：《授筆要說》，《歷代書法論文選》，上海書畫出版社，1979年版，第287頁。

〔註36〕根據文獻資料所載，此冊頁原為曾熙弟子許冠群所藏，曾熙於1926年為之署檢。後被曾氏後人購得。

力量和節奏，與筆畫的曲直沒有直接關係，而「提轉」則注重筆畫的曲線運動。二者有機結合起來，也就克服了一味「頓挫」帶有的鬱結感與造作感，使線條氣息如「折釵股」般圓通。曾熙以「頓挫提轉」的筆法改造了何紹基的「澀筆」，雖然形成了一套自成體系的筆法語言，保證了篆、隸書的線條質量。不可否認，這種改造也有自身的弊端：首先，曾熙的「頓挫提轉」雖然來自古篆筆法，有利於掃除清人以「偃筆」和楷法作隸的積習，但過度使用，必然會從一種刻板走向另一種刻板，給人造成欣賞上的不適；其次，曾熙的「提轉頓挫」主要依賴於腕力，理性多於感性，對長鋒羊毫的依賴性不大，很難獲得意外之效果。我們通過實物考察和文獻解讀也可以發現，曾熙是紫毫、長峰羊毫兼用的，只是格外看重筆的彈性。相比之下，何紹基的「澀筆」則以長峰羊毫表現最佳，往往可以獲得意想不到的效果，正如蔡邕所云「惟筆軟則奇怪生焉」。如「廣」字的橫畫、「通」字的捺畫都是羊毫筆鋪毫逆入的典型效果，而曾熙所臨的相應部分則顯得變化單調，韻味自然也就會打折扣。

表 3-2　曾熙臨《張遷碑》與何紹基臨《張遷碑》〔註37〕局部對照表

何臨	有	張	廣	通	風	定	南	戎
曾臨	有	張	廣	通	風	定	南	戎

3.1.4　「顫筆」的美學價值

　　姜夔在《續書譜》中云：「筆正則鋒藏，筆偃則鋒出，一起一倒，一晦一明，而神奇出焉。故一點一畫，皆有三轉；一波一拂，皆有三折」。〔註38〕在中國書法理論中，對筆法的探討可謂汗牛充棟，凡順逆、藏露、曲直、方圓、輕重、向背等無不涉及，然究其本末，皆不悖陰陽剛柔之大統，體現出不同的審美本質。曾熙的「顫筆」以「一波三折」的「頓挫提轉」為形式語言，但其背後蘊含的是書家對藝術美與自然美的追求。

〔註37〕《何紹基臨張遷碑》，民國拓本，私人藏。
〔註38〕姜夔：《續書譜》，《歷代書法論文選》，上海：上海書畫出版社，2012 年 8 月
　　　　版，第 388 頁。

3.1.4.1 以「頓挫」顯陽剛生拙之美

近代著名書畫家呂鳳子認為：「凡屬表示愉快感情的線條，無論其狀是方、圓、粗、細，其跡是燥、濕、濃、淡，總是一往流利，不作頓挫；轉折也不露圭角的。凡屬表示不愉快感情的線條，就一往停頓，呈現出一種艱澀狀態，停頓過甚的就顯示焦灼和憂鬱感」〔註 39〕在這裡，呂鳳子將用筆中的線條形態與人的情緒巧妙地聯繫起來。雖然，我們無法通過曾熙的書法作品去印證呂氏理論的合理性，但仍可以循此去揣測曾熙以一種新潮甚至有些怪誕的「顫筆」風行於海上書壇的出發點。曾熙雖然意絕仕途，但在上海的生活境遇尚算平穩優渥，整體上優於李瑞清，其成長經歷也並不像李瑞清那樣淒慘，甚至其晚年還有不少餘錢並託譚延闓幫助理財。因此，從曾熙的日常生活狀態和心理狀態可以判斷，其「顫筆」的風格與其人生境遇和情緒的關係不大，而是出於一種純粹的藝術審美心理。

筆者認為，曾熙的「頓挫提轉」是其對書法的陰陽之道、剛柔之美在筆法層面的高度提煉。「頓挫」筆法碑、帖中皆有，但相對而言多見於金石碑版作品，其核心是以運筆時間節奏的變化來營造陽剛生拙之美；而「提轉」則根植於篆、隸、楷、行、草五體中，相對於「頓挫」而言，是所有書法作品必不可少的筆法要素，更加突出筆法運動的空間節奏，正如孫過庭《書譜》：「一畫之間，變起伏於鋒杪；一點之內，殊衄挫於毫芒」〔註 40〕，其核心要義則是展示書法的陰柔之美和流便之致。

清末民初碑學系統下的書家普遍重「頓挫」，以此來表達對碑版陽剛之氣的理解。在書法實踐上，沈曾植就是其中的代表人物。如以沈曾植的《黃花石枕七言聯》（圖 3-6）為例，我們能從字裏行間發現這種「頓挫」所流淌出的陽剛之美無處不在。「頓挫」筆法最典型的當屬「黃」「酒」「重」「石」「匡」等字的橫畫，我們似乎可以從這些斑駁如「鐵鑄」的橫畫中體會到書家運筆時的時間節奏。尤其是「重」字的橫畫並沒有看到轉筆的痕跡，只是行、頓、提的反覆循環，因此線條中帶有許多距離不均勻的「節點」，這正是一味「頓挫」所致。因此，曾熙評價沈曾植曰：「工處在拙，妙處在生，勝人處在不穩」〔註 41〕。誠

〔註 39〕呂鳳子：《中國畫法研究》，上海人民美術出版社，1978 年版，第 47 頁。
〔註 40〕孫過庭《書譜》，《歷代書法論文選》，上海：上海書畫出版社，2012 年 8 月版，第 125 頁。
〔註 41〕馬宗霍：《書林藻鑒 書林紀事》，文物出版社，2015 年 3 月版，第 244 頁。

然，曾熙也早已發現了「頓挫」用筆在調節筆墨力量和氣息上的意義，如他
對《坐有人盡八言聯》（圖 3-7）等作品的處理就體現了這一點。這件作品間
架結構還是《張黑女》的基底，但如果一味使用《張黑女》光潔潤澤的線條，
恐怕整篇氣息就會失之屢弱，於是曾熙就將「頓挫」筆法糅入到「坐」「言」
等橫畫較多之字，這樣金石氣息就顯得濃鬱了很多，調節了整個作品的剛柔。
當然，曾熙筆法中的「頓挫」已經與「提轉」融為一體，因此看不到那麼明顯
的「節點」。

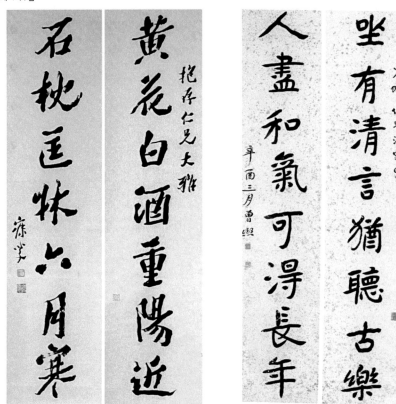

圖 3-6　沈曾植《黃花石枕七言聯》　圖 3-7　曾熙《坐有人盡八言聯》
　　　　　　私人收藏　　　　　　　　　　《曾熙書法集》第 152 頁

　　無獨有偶，曾熙曾從不同角度批評鄧石如和伊秉綬的隸書，而對何紹基
大加讚賞，稱其有「不世出之才」，其實上也蘊含了對筆法優劣的評騭。從筆
法上，鄧、伊二人的隸書線條都是以中鋒圓轉為主，伊更是鋪毫直過，形同
刷字，而何紹基寫隸書則逐步「頓挫」，變化豐富，顯得更富金石氣。基於這
樣的審美理念，曾熙寫篆、隸、楷等體都無不「頓挫」澀行，以增強毛筆殺鋒

入紙的力度，彰顯筆法的陽剛生拙之美。

3.1.4.2 以「提轉」見陰柔流便之致

按照呂鳳子的說法，如果說「頓挫」的線條表現艱澀和生拙的話，那麼「提轉」的線條則表現為歡快和流便。「提轉」的運筆動作在筆畫形態上表現為婉通順暢的曲線，與剛性的直線不同，這種曲線運動既反映了書法運動的時間性和空間性，也蘊含著優雅婀娜的生命之美。對於書法的曲線運動，邱振中先生曾言：「在二維空間中，表現時間特徵也非常方便，線條（或者說筆觸）在其中的運動－曲線運動，便能很好地反映時間的推移，書法即為典型的例子」〔註42〕可以看出，邱振中先生的闡述是以書法運動的空間性和時間性為邏輯起點的。而對於書畫藝術中曲線的張力，褚哲輪《變易美學》則提出「S線」和「圓」的最具視覺張力：「所有不同的變化都表示著線條『張力』的方向和大小的不同，其中以『S線』和『圓』的變易層次最高」〔註43〕曾熙雖然沒有對其「提轉」的用筆有過多的理論闡述，但他的各體作品中處處滲透著「圓筆」和崇尚曲線之美的審美意識，他提出的「篆隸以委迤養氣」即是有力證明，褚哲輪提出的「圓筆藏鋒、一波三折，乃『含忍之力』，所謂渾厚華滋之『內美』全由圓筆寫出」〔註44〕與曾氏的觀點暗合。1921年曾熙《隸書課徒卷》中有一件臨《盠匜鼎》，他在題跋中云：「隸書渾鬱，無一平筆，聖手也」。可見，曾熙深諳作書最忌「平筆」，而應破直為曲。

實際上，書法理論家很早就發現了書法的曲線美，並對其進行了深刻美學思考。包世臣《藝舟雙楫》曾反覆強調「曲」在書法經典中的意義：

> 古帖之異於後人者，在善用曲。堂信其然也。褚登善楷書多曲線，故耐看。顏清臣略曲，篆籀之意生焉。歐陽信本、柳誠懸則趨直，趣寡矣！宋以後行書，大多直白而乏韻味，以其直來直去故也。〔註45〕

〔註42〕邱振中：《在第三維與第四維之間》，《書法與繪畫的相關性》，北京：中國人民大學出版社，2011年第1版，第128頁。

〔註43〕褚哲輪：《變易美學》中卷，吉林：吉林大學出版社，2012年第1版，第11頁。

〔註44〕褚哲輪：《變易美學》中卷，吉林：吉林大學出版社，2012年第1版，第82頁。

〔註45〕包世臣：《藝舟雙楫》，《歷代書法論文選》，上海：上海書畫出版社，2012年8月版，第667頁。

　　包世臣非常注重古帖中的「曲」，並指出太直書法的「韻味」也就沒有了。
由此可見，提倡用「曲」並不是碑學的專利，而是包含帖學、碑學在內的所有
書法系統中的筆法要件，比如《石門頌》等漢代碑刻、褚遂良楷書，二王行
書、懷素和黃庭堅草書，等等。與包世臣的揚「曲」抑「直」不同，劉熙載
「書要曲而有直體，直而有曲致」的觀點則顯得更為辯證。歸根結底，書論
中提倡用「曲」的理念是基於毛筆獨特的運動機制和人們對書法本身審美特
質的思考。如圖，黃庭堅草書《諸上座》（圖 3-8）以優美暢快的線條著稱，
如「復」字的「彳」、「所」字的長橫、「一」字、「遺」和「友」字的捺畫無不
體現出草書的曲線美和韻律美。曾熙的《盤中坐上六言聯》雖為隸書，但線
條同樣體現出曲線的韻律感，在這件作品的字裏行間，曲線似乎無處不在。
然而，與黃庭堅草書曲線的自然優美不同，曾熙隸書中的曲線顯得理性而遲
澀，能夠看出其運筆皆有意而為之。如「自」字（圖 3-8）的上下兩個橫畫都
是直而澀，而為了調節氣氛，中間的兩筆以「提轉」為主。顯然，曾熙深諳書
法「陰陽」之道，如果說「頓挫」的滯澀和生拙屬於陽剛之美的話，那麼以
「提轉」實現線條的婉通流轉則詮釋了書法的陰柔流便之美，二者一徐一疾、
一靜一動，體現了書法獨特的節奏感和韻律美。

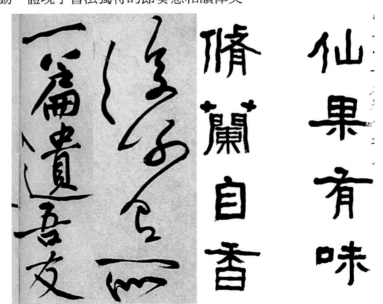

圖 3-8　黃庭經《諸上座帖》局部和曾熙《盤中坐上六言聯》局部曲線對比

左圖見於黃庭堅《諸上座帖》，上海書畫出版社，2008 年版；右圖見於嘉德 2009 年
秋拍，LOT：0472

　　需要注意的是，一旦把這種「提轉」的曲線之美普遍運用到所有的筆畫形態中去，就容易引起觀者的審美疲勞，使人看上去千篇一律，反而在一定程度上降低了線條原有的個性和張力。顯然，對於大眾的審美接受而言，曾熙的「顫筆」正面臨著此種困境。對於單一筆法的重複使用，邱振中曾說：「誇張的界限是難以把握的，如果說把一個點『誇張』成一件五六行的條幅還可以接受的話，『誇張』成一二丈的手卷就多少有單調與做作之嫌，如果再『誇張』到一個時期，『誇張』到眾多作品，那就是令人討厭的程式化了」〔註46〕其實，曾熙已經意識到這個問題，並在他的作品中有意規避這種單調和重複，只不過需要細緻入微的觀察才能發現。例如，曾熙不少楷書對聯中都有「風」字（圖3-9），他的處理都格外講究技巧。為了避免視覺的雷同，他「風」字的「丿」和「乀」都是「提轉」和「頓挫」搭配使用。例左上的「風」字「丿」為頓挫，「乀」為「使轉」，右上和左下的「風」字規律相同；而右下的「風」字則正好相反。這些細節再次透露了這樣一個信息：曾熙的「提轉」和「頓挫」是一種相互配合的關係。這也再次印證了，他的「顫筆」並非「習氣」，而是一種運筆技巧和審美理念的表達。

圖3-9 曾熙不同「風」字的「提轉」與「頓挫」筆法應用示意圖

　　因此，作為習氣的「顫筆」可視為人們對於「顫掣」這種違反自然原則的筆法運動模式的戲謔與批評，同樣也是對曾熙「提轉頓挫」筆法的誤讀。曾熙以「頓挫」「提轉」兩種筆法模式運用在不同風格的作品中，分別表現用筆節奏的艱澀與圓通，其本質是以這種符號性語言來表現書法的陽剛生拙之美和陰柔流便之致，也是曾熙對融合碑帖、調和剛柔的審美觀念在技法層面的探索。事實上，曾熙「顫筆」的意圖在表現「美」，而在部分觀賞者眼中則化為「丑」。這並不令人意外，因為藝術傳達與藝術接受的不對等性普遍存在於藝術審美和鑒賞活動中，其根源在於，受眾對於作品優劣的評價受自身文化修養、審美經驗、個人好惡等複雜因素的影響，有時並不能準確揣測藝術

〔註46〕邱振中：《書法的形態與闡述》，北京：中國人民大學出版社，2005 年第 1 版，第 37 頁。

家本身的意圖，審「美」為「丑」就在情理之中了。總之，「顫筆」問題是我們認識曾熙書法藝術價值的基本問題，繞過這一問題，我們就很難對曾熙書法成就做出理性而公允的評價。

3.2　曾熙創作與「顫筆」

3.2.1　曾熙用筆、執筆與「顫筆」

　　南宋姜夔曾云「折釵股者，欲其曲折圓而有力」〔註47〕，作為民國碑學中堅的曾熙對用筆力量有著很高的要求，「頓挫提轉」也正詮釋了他對如何表現筆力的理解，他主張從古篆入手、主張多習、主張運腕都是為了增強筆力。除了主觀意識上對筆力的追求，曾熙在用筆上也非常注意。曾熙好友楊鈞曾在《怪筆》中言：

> 李梅庵為余至交，見其作書至久，大抵以濃墨膠筆，務使堅結。臨用之時，咬開分許，即以作字。曾俟園亦復如此，前日俟園之子來談，余詢其父近來運筆有無變更，則曰『如臨篆隸，則發筆毫五分之二；作六朝書，則發五分之一』又有客云，其友劉某得曾俟園運筆之秘，其法以線纏筆毫五分之四，再塗以漆。

余見俟園弟子所用之筆，乃未析豬鬃，更於新瓦上畫圈以去其末。〔註48〕

　　通過楊鈞這位曾熙近友的記錄我們得以窺見曾熙用筆的「奧秘」：「臨篆隸，則發筆毫五分之二；作六朝書，則發五分之一」。從楊鈞的話來看，曾熙為了保證筆毫的堅挺，筆肚到筆根部分都不發開，同時根據寫的書體的差異而筆鋒發開不同的長度。曾熙這樣做的原因或許在於篆隸書要求用筆飽滿而有力，而六朝書則相對瘦硬細勁，故而後者發筆長度要小於前者。並且，楊鈞通過曾熙之子與友人所言和自己所見多方位證實了曾熙喜用「硬筆」，並給學生帶來了相應的影響。其實，曾熙、李瑞清的這種「癖好」與何紹基有著某種關聯。譚延闓曾在 1915 年 12 月 20 日的日記中寫道：「發新筆一支，用道士得何蝯叟法，僅發其半」。譚氏用毛筆「僅發其半」原來是李瑞清影響，而李氏則稱從何紹基處得此法。至於何紹基是否只用長峰

〔註47〕〔宋〕姜夔：《續書譜》，《歷代書法論文選》，上海書畫出版社，1979 年 10 月版，第 388 頁。
〔註48〕楊鈞：《草堂之靈》，嶽麓書社，1985 年版，第 54 頁。

羊毫而不用硬毫,《譚延闓日記》曾有一段何維樸口述的記載:「詩老言貞翁作書不擇筆,半浙毫,彼時無湘毫也。長鋒之說亦不確」〔註49〕。長峰羊毫是與生宣紙伴隨而生的產物,在清末民初已經非常多見,因此何紹基用長峰羊毫也在情理之中,但從何維樸處可知,何紹基不擇筆,並不像坊間所傳的只用長鋒羊毫。

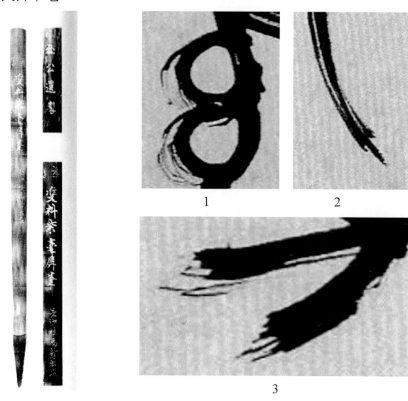

1   2

3

圖 3-10   曾熙特製毛筆　　圖 3-11 曾熙作品中的「破鋒」效果示意圖

《曾熙年譜長編》插圖　　　　　取自《曾熙書法集》第 41 頁

　　雖然書家們對長峰羊毫的特殊性能已經非常關注,但它的發展歷程畢竟不像紫毫那樣歷史悠久和受人追捧。縱觀清末民初的書家,真正在作書時能將長鋒羊毫駕馭自如者,還不是多數。因此,我們就不難理解何維樸的說辭。至於李瑞清「僅發其半」和曾熙之子向楊鈞透露的用筆之秘,也就迎刃而解了。圖 3-10 是曾熙平時所用的一支毛筆,現為其後人收藏。筆鋒仍堅直硬挺,筆桿刻有「雙料紫毫屏筆 長沙桂禹聲出品」,筆帽識有「髯公選

〔註49〕王中秀、曾迎三:《曾熙年譜長編》,上海書畫出版社,2016 年版,第 379 頁。

製」字樣。通過這件珍貴的遺物，我們可以大致揣測曾熙作書時的種種情形，也可以為其嗜用「硬筆」的傳聞增加一個佐證。此外，通過對曾熙篆隸作品筆法的分析，筆者發現這些作品主要以紫毫寫就，因此筆力沉著。但是如遇毫芒磨損，作書時鋒穎容易失控，雖書家有意「藏頭護尾」，而有時並不如意。圖 3-11 中的三個局部來自 1926 年曾熙贈弟子許冠群的《新辭章黃五言聯》，釋文為「新辭勒寶冊，章黃受蠻旗」，筆者從「蠻」「辭」「勒」中截取局部發現，由於紫毫的磨損或過「硬」導致很多的中斷行筆和收筆處出現了「破鋒」問題，而書家也並無意掩飾，任其自然。無獨有偶，譚延闓也喜用「硬筆」，且譚寫顏體，要求筆鋒剛勁挺健，與曾熙寫篆隸、南北碑同是一理。《譚延闓日記》1930 年 8 月 27 日條中有一條關於其用日本筆的記錄：

> 開篋，得藏舊日本筆，試之，健利如人意。吾近自覺筆力衰退，字不勁險，豈知乃筆過乎？人非歐公，因不可不擇筆也。乃寄書朱乾託買之。近時所買皆仿筆製，非此類矣，恐朱乾不會此耳？〔註 50〕

譚延闓託人購日本筆，正是看重了日本筆「健利」的特性，我們知道譚延闓以剛勁遒麗的顏體楷書著稱於世，自然在用筆上對彈性格外重視。不惟譚延闓，曾熙也對日本筆多有讚譽：

> 筆與紙墨，近日所製者，均不能如往昔之佳。而日本國所出之筆，豎直耐用，其紙尤細密可喜，此亦吾國考工之一憾也。〔註 51〕

古人以「紙墨相發」為樂事，其實曾熙對紙筆的配合是非常看重的，他提出「硬紙用軟筆，軟紙用硬筆，庶得剛柔相濟之妙」〔註 52〕。曾熙如此深諳紙筆剛柔之道，顯然是基於其長年的筆下工夫所悟，若硬紙用硬筆，則下筆易燥，失之蘊藉；若軟紙用軟筆，則下筆易偃，失之挺拔。曾熙的這個觀點其實有章可循，王羲之的《書論》就曾說過：「若書虛紙，用強筆；若書強紙，用弱筆。強弱不等，則磋跌不入」〔註 53〕，二者的觀念不謀而合。日本筆的

〔註 50〕王中秀、曾迎三：《曾熙年譜長編》，上海書畫出版社，2016 年版，第 801 頁。

〔註 51〕曾熙：《遊天戲海室雅言》，《明清書論集》，上海辭書出版社，2011 年版，第 1462 頁。

〔註 52〕曾熙：《遊天戲海室雅言》，《明清書論集》，上海辭書出版社，2011 年版，第 1462 頁。

〔註 53〕王羲之：《書論》，《歷代書法論文選》，上海書畫出版社，2014 年版，第 28～ 29 頁。

「堅直耐用」和日本紙的「細密可喜」正是其「軟紙用硬筆」的最佳詮釋。曾熙對書法的剛柔之道有很深的參悟，「器」的層面如此，「道」的層面亦如此，這些都體現在他的書法理論中。那麼，曾熙的用筆習慣與「顫筆」筆法有什麼關聯呢？

筆者認為，曾熙喜用「硬筆」的習慣與他「頓挫提轉」的筆法是殊途同歸的，都凸顯了對筆力的追求。紫毫因其彈性優良著稱，在實現「頓挫提轉」筆法的過程中，相比「軟筆」羊毫有著更好的優勢。主要表現在兩個方面：一是硬毫更容易保證行筆過程的穩定性和圓筆中鋒效果的呈現，長峰羊毫一旦運用不佳，則容易出現「偃筆」，這一點曾熙是非常清楚的。因此，曾熙一般會選擇紫毫或加重長鋒，這樣都能獲得「硬筆」的效果。他曾在 1925 年的一幅臨作中（見圖 3-12，左圖）署曰：「試玉川堂加重長鋒筆」〔註54〕。玉川堂是清末民初書壇暢銷的著名日本毛筆品牌，深得曾熙青睞。我們從這幅作品的局部用筆可以看出，曾熙所說的「加重長鋒」應是羊毫筆，從「古」「剎」「其」等字橫畫的藏鋒起筆可以看出，如是硬毫則易出方角，「剎」「剛」字的鉤畫收筆則是以轉筆代替提筆，也是羊毫易出的效果。二是曾熙「頓挫提轉」的旨歸在於遒健圓通的筆力，而「硬筆」優良的彈性本身即是筆力的重要保障。「硬筆」偶然出現「破鋒」的效果，本身與碑版中的斑駁、殘破意趣相通，這種「破」與「頓挫提轉」的破直為曲一樣，都是對清代以來精緻而靡弱的帖學用筆之弊的修正。曾熙早年的作品多圓頭圓尾，深義在「藏」，而晚年則「毀圓為方」，對筆鋒運行過程中的方折和「破鋒」不再掩飾，呈現用筆的自然面貌，體現了其審美趣味上的微妙變化，也是其人書俱老書法風格在筆法上的標誌之一。如 1928 年的《論書條幅》（圖3-12，右圖）用筆不再時時追求圓筆中鋒，而是方圓結合，藏露並用，任其自然。「從」字的收尾處純屬「硬筆」毫芒的散開所致，顯得銳利而生辣，這是「硬筆」所造成的自然效果，書家也並沒有做另外的處理，深刻反映了曾熙創作理念的變化。

總之，用筆上善用「硬筆」是為了提升筆力，而「顫筆」的「頓挫提轉」亦有同樣的旨趣。在這一點上，二者是一致的。

〔註54〕王中秀、曾迎三：《曾熙年譜長編》，上海書畫出版社，2016 年版，第 4542頁。

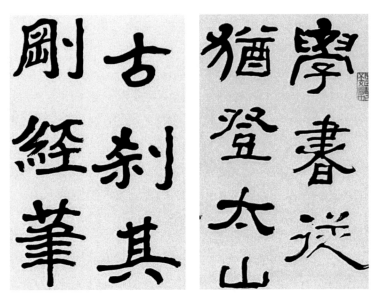

圖 3-12　曾熙使用「羊毫」（左）與「紫毫」（右）在作品中的表現

　　在執筆方法上，清人各持已見。如包世臣主張「運指」和「五指齊力」，是對歐陽修「指運而腕不知」的一種延伸；何紹基則以「回腕法」作書，他寫《張黑女》時，必回腕高懸舉通身之力，未幾則汗流浹背。何氏的執筆法自然是違反生理運動規律的，可敬而不可取；康有為提出「腕平」「掌豎」，在用筆上反對包世臣的「運指」，認為「用指力者，筆力必困弱」〔註55〕，主張「以腕運筆」；曾熙則提出「執筆如執弓」，「身正」「臂平」是其中核心要義。他在向朱大可傳授執筆之法時言：

　　　　執筆如執弓。古人之教射，身必正，臂必平，稍有敧側，夏楚
　　　隨之。然而胡人之習射，反正偃仰，無不命中。執弓求其中，執筆
　　　者求其工，包安吳、康南海之議論，可弗問也。〔註56〕

　　從「包安吳、康南海之議論，可弗問也」這句話可見曾熙對於包氏「運指」和康氏「運腕」的執筆之法是不以為然的，而主張「執筆求其工」。「工」與「中」一樣，都是規矩，以「身正」「臂平」統攝，執筆與執弓二者一理而已。實際上，曾熙強調「身」和「臂」的思想與何紹基的影響密不可分，雖然曾氏並未提倡何氏的「回腕高懸」，卻實際汲取了其「運臂」的執筆原則。「運

〔註55〕康有為：《廣藝舟雙楫》，《歷代書法論文選》，上海書畫出版社，2014 年版，第 1376 頁。

〔註56〕曾熙：《遊天戲海室雅言》，《明清書論集》，上海辭書出版社，2011 年版，第 1462 頁。

臂」從人體力學的角度講有助於中鋒運轉，更容易產生圓勁遒曲的高質量線質，避免偏鋒、散鋒的產生。而「顫筆」的發生除了借助指力和腕力外，必然對臂力也有一定的要求，臂力靈活則「提轉」自如，臂力沉著則「頓挫」隨心。尤其曾熙作品中常見的楹聯或大字榜書，功深力厚，似乎非「運臂」而不能成。

總之，曾熙無論用筆上喜用「硬筆」還是執筆上倡導「運臂」本意都是為了保證毛筆的遒勁堅挺和運轉自如，歸根結底都是為了保證「頓挫提轉」筆法的順利完成。

3.2.2 「顫筆」對曾熙創作的影響

我們曾在第二章對曾熙五體創作成就進行了系統闡發，其中發現在他的各體書法作品中都有「顫筆」筆法的介入，尤其是篆、隸、楷等正書。應該說，「顫筆」筆法的運用徹底改變了曾熙書法的肌體構成，成為其作品中的一種「標誌性」符號，也是其作品特色所在。但具體到「顫筆」對曾熙創作所產生的影響，筆者認為主要體現在以下幾個方面：

一是迎合了民國時期「好古」和「尚奇」的審美趣味，反過來又刺激了其創作。我們在前面講過，沙孟海認為李瑞清的各體書之所以在民國大受歡迎，是因為他用「顫筆」使作品看起來像「假古董」。實際上，就這點而言，曾熙和李瑞清是非常相似的。曾熙一樣擅長各體書，並且以「顫筆」加入到各體中，使作品立即具有了三代鼎彝所特有的古氣。而金石學自清初勃興以來，民國以降，在學者中仍有很大的市場，也深受公眾的歡迎。另外，曾熙的「顫筆」在當時的上海書壇很有特色，與時下流行的寫碑風氣拉開了不小的距離，滿足了人們「尚奇」的審美趣味和心理需求。因此，曾熙能夠躋身當時上海市場行情最好的書家行列。我們通過史料解讀可以發現，1917 年後曾熙的書法作品銷量迅速打開，旺盛的市場需求也極大刺激了其書法創作熱情。在各種形式的創作中，對聯以其性價比高、創作快捷、易於陳設等顯著優勢，成為民國時期市場需求量最大的書法作品種類，當然對曾熙而言也不例外。因此，面對巨大的市場商機，曾熙不得不發動譚延闓、譚澤闓等一眾好友專門拿出時間來編撰集聯，甚至「挑燈夜戰」，以隨時應對上門求書者。可以說「顫筆」獨特性所帶來的市場效應對曾熙的書法創作無疑是一種無形的驅動和激勵。

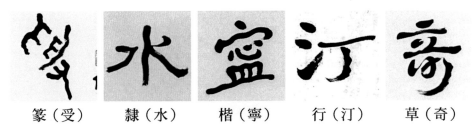

篆（受）　　　隸（水）　　　楷（寧）　　　行（汀）　　　草（奇）

圖 3-13　「顫筆」在曾熙五體作品中的應用示意

　　二是提升了曾熙書法創作的視覺張力和生命活力，使其躋身當時上海一線書家行列。「顫筆」的使用作為曾熙書法作品的特色，矯正了當時一些人「描頭畫足」的寫碑之弊，為民國學碑風氣提供了另外一種可以參考的樣式。尤其是其「頓挫提轉」的線條既有篆籀的遒古之氣，又有行草的暢快靈動之姿，如萬歲枯藤，又如得水之魚，透露著蓬勃向上的生命力，是針對死、板、僵、硬等學碑積弊的一劑良方。如圖 3-13，從曾熙的篆、隸、楷、行、草五體作品中分別截取其中的一個單字來進行比照，發現他的「顫筆」使用在不同的書體上，又有不同的表現形式：篆書以「顫筆」顯其蒼古遒勁；隸書以「顫筆」增其舒張之勢；楷書用「顫筆」以動破靜；行書以「顫筆」調和疾澀；草書則以「顫筆」增其雄奇。總之，借助「顫筆」的運用，曾熙的各體創作都散發出無窮的生命活力和視覺張力，使他的書風深受大眾歡迎，並被業界和市場推舉為與康有為、吳昌碩、沈曾植、鄭孝胥、李瑞清齊名的海派書法大家。

　　三是對「顫筆」技術的追求和表現導致了後世對其創作成就的曲解與誤讀，最終影響了其藝術成就的社會評價。如前所述，曾熙的「顫筆」實際來源於古篆筆法，其目的是改造當時學北碑者的平、直、方、板的單一用筆而賦予其活力，但這種筆法的反覆運用，給人以炫技的嫌疑並且容易使人產生觀感疲勞。於是，不乏後世學書者認為這種單一而反覆的筆法，沒有太高的技術含量，違反了用筆貴在自然的規律，因此將曾熙的書法藝術界定為「醜書」和「怪書」。筆者認為，曾熙的「顫筆」凝結著他對技術如何表現藝術這一命題的深度思考，他的近似波浪形的線條看起來單一而重複，實際上則蘊含著豐富的變化。如《受書錫衣五言聯》中的「祿」字（圖 3-14），上面的三橫看起來近乎雷同，實際上卻有微妙的變化，第一橫到第三橫「顫筆」的波幅呈依次下降趨勢，層次分明。長豎對第三橫的分隔也獨具匠心，整個豎由左上而右下，蜿蜒而下，使整個字在動態中求得平衡。這種筆法和造型

上的巧妙安排在曾熙書法創作中比比皆是，只不過人們更容易放大了這種技術的重複。

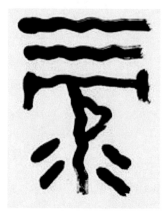

圖 3-14　曾熙《受書錫衣五言聯》中的「祿」字

《曾熙書法集》第 3 頁

第 4 章　曾熙書法理論

　　清末民初是一個新舊思想激烈交融碰撞的特殊時期，在西學東漸、金石學勃興、碑帖融合等不同潮流的衝擊下，這一時期的書法理論也呈現出新特點：一是系統性和總結性，出現了《廣藝舟雙楫》這樣全面系統的書法理論著述，特別是注重對幾千年書法源流的系統梳理、總結與反思。二是對金石文字前所未有的重視。在對阮元、包世臣、康有為碑學理論進行批判性繼承的基礎上，以曾熙、李瑞清等書家更加注重三代鼎彝之於秦漢六朝石刻文字的源頭意義，提出了「神遊三代，目無二李」「求篆必於金，求分必於石」等觀點，為民國時期篆隸書法的新變提供了理論支撐。曾熙的書法理論雖不及康有為《廣藝舟雙楫》那樣周全詳贍、鴻篇闊論，但近年來隨著散佚資料的不斷綴集，亦初具規模和體系。這些書法理論資料有些來自門人的受業筆記，如朱大可《遊天戲海室雅言》，有的散見於曾熙的書畫題跋和論書墨蹟，有的則來自張善孖、張大千兄弟所編《大風堂存稿》。其間，大凡縷析書學源流、評騭古今書家、探賾審美規律、舉要學書經驗，均不乏珠玉之論。

4.1　書體論

4.1.1　崇古溯源的書體源流

　　清末民國時期取資碑學的書家，大多有著崇古溯源的審美價值取向，這與金石學的興起有著不可割裂的聯繫。崇古和溯源是一對相輔相成的概念範疇。在曾熙看來，崇古溯源並不是一味好古，而是從古人那裡獲得打通古今

書理的密鑰，這樣才能卓然成家。實際上，以曾熙為代表的一代清末民國書家尊古、好古，並不意味恢復三代秦漢或魏晉的書法傳統代表著他們的終極訴求，而是希望在循古中求變。

對於求變，清末民初書家各持己見。康有為曾說：「人限於其俗，俗各趨於變，天地江河，無日不變，書其至小者」〔註1〕。但對於崇古應從何處入手，不同書家又有不同的認識：康有為提出「本漢」「備魏」「寶南」「取隋」「卑唐」等觀點，極力推崇南北朝碑，對唐碑則大為貶損，認為古意盡失，不足取法；在對待唐碑的態度上，沈曾植與康氏的立場恰好相反，認為「楷法入手從唐碑，行草入手從晉帖。立此以為定則，而後可以上窺秦漢，下周近世」〔註2〕，甚至對晉帖也頗為重視，將唐碑和晉帖分別作為楷書和行草書入手的起點，可謂迥異時流；鄭孝胥主張從六朝入手，由此上窺三代，下挹唐、宋；與康有為、鄭孝胥、沈曾植等以「中古」時期書法入手去窺古探今的觀點不同，曾熙、李瑞清則認為三代金文才是學書的正宗源頭，也是崇古的最高準則，甚至提出「神遊三代，目無二李」的論斷。曾熙有一方長方形閒章，內容為「閒居玩古，不交當世」，可以窺見他絕意仕途後的從容心態，又似可作為其崇古審美思想的旁證。

對於三代文字，曾熙進行了縝密而系統的筆墨實驗，並指出了不同地域文字的風格差異。他以西周文字為例，對不同地域的結字筆法做出了生動分析：「兩周文字，各國不同。結體運筆，亦復大異。大抵雍容蕭穆者，魯也。俊傑廉捍者，齊也。凝重篤實者，晉也；雄橫恣肆者，楚也。」〔註3〕兩周文字風格各異，為學習者取法提供了豐富的素材。進而，曾熙提出了「求篆必於金，求分必於石」〔註4〕的著名論斷，指出三代鼎彝是篆書取法的源頭活水和正宗，直接跳過了「二李」與清中期的鄧頑伯。曾熙認為，大篆才是篆書正宗，在藝術性上顯然小篆不及大篆，進而篆、隸、分、真、行形成了一個循序漸進、相互關聯的有機的筆法繁衍鏈條，篆、隸、分處於鏈條上游。

〔註1〕康有為：《廣藝舟雙楫》，《明清書論集》，上海辭書出版社，2011年版，第1329頁。

〔註2〕沈曾植：《海日樓題跋》，中華書局，1962年版，第98頁。

〔註3〕曾熙：《遊天戲海室雅言》，《明清書論集》，上海辭書出版社，2011年版，第1456頁。

〔註4〕曾熙：《遊天戲海室雅言》，《明清書論集》，上海辭書出版社，2011年版，第1456頁。

　　在曾熙眼中,「隸」和「分」是有嚴格界限的,「改易篆體,歸於整齊者,隸也;依據隸書,加以波磔者,分也。隸書多存於碑額。分書多存於碑文。以此求之,自能了然。」顯然,他認為的「隸」是從篆書的形體改易而來的,類似於裘錫圭先生所說的「秦隸」或「古隸」〔註5〕,而「分」才是我們現在所講的具有「蠶頭雁尾」特徵的隸書。曾氏之所以要嚴格區分「隸」「分」,是因為在他的審美觀裏有一種非常明確的溯源意識,而這個「源」就是「篆」,處於整個書學鏈條的頂端位置,而「隸」是「篆」「分」之間的橋樑。

　　首先,對於書法學習上,曾熙指出學隸書要先知篆隸的源流關係,這樣才能入古。「學書當先篆,次分,次真,又次行。蓋以篆筆作分,則分古;以分筆作真,則真雅;以真筆作行,則行勁。物有本末,此之謂也。」〔註6〕他認為,以篆法入隸,隸書就會入古,而這個原則同樣也適用於真行各體,這是就書體源流而言。從審美層面,他主張「篆隸貴委迤養氣,分書在飛躍取神」,「氣」和「神」均為人之本,何況書法呢?!這樣也就明確了篆隸在五體中的地位,與蘇軾的「神氣骨肉血」之論遙相呼應,堪稱真知灼見。而學習篆隸如何入手呢?曾熙則曰:「求篆必於金,求分必於石」,指出三代鼎彝和兩漢碑誌是學習篆隸的不二法門。為了將三代鼎彝、兩漢碑誌、六朝鏡銘和唐碑等關係梳理清楚,他將將書學與詩學進行比較:「三代鼎彝,古樸奇奧,此三百篇,離騷也。兩漢碑誌,雄強茂密,此十九首古樂府也。六朝誌銘,遒麗精能,此三張、二陸、陶、謝、顏、鮑也。唐碑嚴謹,宋帖豪放,近人恢奇恣肆,變態百出,此李、杜、韓、白、蘇、黃、范、陸,以及湘綺、白香、散原、海藏也。學詩者,必先知其源流,推其條理,然後可以集大成,學書者何獨不然!」〔註7〕這種書學通乎詩學的思維觀念,對當今書家跨學科意識的培養仍有積極意義。

　　其次,對於隸書的取法對象,曾熙為學書者勾勒了以「蔡中郎→何紹基」為主線的標杆典型。他認為,「分書以蔡中郎為集大成,夏承碑雖無中郎姓名,後人或懷疑之。實則筆勢洞達,非中郎不能為也」〔註8〕。他從大量的技法實

〔註5〕 裘錫圭:《文字學概要》,商務印書館,1988 年版,第 70 頁。

〔註6〕 曾熙:《遊天戲海室雅言》,《明清書論集》,上海辭書出版社,2011 年版,第 1455 頁。

〔註7〕 曾熙:《遊天戲海室雅言》,《明清書論集》,上海辭書出版社,2011 年版,第 1461 頁。

〔註8〕 曾熙:《遊天戲海室雅言》,《明清書論集》,上海辭書出版社,2011 年版,第 1456 頁。

踐判斷，《夏承碑》為蔡中郎所書無疑。至於這一結論是否可靠暫且不論，由此已能破解曾熙隸書學習的密碼了。在曾熙心中，蔡中郎是唯一的八分正宗，他的隸書的特點是「洞達」。何謂「洞達」？從曾熙的一段題跋中可窺見端倪：「熙竊以隸書見性，分書見情，至中郎洞達特見才耳。然魏晉承流，骨弱韻薄；唐宋分書，純是楷法。」〔註9〕可見，在曾氏心中，魏晉唐宋隸書都不足觀，是因為它們沒有溯源意識，取法不高，因此「不古」。也正是基於這樣的認識，曾熙對近人何紹基的隸書推崇備至，而對清代中期的鄧石如、伊秉綬二家頗多微詞。他在《跋何道州臨漢碑十冊》（1926）中評道：

> 本朝言分，伊鄧並稱。伊守一家，尚涵書卷之氣；鄧用偃筆，肉丰骨嗇。轉相模效，習氣滋甚。道州以不世出之才，出入周秦，但取神骨，馳騁兩漢，和以天倪，當客歷下，所臨禮器、乙瑛、曹全諸碑，腕和韻雅，雍雍乎東漢之風度。及居長沙，臨張遷百餘通，衡方、禮器、史晨又數十通，皆以篆隸入分。極晚之歲，草篆分行，冶為一爐，神龍變化，不可測已。〔註10〕

這段評論暗含著兩層信息：一是何紹基在隸書取法上「出入周秦」「馳騁兩漢」，在《禮器》《乙瑛》《曹全》等東漢正脈隸書上下過苦工夫，臨摹百餘遍、幾十遍都是常有之事，這種工夫反映出一個職業書家的基本素養；二是何紹基在才氣上高於鄧、伊，因此在「專精下苦」〔註11〕之後能夠「草篆分行，冶為一爐」，得其「神骨」和「雅韻」。另外，值得注意的是，曾熙雖然重何而輕鄧、伊，但對二者的評價還是有所區別的，曾評曰：「唐以來，凡為隸分，皆從楷書蛻，墨卿且不免，惟完白能窮究篆勢，其氣骨頗厚實」，認為伊秉綬結體從唐楷中來，故不古，而鄧石如的分書從篆書來，「氣骨厚實」，因此在分書的整體氣格上鄧優於伊。但在上段話中，他同樣也指出了鄧石如用筆上的弊端：「伊守一家，尚涵書卷之氣；鄧用偃筆，肉丰骨嗇。轉相模效，習氣滋甚」。鄧石如雖能參通篆勢，但使用的「偃筆」〔註12〕並非正統的分書

〔註9〕曾熙：《書畫題跋》（選輯），《明清書論集》，2011年版，第1465頁。

〔註10〕曾熙：《書畫題跋》（選輯），《明清書論集》，2011年版，第1465頁。

〔註11〕清初著名書家傅山在《霜紅龕集》（卷二）中曾提出學書「此實笨事」，「專精下苦，久久自近古人矣」。

〔註12〕此處的「偃筆」根據詞義推測當指側鋒。對於「偃筆」，我們可以李瑞清的說法進行旁證。李氏曾云「董由清臣多寶塔入，故善用偃筆。梁由誠懸入，故善用豎鋒」，與「豎鋒」相對，故應指側鋒。

筆法，因此顯得骨力扁薄，古意稍遜，不如伊秉綬更有「書卷之氣」。曾熙對鄧石如、伊秉綬兩家的批評是辯證而客觀的，在對比分析中，闡明了二者分書的得失，而並未追隨時人的審美取向，人云亦云。

與鄧、伊相比，曾熙對何道州的隸書更加欣賞。可以說，在眾多的清末民國書家中，曾熙的審美趣味是很獨特的，他顛覆了大眾偏嗜何氏行書的思維定式，而認為「蝯叟各體：分第一，篆次之，真行又次之。今人實其真、行，所謂識武夫也。」〔註 13〕對於這種認識，固然今人未必苟同，但如果觀照曾熙長期的隸書實踐，或許我們能理解他這種審美趣味的合理性。

曾熙崇古溯源的書學源流觀不惟體現在篆、隸書上，而是真、行、草各體無不如此。曾熙的草書主要為行草和章草，大草、狂草極為罕見，這也客觀反映了他的審美取向。在草書方面，他認為「草書有章草、狂草之分。狂草自右軍、大令以來，習者頗多。然非軟媚如鄉愿，即險怪如符籙。不如章草原出分書，多存古意」〔註 14〕，章草從分書化出，更顯古意盎然，較之狂草更有蘊藉之氣，因此可貴。

4.1.2　正本清源的書體特點

在書體方面，曾熙除了溯源三代兩漢篆分文字外，還特別注意各種書體內部類別的區分與風格聯繫。通過對書體的正本清源，既能避免諸多書法史遺留下來的書體稱謂混淆問題所帶來的困擾，也有助為書法創作提供明晰的思路。

自古以來，書體名稱就有不少概念混淆或詞義含糊之處，引起廣泛爭議，這些爭議在清代仍然存在。曾熙首先對爭議頗多的隸書和分書進行了澄清：

> 改易篆體，歸於整齊者，隸也；依據隸書，加以波磔者，分也。
>
> 隸書多存於碑額。分書多存於碑文。以此求之，自能了然。〔註 15〕

曾熙認為，書法史上所指的隸書是從篆書演化而來的，對篆書圓轉婉通的筆法和結體進行了變革，而使其趨於整齊。而分書則是隸書進一步演化的

〔註 13〕曾熙：《遊天戲海室雅言》，《明清書論集》，上海辭書出版社，2011 年版，第 1459 頁。

〔註 14〕曾熙：《遊天戲海室雅言》，《明清書論集》，上海辭書出版社，2011 年版，第 1458 頁。

〔註 15〕曾熙：《遊天戲海室雅言》，《明清書論集》，上海辭書出版社，2011 年版，第 1456 頁。

結果，在隸書結體的基礎上加以波磔，使其具有了修飾美感。隸書在用途上主要是碑額，而分書在碑文。這樣的論斷，與當今學界的研究共識基本上是一致的。

其次，曾熙對真、行、草之間的區別和聯繫也進行了闡釋。

> 今人每以真書之草率者，謂之行書，恐屬非是。試縛閣帖中鍾、王書法，每作一字，非真即草，何曾有不真不草，點劃狼藉之字？故余謂行書，當指真草相雜之一行而言，非指半真半草之一字而言。半真半草之字，作俑於唐人，晉人無是也。〔註16〕

曾熙指出，時人認為行書就是楷書的草率寫法，實乃大錯特錯！他指出閣帖中的鍾繇、王羲之書法，每個字不是楷書就是草書，從沒有一個不楷不草的筆畫草率的例子。因此，行書的稱謂是就楷書、草書相雜使用的一行而言，而不是指半楷半草的某個單字。他認為，半楷半草的字在書法史上也存在過，始於唐朝，而晉人是沒有此種情形的。根據曾熙的論斷，行書也有自己的技法準則和審美語言，並不是主觀草率而為，對視行書為楷書之草率寫法的觀點進行了批評，顯然是正確的。然而，不得不指出，草書和行書在形體上是有區別的，草書有獨立的書寫法則，楷書與行書也有不同處。按照曾氏的論斷，行書是指楷、草體相雜的一行，而作為書體就失去了存在意義，顯然是值得商榷的。曾氏理念中的行書應類似於王獻之的「破體」，楷、草相雜，但又不完全等同，因為「破體」中除了楷、草，也有行書體存在，從而打破了各體的界限，取得了融會的效果。

對於草書，曾熙也有自己的看法：

> 草書有章草、狂草之分。狂草自右軍、大令以來，習者頗多。然非軟媚如鄉愿，即險怪如符籙。不如章草原出分書，多存古意，且習此者，尚不多見也。〔註17〕

曾熙將草書分為章草、狂草兩大類型，並指出了兩者的不同：前者從分書演化而來，相對有古意，時下學者不多；後者肇始於王羲之王獻之父子，學習者多，但容易流入野俗。實際上，曾熙將草書劃為章草和狂草主要是就

〔註16〕曾熙：《遊天戲海室雅言》，《明清書論集》，上海辭書出版社，2011年版，第1457頁。

〔註17〕曾熙：《遊天戲海室雅言》，《明清書論集》，上海辭書出版社，2011年版，第1458頁。

宏觀著眼，將二者視為兩極。前者主靜，後者主動；前者為「古質」，後者為「今妍」。另外，對於草書學習中出現的問題，曾熙的擔憂仍具有借鑒意義，那就是：「愛妍而薄質」的時代審美潮流仍然存在，章草雖古樸而嗜者寡，狂草流麗灑脫因而喜愛者眾，但極容易流入「軟媚」和「險怪」的境地，其中的尺度很難把握。

　　總之，曾熙的理論觀點必然受限於其所處的時代環境和認知水平，不可能盡善盡美，隨著書法史的演進和書法理論體系的構建，今天學術界對書體類型的劃分則顯得更為科學和合理。對其門人而言，曾熙對書體特點進行正本清源的梳理既是一次難得的書法史教育，也為臨摹和創作實踐指明了方向。

4.2　書家論

4.2.1　評前代諸家

　　曾熙在書體上強調「溯源」的傾向也體現在品評古代書家上。這種「溯源」意識充分體現了曾熙書法批評的時代觀和發展觀，即將書家放在書法史發展的時代序列中去釐清代代傳承的歷史脈絡，在此基礎上去衡量其藝術價值，顯然較於就人論人、就書論書的批評模式更有說服力。

　　如其評鍾太傅云：

>　　太傅書各表，異常渾靜。而其分書，則師中郎、華山，摹其方折勁銳，所謂善學，尤須變化也。〔註18〕

　　曾熙認為鍾繇的分書吸收了蔡邕八分和華山碑的方折勁銳，並加以變化。他除了肯定了鍾繇的「溯源」，還指出太傅的「善學」之處在於「變化」，字裏行間滲透著較強的「求變」思想。

　　又如：

>　　太傅勢衡，右軍筆縱，此右軍之善學太傅也。右軍內含，大令外拓，此大令之善學右軍也。〔註19〕

〔註18〕曾熙：《農髯論書墨蹟》，《明清書論集》，上海辭書出版社，2011 年版，第 1467 頁。

〔註19〕曾熙：《遊天戲海室雅言》，《明清書論集》，上海辭書出版社，2011 年版，第 1461 頁。

右軍草書從章出，故尚方；大令以篆變父法，故尚圓。〔註20〕

總體上，曾熙對鍾繇、王羲之、王獻之都持肯定態度，因為他們「善學」，不是因循守舊，亦步亦趨，而是知變通地繼承和發展古人。應該說，「求變」是曾熙這一代書家論書的普遍價值取向，是時代使然，也是歷史規律使然。

與康有為的尊碑卑唐不同，曾熙論書並不以時代分高下，而是尊重不同歷史語境下的創新，顯得更為包容。他力主碑學，但亦重帖學；尊崇魏晉，而不薄唐宋。比如他對顏真卿極力推重，甚至認為魯公的書法史功績並不亞於鍾、王。

真行以太傅、右軍為二大派，然太傅一派，惟王僧虔能得真髓；右軍則法乳綿延，極乎唐代之歐、虞、褚、薛，而猶未已。直至顏魯公出，始以隸分之用筆，參以篆籀之結體，雄張茂密，卓然特立，後來蘇、黃、米、蔡，殆無一人不挑右軍而祖魯公，斯亦書家一人傑矣。〔註21〕

顏真卿在古代書論中歷來頗受推重，而康有為則揭起尊魏卑唐的旗幟，對以歐（陽詢）、虞（世南）、褚（遂良）、薛（稷）、顏（真卿）、柳（公權）等為代表的唐代名家大加貶損，認為他們的書法缺乏「古意已漓」。曾熙雖也有過「唐尚格律，宋使氣勢，古法已淪喪矣」〔註22〕的言辭，但仍是籠統而言，並沒有矛頭直指初唐四家和顏柳。在以上評論中，曾熙之所以對顏真卿推崇備至，是因為他認為魯公的用筆從隸分中來，而結字則是摻以篆籀，不可謂不古。並且，魯公能從古脫化，別具一格，成為書法史上與鍾、王比肩的大家，為蘇（軾）、黃（庭堅）、米（芾）、蔡（襄）所膜拜，故曾熙推之為書家中之人傑。此外，曾熙推重顏真卿，還有他因：一是何紹基以學顏體立根，曾熙又取法何氏，自然從顏魯公處獲得了給養，對他自然服膺；二是自古以來，人倫鑒識和書法品賞就緊密相關，「書如其人」已成為傳統審美評價的一大共識，而曾熙又特重人品，對於顏真卿這樣彪炳史冊的忠臣義士自然心生敬意。

除了為唐代名家「正名」，曾熙對宋代的蘇、黃、米諸家也頗為讚賞。

〔註20〕曾熙：《農髯論書墨蹟》，《明清書論集》，上海辭書出版社，2011年版，第1467頁。

〔註21〕曾熙：《遊天戲海室雅言》，《明清書論集》，上海辭書出版社，2011年版，第1458頁。

〔註22〕曾熙：《農髯論書墨蹟》，《明清書論集》，上海辭書出版社，2011年版，第1467頁。

　　　　朱子謂書法：「米元章理會得，黃山谷理會不得。」石庵云：「山
　　　　谷非不解書理，其天稟如此，亦只自盡其才而已。」予謂：「宋三家
　　　　勢成鼎足，蘇出太傅，取橫勢；山谷出鶴銘，取縱勢；米由褚窺平
　　　　原，如鷹之善下。」〔註23〕

　　朱熹站在儒家道統的立場對蘇、黃書法進行了尖銳的批評，曾熙論書則
站在藝術本位的立場，指出蘇、黃、米都能入古而出新、自成一家。蘇軾來自
鍾繇，黃庭堅取法《瘞鶴銘》，米芾則從褚遂良入顏真卿，三者均從古人中來，
又能從古脫化，因此可貴。這也再一次印證了曾熙書法理論思想中積極的時
代觀和發展觀。

4.2.2　評清代、民國諸家

　　如果說曾熙對前代書家更多是激賞和包容的話，那麼他對清代和民國書
家的評騭則顯得頗為挑剔。曾熙曾以「閒居玩古，不交當世」自詡，可見他已
立下「與古為徒」的目標，刻意與時流拉開距離。當然，曾熙並非真的「不交
當世」、厚古薄今，而是站在時代書法審美風尚的前沿來審視書家取法的得失，
引以為鑒，這樣就能取人之長，補己之短，以實現入古出新。如《遊天戲海室
雅言》曾有朱大可的這樣一段轉述：

　　　　師嘗品評清代書家劉石庵曰：「陶鑄蘇、董，雍容華貴，惜於碑
　　　　學未有所窺。」評翁覃溪曰：「率更不背不叛之臣，小真書頗有可觀，
　　　　方寸以外，即竭蹶矣。」評鄧完白曰：「筆力豪橫，古今無兩。然有
　　　　子路行行之氣。包安吳尊之太過，無怪後人反唇相譏也。」評錢南
　　　　園曰：「堅剛之氣，突過魯公，其效歐效褚諸帖，破觚為圓，不失清
　　　　勁，非翁覃溪所能及也。」評何蝯叟曰：「存閒雅於恣肆之中，發生
　　　　新於甜熟之外，清代書家，自推巨擘。」又曰：「蝯叟各體：分第一，
　　　　篆次之，真行又次之。今人實其真、行，所謂識武夫也。」評翁瓶
　　　　庵云：「謹嚴不如錢南園，精深不如蝯叟，而寬博過之。」又曰：「清
　　　　代數家，南園龍頭，蝯叟豹肚，瓶庵鳳尾。」評金冬心、鄭板橋曰：
　　　　「不可無一，不可有二。」〔註24〕

〔註23〕曾熙：《農髯論書墨蹟》，《明清書論集》，上海辭書出版社，2011年版，第1467
　　　　頁。
〔註24〕曾熙：《遊天戲海室雅言》，《明清書論集》，上海辭書出版社，2011年版，第
　　　　1459頁。

這段文字對劉墉、翁方綱、鄧石如、錢灃、何紹基、翁同龢、金農、鄭燮等書家都進行了評價，雖為隻言片語，但均一針見血。曾熙基於清代碑學興起的時代背景，對劉墉未取碑學和翁方綱不能書大字進行了尖銳的批評，認為二人在書法實踐上對碑學的忽視是欠妥的。這是因為，碑學書法富於陽剛之氣，可以彌補帖學之不足。曾氏認為，雖然錢南園和翁方綱一樣都習顏書，但錢氏能從歐、褚中汲取營養，「破觚為圓」，其「堅剛之氣」絕非翁氏能及，因此翁不及錢。另一方面，曾熙心中的陽剛之氣也不是一味地張揚、外露，而是剛柔並蓄，否則就會流於野俗。他認為鄧石如作為碑學運動的中堅，書法雖不乏陽剛之氣，但過於外露，不夠溫婉含蓄，因此也不足貴。在這一點上，鄧石如又不及何紹基。曾熙之所以推崇何紹基，是因為何氏成功地化解了剛與柔、生與熟之間的矛盾，達到了「存閒雅於恣肆之中，發生新於甜俗之外」的境界，與蘇軾「出新意於法度之中，寄妙理於豪放之外」〔註25〕有異曲同工之妙。在何紹基的各體中，曾熙最欣賞的還是分書，其次是篆書，再次才是真行，與書壇推重何氏真行的觀點正好相反。之所以最重何氏分書，是因為何紹基的分書將恣肆、閒雅、生新等多元韻味融為一體，與清代前中期以分書著稱的書家拉開了距離。

對於何紹基的真行，曾熙還有一段評價：

> 何蝯叟雖以顏體得名，然其結體，實出張黑女。試觀何書，往往上半大於下半，與顏書適得其反，此實得諸張黑女者。特常人見其點畫，一本顏書，遂謂蝯叟專學魯公耳。〔註26〕

在以上評價中曾熙肯定了何紹基的化用能力。人們皆知何紹基學顏體，但很少有人知曉實際上其結體取自《張黑女》，也許只有曾熙這樣勤於實踐並善於洞察的書家才能認識到個中微妙。從他對諸家的評價來看，我們足以發現曾熙論書並不以聲名論高下，也並不以取法之今古評優劣，而是在取法風格和審美旨趣上是否能兼容並蓄、有所創造。說到根本，這再一次印證了曾熙書論思想的求變意識。但是，在曾熙的審美架構裏，求變也須以古人為根基，不可刻意以險、怪為能事，從他對金農、鄭燮的評價中可以窺得。綜合來看，曾熙認

〔註25〕〔宋〕蘇軾撰、白石點校：《東坡題跋》，浙江人民美術出版社，2016年版，第168頁。

〔註26〕曾熙：《遊天戲海室雅言》，《明清書論集》，上海辭書出版社，2011年版，第1458頁。

為清代各家成就的位次為：錢南園為龍頭，何紹基為豹肚，翁同龢為鳳尾。這樣生動的比喻非常耐人尋味，重要的是他最推崇的三家中竟沒有一個純碑學書家，且都是學顏而有成就者！筆者認為，這至少說明了兩個問題：一是在曾熙的審美視野裏，並沒有碑學書家和帖學書家孰高孰低的成見，而是以書法的精神氣格分高下。他之所以沒有選擇康有為標舉的「帖學之大成者」劉石庵（墉）和「隸書之大成者」鄧頑伯（石如），也正是基於此；二是曾熙並非一味提倡求變和出新而菲薄求古和入古，而是仍篤守傳統論書「神采為上」的遺訓，將精神氣格放在審美批評的首位，因此他將錢南園置於何紹基之前。

　　至於曾熙對民國當時各家的評論，則多了些許袒護與隱晦色彩。置身於民國上海書壇那種文化圈子中，類似曾熙一類的客居者佔了相當的比例，他們自然深知改朝換代的苦楚與他鄉謀生的不易。因此，他們在書法批評上自然有著一種心照不宣的「默契」，縱是忠言逆耳的批評通常也不會訴諸筆端，以免破壞了海上書壇既有的相互捧場幫襯的傳統和繁榮穩定的生態，抑或說這是一種大家都心知肚明、但又無可厚非的「行規」。我們在康有為、沈曾植、鄭孝胥、曾熙、李瑞清等人的書論中，很少見到對同代書家針鋒相對的激烈批駁，他們總能在同代書家特別是近友身上找到各自值得讚美的優長之處，並以恰當的方式納入到自己的書法理論話語體系中去。

　　如，曾熙評沈曾植云：「沈寐叟讀碑學多，寫字少。讀碑多，故能古；寫字少，故能生。古與生合，妙絕時流矣」〔註27〕。這一評價為沈曾植書法「古」和「生」的根源找到了非常貼切的詮釋，堪稱經典。曾熙與沈曾植來往甚密，經常一起研讀古代法書碑帖，時有心得，可以說對沈曾植書法的特色與理念，曾熙是有發言權的。同樣，對於友人鄭孝胥，曾熙也評價頗高：「近人真能寫字者，惟鄭蘇戡，筆筆皆如龍跳虎臥。他人不免描頭畫用」〔註28〕。對沈曾植、鄭孝胥等各家的用筆之秘，曾熙可謂一語道破：「沈寐叟得力於黃石齋，吳缶盧行書得力於王覺斯，康南海得力於陳希夷，鄭蘇戡得力於蔡元長。雖錯綜變化，不主故常，然明眼人自能辯之」〔註29〕。這些鮮為人察覺的微妙

〔註27〕曾熙：《遊天戲海室雅言》，《明清書論集》，上海辭書出版社，2011 年版，第 1459 頁。
〔註28〕曾熙：《遊天戲海室雅言》，《明清書論集》，上海辭書出版社，2011 年版，第 1459 頁。
〔註29〕曾熙：《遊天戲海室雅言》，《明清書論集》，上海辭書出版社，2011 年版，第 1461 頁。

領悟，並非曾氏信口開河，而都基於其長期的書法和鑒藏實踐。

在民國書家中，曾熙最推崇的還是李瑞清和吳昌碩。

曾、李二人關係特殊，導致了他們在書法風格和書法觀念上都有諸多趨同點。李瑞清以古篆著稱於海上，而曾熙則以分書名世，他曾讚曰：「近代古篆，自推梅庵首屈一指。若夫分隸，則老夫亦有一日之長」〔註30〕。又曰「李梅庵各體，山谷第一，惜乎海內無人知之」，「梅庵歐書功力甚深，魏碑結體往往參之」〔註31〕，如果不是經曾熙之口道出，這些不為人知的細節很難為世人知曉。

對於部分人對李瑞清用筆的誤解，曾熙也極力予以澄清：

> 李梅庵學書最勤，書中甘苦，知之最深。其一波三折，皆從頓挫提轉中來，所謂『行乎不得不行，止乎不得不止。』海上後生，學之不得，徒得其犬牙相錯之狀。不知者或咎梅庵作傭，此真梅庵之罪人也。〔註32〕

如果說曾熙對沈曾植、鄭孝胥、李瑞清書法藝術的好評難免受友人之間私交影響的話，那麼他對吳昌碩的書藝和人品則是發自心底的崇敬。他曾曰：「吳缶盧實從鄧完白得筆，然牝牡相生，顧盼多姿，蒼勁中姿媚躍出，此老得之」，指出吳昌碩雖然用筆取資鄧石如，但結體多變，於雄強中見柔情，因此能獨樹一幟。又曰：

> 吳昌碩先生寢饋三代兩漢，復能以其天趣，神與古合，故其刻印為清一代所獨步。以刻石之腕法入篆，故篆奇；以篆法入畫，故畫奇。偶取金石書畫之逸籟洩之於歌詠，故詩奇。海內學者師之，友邦鑄金專之，可謂至矣。然予每置酒酬酢，諧笑風生，及至夜深論詩，述及先德，未嘗不鳴咽涕下，蓋其性情過人。今已三年不得見矣，題此愴然。〔註33〕

曾熙認為吳昌碩既取法高古，神與古會，又能打通詩、書、畫、印之間

〔註39〕曾熙：《遊天戲海室雅言》，《明清書論集》，上海辭書出版社，2011年版，第1461頁。

〔註31〕曾熙：《遊天戲海室雅言》，《明清書論集》，上海辭書出版社，2011年版，第1461頁。

〔註32〕曾熙：《遊天戲海室雅言》，《明清書論集》，上海辭書出版社，2011年版，第1459頁。

〔註33〕曾熙：《書畫題跋》（選輯），《明清書論集》，上海辭書出版社，2011年版，第1464頁。

的機杼，因此堪稱一代藝術巨匠。重要的是，吳昌碩的「性情過人」表明他是一個重德行、有性情的藝術家，這一點是曾熙極為認可的。曾熙重人品，從他生平待人接物的種種往事均有體現。其實，自古以來的書法批評中，人倫鑒識就佔有非常重要的位置，甚至還產生了「書如其人」和「苟非其人，雖工不貴也」之類的著名論斷，影響著一代又一代的書家。

　　從曾熙對清代、民國諸家的評論中，我們可以窺見，曾熙的書法批評觀念是客觀而公允的：他既推崇碑學，又不棄帖學；既強調入古，又主張求變；既敬畏古賢，又不薄時流。與康有為等人的旗幟鮮明相比，曾熙的觀念似乎顯得有些保守，卻又代表著他對清代、民國諸家書法實踐得失的冷靜思考。

4.3　風格論

4.3.1　論陽剛與陰柔

　　中國傳統書法的審美風格大概可分為陽剛和陰柔兩極，剛柔問題既是審美問題，也是風格問題。對於陽剛和陰柔，古代書論早已有闡述，本不算什麼新鮮的理論。如羊欣《採古來能書人名》就以「骨勢」和「媚趣」概括書法的陽剛和陰柔之美。然而，不同的是，清以前的書法理論對陽剛和陰柔的闡釋基本仍侷限於帖學話語體系之內，而清代以來，隨著金石學和碑學的勃興，書家們和理論家們的審美視野更加開闊，批評的範圍也由原來的以帖為中心向碑帖並究轉變。如劉熙載提出：「書要兼備陰陽二氣。大凡沉著屈鬱，陰也；奇拔豪達，陽也」〔註34〕，「南書溫雅，北書雄健」〔註35〕，其實就已經將碑帖都納入到陽剛與陰柔兩大風格系統內。在清末民國之交的書家中，曾熙無疑是一個「明眼人」，他理論上並不像康有為那樣大肆地「尊碑」「抑帖」，實踐上也不像李瑞清寓滬以前那樣「至法帖了不留意」，而是始終碑帖兼顧，崇尚剛柔並濟的書法之美。

　　朱大可向曾熙請教魏碑的大體分類及如何入手學習，曾熙回應說：

　　　　文章可分陰柔陽剛兩大類，碑版亦然。魏碑之中，刁遵、崔

〔註34〕〔清〕劉熙載：《書概》，《歷代書法論文選》，上海書畫出版社，2012 年版，第 713 頁。

〔註35〕〔清〕劉熙載：《書概》，《歷代書法論文選》，上海書畫出版社，2012 年版，第 697 頁。

敬邕、張黑女、高貞、敬顯儁等，得陰柔之美者也；鄭文公、張
猛龍、馬鳴寺、嵩高靈廟等，得陽剛之美者也；龍門二十品，陽
剛居十之七八，陰柔居十之二三。學者各擇其天資學力之所近習
之可也。〔註36〕

　　他把魏碑風格分為陰柔、陽剛兩大類，而其中又分為陽剛、陰柔和剛柔
結合三種情形，學書者應該根據自己的天分和興趣擇其一而學之。可見，曾
熙的審美視角是非常開闊的，在他的眼中，書法與文章實為一途，內理是「一
以貫之」的，能參通此道，顯然得益於其早年的求學和科考生涯。

　　如第二章所述，曾熙在書法實踐上對陰柔的《張黑女》《敬顯儁》情有
獨鍾，貌似是力主陰柔，實際上他更加追求審美理想是以剛為主、剛柔並濟，
從他對近世諸書家的評騭中可以看出。如，他評何紹基：「存閒雅於恣肆之
中，發生新於甜熟之外，清代書家，自推巨擘」〔註37〕。閒雅、甜熟都屬陰
柔之美，而恣肆、生新則是陽剛之美，曾氏認為何紹基能巧妙地將剛柔調和
起來，自然能成為大家。又曰：「文清出思翁，而能上躋魏晉，力厚骨勁，
氣蒼韻遒，雖道州天才，亦不無所取法，蓋帖學之大成也」〔註38〕。曾熙認
為，劉墉之所以能成為帖學大家，主要是因為他能夠兼具魏晉書法的骨力和
氣韻，「厚」「勁」「蒼」「遒」等字眼無不散發著濃鬱的陽剛味道。在曾熙眼
中，何紹基碑帖兼修，尤其能從劉墉的書法中獲取給養，是一個典範式的人
物。

　　在陽剛、陰柔的處理上，曾熙對吳昌碩也頗為讚賞：「吳缶廬實從鄧完白
得筆，然牝牡相生，顧盼多姿，蒼勁中姿媚躍出，此老得之」〔註39〕。吳昌
碩雖然取法鄧石如，但並不像鄧一樣「筆力豪橫……有子路行行之氣」，而是
蒼勁與姿媚融為一體，生動活脫，剛柔並濟，因此能夠另開新境。筆者認為，
之所以曾熙認為鄧石如「有子路行行之氣」，除了取法風格上的原因外，隱隱
之中還有一種身份上的不認同。在曾熙內心裏，鄧石如雖為一代開宗立派的

〔註36〕曾熙：《遊天戲海室雅言》，《明清書論集》，上海辭書出版社，2011年版，第
　　　　1457頁。
〔註37〕曾熙：《遊天戲海室雅言》，《明清書論集》，上海辭書出版社，2011年版，第
　　　　1459頁。
〔註38〕曾熙：《書畫題跋》（選輯），《明清書論集》，上海辭書出版社，2011年版，第
　　　　1463頁。
〔註39〕曾熙：《遊天戲海室雅言》，《明清書論集》，上海辭書出版社，2011年版，第
　　　　1459頁。

碑學大師，成就極高，後世傚仿追隨者甚眾，但畢竟為一介布衣，在學養上遜於受過正規教育的傳統封建士人，缺乏一種潛在的文人氣質。這似乎也意味著，雖然辛亥「鼎革」之後傳統封建士人的原有身份已然瓦解，但這種早已植入他們骨髓的價值認同感卻很難快速消退。

　　儘管曾熙在書論中並未直接表明倡導陽剛還是陰柔，但明確的態度一直貫穿於其對古今書家的品評標準中。如他曾談及顏體書風的歷史傳承：

　　　　去平原之嚴強，內矜而外和，骨峭而韻秀，楊少師是已，師之者思白，歷乾道尚多師紹，蓋顏書之一變也。取其轉使，縱橫篆分，運以黑女之掠空，道因之擊實，蟬蛻古人振腕自得，顏書至道州又一變也。〔註 40〕

又云：

　　　　自來師平原，君謨得其皮相而乏骨力，東坡雖學畫像，實用鍾法，少師韭花帖，化剛為柔，思白沿之至今，然江別為沱，已失正流。〔註 41〕

　　從以上兩段話可以看出，曾熙對楊凝式的「骨峭而韻秀」和「化剛為柔」是非常推崇的，因為無論是「骨峭而韻秀」還是「化剛為柔」都是為了調和陰陽，達到剛柔並濟的藝術效果。而蔡襄則「得其皮相而乏骨力」，僅能形似，並未具備顏書的堅剛之骨。之所以曾熙對何紹基的學顏成就非常讚賞是因為何氏將顏真卿的轉使之法和篆分融會起來，並結合《張黑女》的「掠空」與《道因法師碑》的「擊實」，形成了獨特的個性風貌。曾熙認為，何紹基參通了書法剛柔相濟、陰陽調和的真意，是學顏而有建樹的優秀範例。

　　此外，曾熙剛柔並濟的書法風格觀不僅反映在「道」的層面，還體現在「器」的層面。比如他特別注意紙筆的配合：「硬紙用軟筆，軟紙用硬筆，庶得剛柔相濟之妙」〔註 42〕。這種用紙和用筆的經驗之談在清代書論中也算非常新穎，蘊含著曾熙對書法剛柔之道的理論思考，也是他積年累月艱苦技法實踐的結果。

〔註 40〕曾熙：《書畫題跋》（選輯），《明清書論集》，上海辭書出版社，2011 年版，第1464 頁。

〔註 41〕曾熙：《書畫題跋》（選輯），《明清書論集》，上海辭書出版社，2011 年版，第1464 頁。

〔註 42〕曾熙：《遊天戲海室雅言》，《明清書論集》，上海辭書出版社，2011 年版，第1462 頁。

4.3.2　論碑帖分途與南北同轍

　　曾熙的篆隸書與取法南北朝的楷書以碑學筆法寫就，而小楷和行草書則是鍾王帖學一路。這種對碑和帖「分而治之」的實踐觀念其實來自他「碑不可通之帖」的書法風格觀。清道人早年來滬，沈曾植勸他「納碑入帖」，秦幼蘅勸其「捐碑取帖」，而曾熙則認為「碑不可通之帖」。他 1915 年 12 月在跋清道人臨《唐宋元明漢魏六朝帖》中云：

> 碑不可通之帖，亦猶撰文不得以碑銘之筆作箋札耳。唐之響搨，宋之撫石，波磔既損，真氣蕩然。勢不能不以兩漢隸分生六代之枯骨。道人此冊所以高越前人，為帖學者得此法也。至每臨一帖，神意逼真，如影隨人，求之古人，老米猶當讓步。〔註43〕

　　曾熙的「碑不可通之帖」並不是碑和帖在審美層面上無法契合，而是站在技術層面，認為不能把寫碑的筆法與寫帖的筆法混淆起來運用，而應寫碑用碑法、寫帖用帖法。曾熙好友李瑞清曾有「南北之見」，自號「北宗」，對法帖則不甚留意。後來在曾熙等人的勸諫和實踐檢驗下，才放下了這種「南北之見」，兼攻帖學一路，他的臨作《唐宋元明漢魏六朝帖》就是在這樣的背景下創作的。在曾熙看來，碑和帖的風格是有明確界限的，主要的區分就是二者的用筆方式不同。碑筆尚方折遲澀，富於金石之氣；帖筆尚圓轉流動，富於書卷之氣。儘管如此，但並不代表二者的結構不可互通，也不代表二者的審美韻味不可互通。這一點，在曾熙的楷書實踐上，我們已經有所認識。

　　雖然曾熙認為在用筆上「碑不可通之帖」，但並不主張把北碑和南帖割裂開來，也並不認為南北書風判若江河。因此，他對阮元的「北碑南帖」和「南北書派」理論並不認同。清代中期，阮元的《北碑南帖論》和《南北書派論》風靡書壇，為碑學理論體系的構建具有奠基之功。隨後，包世臣的《藝舟雙楫》進一步發展了阮元的碑帖分派和南北分派理論，使「揚碑抑帖」的審美傾向更加凸顯。伴隨著碑學理論的興起，以鄧石如、伊秉綬為代表的清代中期碑學書家異軍突起，從而引燃了書法史上空前絕後的碑學運動。清末民國時期，隨著敦煌簡牘殘紙文書和南北朝碑刻等書法新材料的不斷出土和傳播技術的革新，書法家們得以在大量的圖像資料中重新審視阮元以來南北分途

〔註43〕曾熙：《書畫題跋》（選輯），《明清書論集》，上海辭書出版社，2011 年版，第1465 頁。

理論的合理性。通過對書法史各時期作品的重新梳理和歸類，不少有識的書家發現阮元和包世臣的理論漏洞百出，於是紛紛提出質疑和批評。其中以康有為、曾熙、李瑞清等為代表。曾熙在《跋清道人節臨六朝碑四種第一集》中坦露了對阮氏「南北書派」的看法：

> 自儀徵阮氏創分南北書派，海內學者多沿其說，熙竊以為惑矣。
> 阮云：北朝、魏、齊碑板尚守隸分遺法，其言當矣。至稱傳索靖之
> 法，南北劃若鴻溝，何以大小爨碑出於晉宋之南徼？可知化隸為真，
> 南北同一轍也。阮云：瘞鶴銘與鄭道昭山門字相近，但妍態少古法。
> 今焦山石尚在，憬然篆法，以視鄭但解分勢衡衍，則超越遠矣。此
> 阮氏之大惑也。阮稱北朝瓦當碑頭，可以類推，北人長於碑榜，至
> 東晉墓磚，乃云：字跡近篆隸，然出陶匠之手。其無款識。北瓦南
> 碑所同，阮何以知晉必出於陶匠？此惑之甚者也。晉書、南北史皆
> 唐人所修，阮於北史所稱崔悅、盧諶等善隸工草，則信為有家法。
> 右軍傳中「善隸書為古今之冠」，則疑援史品題，謂世不傳右軍隸法
> 則可至疑。右軍不能隸，大令不解書榜，所謂非惑也，乃謬也。阮
> 既知南朝敕禁立碑，其時學守老莊，高尚清談，方且以立石飾美為
> 陋，此南朝無碑，羲、獻不傳今隸。然茅山天監井欄字，梁蕭侍中
> 神道碑額，近出土梁程虔碑，皆化隸為真，即羲、獻巨嬳所留遺也。
> 阮氏執南宋以來展轉勾撫，真偽混雜之閣帖，幾疑江左風流，盡出
> 渡江衣帶一帖。何異見今日僧子誦經，即奉為如來法耶？蓋南北碑
> 誌二爨與中嶽靈廟同體，以剛勝；李洪演造像與曹娥同韻，以柔勝；
> 梁程虔神道與崔敬邕志同取掠空之勢；南帖中黃庭內景經與石門銘
> 同擅縱擊之長，安見南北書派判若江河？近敦煌石室經卷，見北朝
> 書章草，以證沙簡中晉人手札，並可悟南北行草同源之妙，惜阮氏
> 不及見也。梅道人以周金作篆，兩漢窺六朝，所謂緣崑崙觀四瀆之
> 到海，每臨一碑驚絕海內。共幾研廿有四年前，道人尚有南北之見，
> 今則服膺予論。〔註44〕

曾熙從碑和帖兩個方面對阮元「南北書派」論展開批評：

首先，曾熙從大小爨出於南徼的事實出發，指出在「化隸為真」層面上北瓦和南磚相同。進而，他認為南北碑都有剛柔的問題，「南北碑誌二爨與中嶽靈

〔註44〕《清道人節臨六朝碑四種第一集》，震亞圖書局，1915 年版。

廟同體，以剛勝」「李洪演造像與曹娥同韻，以柔勝」，指出南方作品和北方作品有很多溝通之處，並非「判若江河」，而是南北同轍。這一觀點與清人劉熙載的「北書以骨勝，南書以韻勝。然北自有北之韻，南自有南之骨也」〔註45〕可謂異曲同工。為了闡明這一問題，他甚至將南帖中的《黃庭經》和北碑中的《石門銘》來比較，認為二者都取「縱擊之長」。接著，他通過南朝《瘞鶴銘》與北朝《鄭道昭》筆法的對比，認為《瘞鶴銘》用的是明顯的篆法，批評了阮元認為《瘞鶴銘》少古法的觀點。最後，曾熙以東晉南朝的時代文化和社會風氣入手，解釋了「南朝無碑、羲獻不傳今隸」的原因，批評了阮元「右軍不能隸、大令不解書榜」的觀點。曾熙認為，無論從文字載體、筆法傳承，還是從審美趣味上，南北書跡都有廣泛的共通之處，不能截然以地域割裂開來。

其次，曾熙還從帖學方面進行了論證。他通過研究比對出土敦煌經卷中的北朝章草和敦煌簡紙〔註46〕中的晉人手札，指出南北行草也有「同源之妙」，並認為阮元受制於時代限制，所見有限，得出錯誤的結論亦在情理之中。清人對《淳化閣帖》翻刻失真而導致的帖學源流混淆具有普遍的認同感，因此「尊碑抑帖」似乎成為一種時代的必然，但曾熙能跳出《淳化閣帖》的諸家聚訟，而從《黃庭經》等魏晉書跡中去肯定帖學的價值，可謂獨具慧眼。

總之，在曾熙的理論觀念裏，碑與帖在筆法與風格上是分途的，但在審美趣味和精神氣質上南北方書跡之間並沒有不可逾越的鴻溝。雖然曾熙沒有像康有為一樣成系統的理論著作，但基於多年的大量筆墨實踐，寥寥數語，便能道破天機。並且，與康有為的早年「尊碑抑帖」而晚年又有「尊帖」之見不同，曾熙從一開始就發現了碑、帖各自的審美價值，對二者等量齊觀，可謂有先見之明。

不可否認，曾熙「碑不可通之帖」的理論觀點，在認識上具有一定的侷限性。在清末民國的上海書壇，已有不少書家從筆墨實踐中去尋找碑帖筆法融通的可能性，並作出了卓有成效的探索，沈曾植、鄭孝胥、康有為等都是典型代表。

〔註45〕〔清〕劉熙載：《藝概》，《明清書論集》，上海辭書出版社，2011 年版，第 1185頁。

〔註46〕曾熙所言「沙簡」概念應源於為王國維 1914 年出版之《流沙墜簡》。王氏此書影響甚大，而曾氏此段話正好寫於 1915 年，在時間上具有合理性。此外，1919 年曾氏為胡小石作《胡小石先生鬻書直例・序》曾提到胡小石喜學《流沙墜簡》。

4.4　審美論

4.4.1　論形與神

形與神是中國古代書法理論的兩大審美範疇，也是歷來人們討論的核心話題。曾熙對形神問題的理解和參悟除了從理性思考中來，而更大程度上從他的書法實踐中來。從朱大可與曾熙的一段問答中可窺：

> 可問：「可舊臨龍門諸品，點畫使轉，纖毫不爽，然而神理，終覺不類，願問其故？」

> 師曰：「此謂優孟衣冠，得其貌而未得其神也。大凡臨書者，始則得其貌，次則得其神，終則遺其貌而取其神。得其貌者，敏者十日，鈍者期月，使可收效。得其神者，頗難言之，蓋有畢世學之而弗得者矣。若夫遺貌取神，此非卓然成一家者，不足語此。自唐宋以來，不數數覯也。」又曰：「臨書貴得神，神如何得？出力而已。力如何出？多習而已。」又曰：「習書如習拳，初習拳者，不足碎瓦礫，習之既久，可以捶磐石。書道亦然。王右軍入木三分，此真書家之鐵腕也。」〔註47〕

門人朱大可臨摹龍門造像，遇到了形似而不得其神的問題，向曾熙請教，於是有了以上對話。實際上，關於形神的問題，曾熙曾多次為門人點撥迷津，如在《贈馬宗霍隸書卷》中說「凡書之整散，在氣與神，求之形體，其次也。氣神不斂，雖日臨史晨，不過局蹙而已。倘氣函神充，雖則褒斜大字，亦嚴謹有度，所貴求之氣與神也」〔註48〕，與王僧虔的「神采－形質」論相似，在曾熙的思想中，「氣」與「神」列居書法創作的首位。

為了解答朱大可的疑惑，曾熙將臨摹分成三個階段：得其貌、得其神和遺貌取神。其中，得其貌最易，稍假時日即可；得其神和遺貌取神最難，須有天資稟賦方能實現。至於如何「得神」，曾熙給朱大可的建議是「出力」，這是曾氏第一次明確提出「神」和「力」的關係。「力」如何來？曾熙認為來自大量的臨習實踐。隨著對話的逐步深入，他又強調了臨習的次第問題：「今人惑

〔註47〕曾熙：《遊天戲海室雅言》，《明清書論集》，上海辭書出版社，2011年版，第1459頁。

〔註48〕曾熙：《農髯論書墨蹟》，《明清書論集》，上海辭書出版社，2011年版，第1466頁。

於包安吳之說，初學作書，即臨魏碑，不知魏碑筆力沉著，多從古篆分隸得來，不與此中下一番工夫，無怪其字字臥於紙上也。」〔註49〕時人學魏碑而得靡弱乏力之態，竟其原因是不知「古篆分隸」之變，這就是曾熙「崇古溯源」書學觀的核心問題。他在一件論書墨蹟中重申了這個觀點：「造像以篆書之法，掠其天機，遂有妙處。倘索形雕寫必滯笨無味矣」〔註50〕。雖然造像題記書法以剛直方筆為主，而篆書以婉轉圓筆為主，二者看似風馬牛不相及，實際在曾熙看來，魏碑的「筆力」完全來自「古篆分隸」。不過，僅從「古篆分隸」中獲得「筆力」是不夠的，一味強調「力」便會流於粗野，書法作為一個鮮活的生命體還需要肉、勢、性情等各種要素的支撐。對此，曾熙提出「書法宜取骨於篆，取筋於隸，取肉於分，取勢於草。性情取之於其人度量，得之江海。」〔註51〕將「骨」「筋」「肉」「勢」等生命要素與篆、隸、分、草等書體結合起來論述，既賦予書體以生命活力，又有了現實的可操作性，不給初學者以無所適從之感，這可以說是曾熙對書法理論的獨特貢獻。

除了「力」的美學範疇，曾熙進一步闡明了「神」與「氣」的問題，「篆隸貴委迤養氣，分書在飛躍取神」，明確了「篆隸」與「分」、「氣」與「神」兩對書學概念的內在關係。如果把書法比作一個有機的生命體，那麼「篆隸」就是生命之本，「篆隸」的功用在「養氣」，而「分書」則在「取神」。從性質上講，「神」「氣」「力」都屬於「形而上」的，看不見，摸不著，但又真實地存在，它們生發於筆墨之間，而又蘊藏於筆墨之內，是書法藝術生命力的源頭活水。無「氣」則無以談「神」，「神、、「氣」不具則無以出「力」。在曾熙這裡，「神」「氣」「力」是一個相輔相成的統一體，與蘇軾的「書必有神、氣、骨、肉、血，五者缺一，不可以為書也」〔註52〕的精彩論斷有異曲同工之妙，而又更加生動明晰。

故而，通過曾熙的論述，我們對本節開頭他與朱大可的那段對話便有了更深刻的領悟。在曾熙的書法審美觀中，「篆隸」是生命之「氣」的來源，而

〔註49〕曾熙：《遊天戲海室雅言》，《明清書論集》，上海辭書出版社，2011年版，第1456頁。

〔註50〕曾熙：《農髯論書墨蹟》，《明清書論集》，上海辭書出版社，2011年版，第1466頁。

〔註51〕曾熙：《農髯論書墨蹟》，《明清書論集》，上海辭書出版社，2011年版，第1467頁。

〔註52〕蘇軾：《論書》，《歷代書法論文選》，上海書畫出版社，2012年版，第313頁。

魏碑的「力」正是從「氣」中來，沒有「氣」，「力」便無從談起。如他在談到碑帖問題的時候，曾指出「唐之響拓，宋之撫石，波磔既損，真氣蕩然。勢不能不以兩漢隸分生六代之枯骨」﹝註53﹞，用了「氣」和「骨」來比喻「兩漢隸分」之於魏碑的源頭地位，又對清道人李瑞清以「兩漢隸分」入六朝的實踐頗為認同，稱其「神意逼真，如影隨人」。可見，在他的審美價值裏，書法一直是一個以「神」「氣」「力」為中心的具有生命力的藝術語言系統。

4.4.2　論功力與天機

　　南朝王僧虔《論書》中曾提到「天然」與「工夫」，在王氏的眼中「天然」所指的是那些自然而然、不經刻意雕飾而隨性發揮的作品，具有自然美和偶然性。同時，這種自然而然並不是信手塗鴉，而仍依賴於書法家的超人稟賦和創作狀態；而「工夫」則指書法作品經過人為努力達到的「工巧」或「精熟」，是一種人工精心安排和雕琢的美感。其中，「工夫」的「工」就強調要講規矩。宋董逌《廣川書跋》則提出「天機」論，他認為要達到「天機」並非勤學苦練就能達到，而須「心專」「神定」「氣全」，這樣才能「致一於中」，技進於道，所舉的一個典型就是有「草聖」之稱的張旭。韓愈曾在《送高閑上人序》中評價張旭「善草書，不治他技」，實際上與董逌的「致一於中」異名同理。董逌的「天機」在王僧虔「天然」的繼承上強調了創作狀態即「致一於中」的重要性。曾熙則在前人論書的基礎上提出了「天機」和「功力」這一對重要的書法概念範疇，既繼承了王僧虔和董逌的理論精髓，又闡明了二者的區別與聯繫。

　　如其論書墨蹟中云：

> 　　畫禪室稱書須從熟後求生，可謂得書家三昧矣。莊生云其嗜欲深者，其天機薄。書畫功力深處，能不掩其天機，無生無熟皆妙品。﹝註54﹞

曾熙提出的「天機」一詞來自於莊子的「其嗜欲深者，其天機薄」﹝註55﹞。

﹝註53﹞曾熙：《書畫題跋》（選輯），《明清書論集》，上海辭書出版社，2011 年版，第 1465 頁。

﹝註54﹞曾熙：《農髯論書墨蹟》，《明清書論集》，上海辭書出版社，2011 年版，第 1468 頁。

﹝註55﹞〔戰國〕莊周著、沙少海注釋：《莊子集注》，貴州人民出版社，1987 年版，第 67 頁。

莊子認為，一個人對一件事物產生的欲望越深，其智慧和靈性就會減弱。曾熙將這一道理延伸到書畫上，指出書畫的「功力」和「天機」有時會是此消彼長的關係，技術層面的「功力」深厚了，可能就會影響「天機」的生發，而只有達到「無生無熟」的狀態才能產生妙品。唐代李嗣真《書後品》曾提出「逸品」的概念，指出符合「逸品」標準的應該是「神合契匠，冥運天矩」〔註56〕的曠代之作，其代表書家就是鍾、張、羲、獻。曾熙所提倡的「天機」與「逸品」的標準非常貼近。

為了進一步明晰書法中「功力」與「天機」的關係，我們不妨分析一下曾熙書法理論中的具體表述。

> 北朝人書以鄭文公碑，以功力勝，天機純然消滅矣，不善學之流弊極多。〔註57〕

> 造像以篆書之法，掠其天機，遂有妙處。倘索形雕寫必滯笨無味矣。〔註58〕

在談到《鄭文公碑》和造像題記等北碑書法時，曾熙指出《鄭文公碑》以功力見長，而天機泯滅，不善學者就會誤入歧途，而造像摻以篆書筆法可顯天機，但同樣忌諱「索形雕寫」。由此可見，曾熙對循規蹈矩的碑學實踐是反對的，他提倡「天機」，實際上就是主張求變、脫俗。但是，曾氏倡導「天機」並不是要摒棄「功力」，而是將二者歸入不同的審美層次。可以說，「功力」是「成家」的必經之路，經過勤學苦練可以實現，而「天機」則是「入聖」者所能達到的，除了個人的才情稟賦外，還需要妙手偶得的靈感，可遇而不可求；「功力」是「技」的層面，「天機」則是「道」的層面；「功力」是書家的初級追求，「天機」則是一個書家的終極理想。

> 書畫必須功深力厚，方能成家。然入聖處，不見功力，但得天機，純粹嬰孩乃到絕妙。〔註59〕

〔註56〕〔唐〕李嗣真：《書後品》，《歷代書法論文選》，上海書畫出版社，2012年版，第135頁。

〔註57〕曾熙：《農髯論書墨蹟》，《明清書論集》，上海辭書出版社，2011年版，第1467頁。

〔註58〕曾熙：《農髯論書墨蹟》，《明清書論集》，上海辭書出版社，2011年版，第1466頁。

〔註59〕曾熙：《農髯論書墨蹟》，《明清書論集》，上海辭書出版社，2011年版，第1467頁。

在這裡，曾熙將「不見功力，但得天機」視為「入聖」的體現，與張懷瓘的「惟觀神采，不見字形」旨趣相契。他認為至高境界的「天機」就是如嬰孩一樣純淨如紙，沒有主觀求工的意識，反而能到妙境。老子在其《道德經》中反覆提到「嬰兒」，在道家哲學體系中，「嬰兒」是自然的象徵，純淨、無為、無欲、無染，是一種近乎本真的狀態。曾熙以「嬰孩」隱喻書畫家要以「嬰孩」之境為至高理想，這樣才能由「家」入「聖」。

他評八大山人書法也是一理：

> 八大山人純師右軍，至其圓滿之中，天機渾浩，無意求工而自到妙處，此所以過人也。〔註60〕

曾熙是一個有佛緣的人，他除了經常為家人或友人抄寫佛經外，還特喜「四僧」的書畫，尤其是對八大和石濤情有獨鍾。他認為，八大的書法師法王羲之，但已平和簡淨到極致，無意求工，反而「圓滿之中，天機渾浩」。「圓滿」是佛家語彙，「天機」則是道家語彙，二者在書法上所追求的終極精神是一致的，即「天人合一」之境。可以說，曾熙的書法理論雖然言簡意賅，但思想曠遠、格局宏大。除書法外，曾熙畫論中也經常出現「功力」和「天機」的表述。如：

> 海粟先生博究中西，六法功力既深，天機翔舞。此作純以勾勒取象外之意，無心於石濤而適得其似。至筆力遒古，畫法即書法，氈之法門，即作如是觀。〔註61〕（題劉海粟《山水圖》）

> 偶然數筆，尚見天倪。鹿床論畫云：『眼前地位放寬一步即是天機。』予畫固然。予今日所處亦何嘗不然。鐵年老弟平日每見氈畫，契賞露於眉唇之間，請留此，觀他年所進。〔註62〕（題符鐵年《山水圖》）

他主張，「畫法即書法」，二者都講求筆墨工夫和靈感。在他眼裏，要成為一個卓越的書畫家，首先應達到「功力」深厚，在此基礎上不應再囿於「功力」，而以「天機」為最高理想。「功力」與「天機」的關係正如「形」與「神」的關係一樣，一個是藝術的表層，一個是藝術的內核，二者相輔相成，缺一不可。

〔註60〕曾熙：《書畫題跋》（選輯），《明清書論集》，上海辭書出版社，2011 年版，第1465 頁。

〔註61〕王中秀、曾迎三：《曾熙年譜長編》，上海書畫出版社，2016 年版，第480 頁。

〔註62〕王中秀、曾迎三：《曾熙年譜長編》，上海書畫出版社，2016 年版，第619 頁。

綜上所述，在書法審美上，曾熙提倡學書者應以形寫神、由「功力」而入「天機」，這些都是「技進乎道」思想的濃縮。顯然，有過經師和士人身份的曾熙，對中國傳統文化中儒、釋、道各家思想的精義有著深刻體悟，當他為書法的技、道關係進行闡釋時，便能一語中的、深入堂奧。因此，曾熙書法理論的成功之處在於不囿於點畫之間的技術經驗，而是將其上升為直指審美本質的哲學思考。

4.5　創作論

4.5.1　論博取與篤守

曾熙融會各體，參通碑帖，以理論指導實踐，而書法實踐的諸多經驗又可以修正和鞏固他的理論，二者形成了良好的互動和補益。在創作上，曾熙主張博取與篤守相結合，從浩如煙海的歷代名作中汲取營養，獲得會通的能力。他在與朱大可論書中曾言：

> 篤守一家，以深其力，博取諸碑，以廣其趣，二者皆不可偏廢。
> 知篤守而不知博取，必失之滯；知博取而不知篤守，必失之浮。如
> 子之論詩，雖主昌黎，然唐之李杜，宋之蘇黃，亦何嘗不常諷誦及
> 之。記曰：『博我以文，約我以禮。』書雖小道，事則同也。〔註63〕

曾熙指出「篤守」是為了「深其力」，「博取」是為了「廣其趣」，二者缺一不可。他進而指出，一味「篤守」、不知「博取」，書法就會「滯」而無味，而一味「博取」、不知「篤守」，書法就「必失之浮」。這個道理與詩理是相通的，當然與畫理也是相通的。曾熙曾在畫跋中提及石濤的「搜盡奇峰打草稿」，也可以說明這個問題。

在曾熙看來，「博取」並不是「篤守」的前奏，也不是初學階段的圭臬，而是每個學書者都應該平衡好的兩個基本原則。在這裡，「博取」有三個層面含義：一是書體層面。一個真正的書法家不應只專攻一體，而應打通各體，這樣才能有「鎔鑄蟲篆，陶均草隸」的能力。曾熙主張學書次第「先篆，次分，次真，又次行」就說明了在書體上必須「博取」；二是在時間序列層面。曾熙曾盛讚三代鼎彝是「三百篇，離騷也」、兩漢碑誌是「十九首古樂府也」

〔註63〕曾熙：《遊天戲海室雅言》，《明清書論集》，上海辭書出版社，2011 年版，第
　　　　1460 頁。

等，說明他並沒有厚古薄今的成見，而是古今等量齊觀。在曾氏看來，自古至今的優秀書法作品都有值得學習之處，都可以列入「博取」的範圍；三是碑帖類型層面。曾熙並沒有康有為和李瑞清早年的尊碑抑帖之見，而是上到三代鼎彝，中到唐宋名家，下到清代何紹基等近世書家都有所取法，只不過在花費的精力上碑多於帖而已。

實際上，曾熙也是這樣做的。從現有資料來看，僅他臨過的漢魏南北朝碑就不下百餘種，在此基礎上篩選出自己最得意的風格類型，深入下去，可謂「篤守」。比如，他在眾多的隸書傑作中遴選《華山碑》和《夏承碑》作為主攻方向，並糅入篆書筆意，魏碑則獨喜《張黑女》，南碑偏愛《瘞鶴銘》。這些風格類型的確定，都是曾熙在「博取」諸家的基礎上完成的。他教育門人，同樣先要求他們將經典作品臨習一過，然後選擇自己的興趣深入下去。對此，朱大可體會深刻：

> 師授及門諸子學書，先習毛公鼎或散氏盤，次習石門頌……然後縱之臨摹魏碑。〔註64〕

朱大可的從一個門人的視角披露了曾熙課徒的細節要求：從西周金文入門，既而學習《石門頌》等正宗漢碑，然後進入魏碑。顯然，這一學書次第是非常科學的，先溯源頭，然後「順流」而下，既能釐清筆法歷史傳承的脈絡，又能窺得文字發展之變，可謂一舉兩得。但是，曾熙鼓勵學生「博取」的目的是為了使其對書法的流變與規律有一個宏觀把握，前提是選擇優質的範本，並非抱殘守缺，多多益善。朱大可曾向曾熙請教魏碑以何為最優，對此，曾熙回答說：

> 魏碑佳者，不過熟在人口之十餘種，近日出土者，多屬碑估偽造，以其語氣筆勢，不越舊者外也。吾輩果能就其一二種，臨摹自得，已足名家，非如賣菜傭多多求益也。〔註65〕

曾熙認為，魏碑有代表性的不外人們耳熟能詳十餘種，而坊間偽造之作，亦不乏其數，雖然面目新奇，但其筆法氣質並沒有脫出經典作品的藩籬，不足貴也。在他看來，「博取」不是泛濫取法，而是去粗取精，選其所好，然後

〔註64〕曾熙：《遊天戲海室雅言》，《明清書論集》，上海辭書出版社，2011 年版，第 1460 頁。

〔註65〕曾熙：《遊天戲海室雅言》，《明清書論集》，上海辭書出版社，2011 年版，第 1457 頁。

「篤守」一二種，就可以成為名家。曾熙以「博取」和「篤守」來概括他對書法創作的態度，同時也以此警示後學，對今天的創作同時具有啟示意義：作為專業書家，在書法取法上要「學綜百家」〔註66〕，但最後的旨歸絕不是成為一個蜻蜓點水式的「雜家」，而是「法歸正道」，構建屬於自己的個性藝術語言體系。

4.5.2　論作書與學養

在書法創作上，除了「博取」和「篤守」的原則外，曾熙還極力提倡學養。在曾熙看來，如果說「博取」和「篤守」是解決書法技術層面的不二法門的話，那麼學養就是由技入道的門徑。學養從何而來？讀書。這是曾熙對門人的真誠回應。

> 凡作書者，宜先讀書。如能讀破萬卷書，雖不孳孳臨池學書，而書自能清雅絕俗。古今書家，自中郎、太傅、右軍父子以來，何一不是績學之人？清代袁子才，自謙不工書法，然其行書，包安吳列入逸品。其他顧亭林、王漁陽輩，或以學術稱，或以詩文著，而其書法，無不可觀。所謂『腹有詩書氣自華』也，若胸無點墨，強顏作書，如夫己氏者，識者終羞稱之。〔註67〕

無獨有偶，曾熙的好友李瑞清同樣主張讀書，他曾言：「學書尤貴多讀書，讀書多，則下筆自雅」〔註68〕。曾熙和李瑞清都是封建社會典型的讀書人，並且高中進士，有著豐厚的傳統文化學養，這樣的經歷自然對其書法理論思想影響甚巨。因此，我們就不難理解曾熙訓導弟子的「凡作書者，宜先讀書」的論斷。曾熙為了說明作書與學養的關係，先後列舉了歷史上的書法名家蔡邕、鍾繇、王羲之父子和文化名流袁枚、顧炎武、王漁陽等人，他們都是飽學之士，因此下筆落墨便能脫俗。我們前面提到過曾熙曾認為鄧石如書法有「子路行行之氣」，其根源還是學養問題。

其實，像曾熙一樣倡導學養的書家不在少數。蘇軾的「下筆如山未足珍，讀書萬卷始通神」、黃庭堅的「學書要須胸中有道義，又廣以聖賢之學，書乃

〔註66〕鄭曉華：《法歸正道　學綜百家——中國人民大學書法學科的教學理念與構想》，《中國書法》，2010 年，第 12 期。

〔註67〕曾熙：《遊天戲海室雅言》，《明清書論集》，上海辭書出版社，2011 年版，第1460 頁。

〔註68〕李瑞清：《玉梅花庵書斷》，《清道人遺集》，黃山書社，2011 年版，第 156 頁。

可貴」〔註 69〕、劉熙載的「書如其人」等閎論無不擲地有聲，成為學書者心中的圭臬，影響著一代又一代人。那麼，讀書能直接影響書法創作的技術含量麼？曾熙的回答是：「不能」。但是，曾熙認為，學養能變化書者的氣質，使其書「清雅絕俗」，甚至關乎人格修養，這些都能提升書法的「附加值」，並且影響到書法藝術的評判。在他的書論中，我們經常可以看到類似的論述：

> 南園先生崛起邊疆獨入堂奧，猶孔得孟，斯道以昌。先生正直不阿，海內欽仰。學其書，倘並學其人，則書雖藝事，可進於道矣。〔註70〕

可見，曾熙之所以對錢南園書法推崇備至，除了其較好地發展了顏體的風骨外，更重要的是錢氏為人的剛正不阿已芳播海內，成為忠臣義士的標杆性人物。這樣他的書法就不再是區區的「藝事」，而是澆注了「士人」的風骨，成為「進於道」的法門。我們在前面的「書家論」一節中曾提到，曾熙對清代書家最為推崇的有三家，即錢灃、何紹基和翁同龢，這幾人都是學養深厚者，同時又都是忠臣義士。顯然，曾熙評騭書家明顯有一個道德標準在裏面，而這個標準也承載著他內心所仰望的精神高度。換句話說，作書就是做人的觀照，人品決定書品。而人品除了與個人的秉性、資質、閱歷等密切相關外，還取決於學養的修煉，人們常說的「腹有詩書氣自華」即是這個道理。將書法品評與人倫鑒識聯繫起來，是傳統儒家思想對曾熙書法理論進行影響和滲透的重要表現。

因此，我們可以從曾熙的書法理論闡釋中窺見他作為封建士人對精神氣節的看重和堅守，以及他對門人的期望：「書雖藝事」，但「進於道」才是書者的終極理想。在看待作書與學養的關係上，李瑞清和曾熙是高度一致的，他提出的「學書先貴立品」〔註71〕與曾熙的「凡作書者，宜先讀書」同是一理。可以說，曾熙、李瑞清在書法理論中將學養和人格置於至高地位是與他們自我身份的認同感分不開的。在某種意義上講，他們首先是視名節如生命的真正意義上的傳統文人，其次才是以書法技藝較能的書家。「修齊治平」和「忠孝仁義」的儒家倫理價值觀已經植入他們的骨髓，成為他們為人、為藝的靈

〔註69〕〔宋〕黃庭堅：《論書》，《歷代書法論文選》，上海書畫出版社，2012 年版，第 355 頁。

〔註70〕曾熙：《書畫題跋》（選輯），《明清書論集》，上海辭書出版社，2011 年版，第 1464 頁。

〔註71〕李瑞清：《玉梅花庵書斷》，《清道人遺集》，黃山書社，2011 年版，第 156 頁。

魂，也成為滋養他們藝術創作的源頭活水。

筆者認為，曾熙的書法理論，無論書體論、書家論，還是風格論、審美論和創作論，都是從自己長期的筆墨實踐中來，最終又反作用於筆墨實踐。他的書體論旨在明晰不同書體風格及其源流，以保證取法路徑的正確性和科學性；書家論旨在通過書家優劣的評騭和闡釋，表達其「活學」「善學」的書法學習觀念；風格論意在通過對歷代經典名作和名家得失的比較與反思，倡導一種剛柔並濟、南北溝通、碑帖融合的書法風格；審美論從書法的形與神、功力和天機切入，為書法創作勾勒出一條以形寫神、由技進道的審美路徑，包含著其深刻的哲學思考；創作論則是對創作經驗的總結和指導總則，是其理論思想的最終落腳點。總之，曾熙通過對歷代傳統碑帖和名家的追尋和審視，試圖為自己的創作實踐構建一種符合歷史和時代主流審美標準的「正統」藝術語言體系，以期達到一種既碑帖兼容、剛柔並濟、形神兼備，又富有創新精神和人格魅力的藝術境界。

第 5 章　曾熙書法的影響與評價

　　在早先的一些近代書法史著作或介紹文章中，曾熙多以一個職業書法家的身份而存在，其書法教育家這一重要身份和廣泛影響常被忽視。設帳授徒可視作曾熙正式開展書法教育的標誌。早在 1888 年，趙恒惕就已拜入曾熙門下，成為曾門最早的弟子之一。對此，《趙資政書傳‧第三書史》有載：「光緒十四年冬，公隨父至衡陽，邂曾熙先生。熙長公十七歲，於學無所不窺，尤善隸書，人稱三湘名士，因從熙學書」〔註1〕。後來，趙恒惕從軍後還曾數次拜訪曾熙，請教書藝，其父去世後，曾熙受託撰並書《衡山趙先生墓碑》。從目前可見的文獻資料來看，趙恒惕是曾熙一門中政治職位最高的學生，他在後來擔任湖南省總司令、湖南省省長職位後，仍與老師曾熙多有書畫往來，這種師生聯繫一直延續到曾熙離世。以 20 世紀二十年代初為界，曾熙的書法風格在上海風靡開來，其影響力也日漸炙手可熱，以致慕名學書並列贊門下的弟子越來越多。曾熙擯除門戶之見，又介紹眾多弟子入清道人李瑞清之門，張大千就是其中典型一例，曾、李二人共同設帳授徒的事蹟堪稱海上書壇的一道靚麗風景。此外，朱大可、馬宗霍、蔣國榜、胡小石、姜丹書、李健等眾多俊彥都同列二人門牆，這些學生們後來有的成為國學大師，有的成為大學教授，有的成為職業書畫家，分布於各行各業，使曾熙、李瑞清書風的影響可以輻射到社會的各個角落，並代代相傳。為了明晰曾熙對門人的影響，我們特從三個層面來闡述這個問題。

〔註1〕閩起編：《趙氏名家書法選萃》，臺灣中華書局，1977 年 10 月版，第 45 頁。

5.1 影響

5.1.1 對張大千兄弟的影響

在曾熙的眾多門人中，藝術成就和聲響最高的當數張大千，其兄張善孖、弟張君綬也都拜在曾熙門下。尤其是張大千在曾李謝世後，日漸蜚聲海上乃至全國畫壇，成長為具有典型時代意義的世界級國畫大師，其早期的學藝經歷尤其值得我們追尋。一家兄弟（妹）幾人同列曾氏門牆的還有江一平、江百平、江萬平。其中，張善孖、張大千兄弟跟隨曾熙學藝最勤、時間最長、成就最高，也是受曾熙影響最大的一對兄弟。由於張君綬跟隨曾熙學書僅有一年，故在此略去，重點分析曾熙對張善孖和張大千的影響。

關於張大千拜師曾熙和李瑞清的具體時間，曾有 1919 年和 1917 年兩種說法。張大千晚年自述為 1919 年，而錢君匋和曾熙的題跋披露的信息都指向 1917 年，究竟如何，莫衷一是。為此，傅申、包立民等多位專家學者做過系統考證，但均未提出有力的直接證據。這種爭議一直持續，直到 2011 年張大千題「千秋萬歲」六朝銅鏡銘拓片在臺北國立歷史博物館舉行的《張大千的老師——曾熙、李瑞清書畫特展》上展出，才撥開了籠罩書畫界已久的迷霧，坐實了 1917 年說〔註 2〕，為這樁公案畫上了圓滿句號，也證明了張大千晚年的一些回憶內容並非完全可靠。

按照文獻記載，張大千兄弟入曾熙之門後，曾氏以清道人擅三代兩漢六朝書為由又推薦他們拜到李瑞清門下。由於張氏家人不同意張大千在滬學書，故不久張氏離開上海赴日本學染織技術〔註 3〕，直到 1919 年重回上海繼續在曾李門下學藝。由於 1920 年李瑞清病逝，因此張氏兄弟從李氏學書時間並不算長，李瑞清對他們藝術道路的影響也沒有曾熙那樣深遠。筆者認為，曾熙對張大千兄弟的影響主要體現在兩個方面：

一是充當了張大千兄弟進入藝術殿堂的領路人角色。具體而言，可分為

〔註 2〕張大千題「千秋萬歲」六朝銅鏡銘：「壽世之竟，秦漢為多，六朝物僅此一見。五年前，曾以之壽梅師，梅師沒，不願假作它人壽，重以筠庵先生命，完我趙璧，脫之以公諸愛我兼竟者。壬戌五月既望，德庵先生索搨片，因識數語於此，大千居士爰。」

〔註 3〕對於張大千日本學印染一說，學術界仍然有質疑，因為全日本的學校檔案中沒有留下任何他的學籍資料，故有學者推測學印染實為張大千赴日遊玩之說辭。

三：一為鑒藏，二為書法，三繪畫。

　　鑒藏。在鑒藏方面，張氏兄弟除了在老師的指導下購藏歷代碑帖、金石拓片外，還熱衷於購進一些明清名家畫作。值得注意的是，曾熙與清道人同好「四僧」尤其是八大、石濤的繪畫，每有佳品借閱或新品入藏都會邀請一眾弟子前來品賞學習，老師們對古代經典的推重和審美偏好對張氏兄弟產生了極大的觸動。他們從此在全國各地多方搜羅「四僧」的作品，除了自己購藏外，還受恩師曾熙之託代為選購其間精品。張善孖在題《石濤山水冊》中如此描述張大千購畫之「慷慨」：「八弟季爰嗜古若命，見名畫必得之為快，甑無米，楮無氈，弗顧也。甲子歲，余客京師，八弟來會，偶於廠肆獲見此冊，以索價奇昂弗能有。旋遊滬瀆，吳人持此踵門求售，八弟見之，如逢故人，驚喜欲狂，卒以七百金得之，藏之大風堂。」美術史學家俞劍華認為，正是張善孖、張大千兄弟到上海後對石濤、八大不遺餘力地購藏，才使得石濤、八大的繪畫開始受到人們的廣泛重視，推動了其市場價格的上漲和學習者的與日俱增，最後形成了家家石濤、人人八大的壯觀局面。曾、李的好友楊鈞在《草堂之靈》中生動地記載了這一時期微妙的變化：

> 宣統以前，鑒家皆以「四王」、吳、惲為先，其他名家，非所急也。彼時畫值至賤，余介卿以五十金一幅收王畫，均視為善價，悉以與之，故王畫幾為介卿所獨有……彼時雖以六家為重，然石濤、石溪、八大之流，已有重值，但不及今值十分之二三。聞之老輩云：楊海琴、何蝯叟輩，獨喜冷人，以畫奇而值賤也。石濤等畫，每幅不過萬錢，故購藏可富。宣統四年，尚與何家見石溪立幅，許以四百元，死守不讓，今為鴻寶矣。〔註4〕

　　張氏兄弟作為民國時期石濤、八大繪畫風靡海上的市場先導，其源頭正在他們的老師曾熙和李瑞清身上。

　　書法。雖然張大千不以書家名世，但其書法受曾熙影響甚深。張氏入曾熙之門後又列李瑞清門牆，從三代秦漢下溯兩漢六朝是曾、李指導門人學書的基本思想，於是在二位老師的悉心指導下潛心學習各種經典名碑。楊詩雲《張大千用印詳考》中收有一方印章「夢闇二十後所作秦漢六朝書」〔註5〕，

〔註4〕楊鈞：《草堂之靈》，嶽麓書社，1985 年版，第 90 頁。
〔註5〕楊氏認為，「夢闇」是張大千早年的號，專用於早期的書法作品中。楊詩云：
　　　《張大千用印詳考》，上海書畫出版社，2015 年版，第 112 頁。

印文的內容，正是張大千上海拜師後那段時間學書狀態的一個縮影。對此，有學者認為，張大千更多地是跟李瑞清學習書法，因為曾熙曾對張大千有過「髯好下已意不足學」的謙辭。實際上，無論從學習時間跨度還是從風格相似度來看，曾氏對張大千的影響都遠大於李瑞清。1919年6月，曾熙在一封給張大千的回信中道：「尊臨鶴銘蓋髯法，非李法也，甚好，吾道有傳人矣」〔註6〕，也客觀證實了這一結論，況且此時李瑞清尚健在。張大千書法取資曾熙的事實為書壇所共知，對此，鄭逸梅曾有一段闡述：

當代書家學沈寐叟者，有馬一浮、王蘧常、鄒夢禪、謝鳳孫等。學康有為者，有蕭嫻、劉湘、李培基等。學李瑞清者，有李仲乾、劉海粟、劉介玉等。學曾農髯者，有張大千、蔣國榜、馬企周等。學吳昌碩者，有王個簃、趙雲壑、費龍丁、汪英宸、趙漁村、吳東邁等。學鄭太夷者，有王鑣、曹攘蘅、趙尊岳、曾學禮等。學譚茶陵者，有譚淑、岳森等。學張季直著，有花劫庵等。學俞曲園者，有三六橋等。學于右任者，有周伯敏等。學胡漢民者，有李仙根、任中敏、黃乃鋯、潘勤孟等。學鄧承修者，有鄧夢湘、鄧仲果等。學梁鼎芬者，有楊子遠等。學沈兼巢者，有沈玉還等。學錢名山者，有錢小山等。學袁克文者，有曹靖陶、鄭子褒、巢章父、王大鐵、俞逸芬等。學趙之謙者較多，有易大廠、馬公愚、李茗柯、秦伯未、趙俊民、傅壽宜等。〔註7〕

張大千臨《瘞鶴銘》《張黑女》等都深受曾熙的影響。如圖5-1為曾熙1920年臨《張黑女》局部，而圖5-2為張大千臨《張黑女》局部，通過對比可以發現。張大千的筆法與曾熙如出一轍，如「吏」字的露鋒起筆和結字的取勢都非常相近，「司」字的彎鉤處，微微施以「顫筆」，纖細中見骨力，都與曾熙的臨作異曲同工。除了楷書外，張大千還按照曾熙的指示臨摹三代鼎彝和兩漢隸分。可以說，張大千書畫筆墨基底的築造主要得力於曾熙。特別是「顫筆」對張大千書法影響甚巨，這一影響甚至也被張氏遷移化用到他的繪畫中。張善孖的書法並不像張大千一樣有濃重的曾氏痕跡，更多是在書法觀念上受益於曾熙。《大風堂存稿》中記載了1923年8月18日張善孖與曾熙的一次通宵達旦的對話，可證曾熙在筆墨之道上給予張善孖的教導。曾熙以篆法為例，

〔註6〕王中秀、曾迎三：《曾熙年譜長編》，上海書畫出版社，2016年版，第338頁。
〔註7〕鄭逸梅：《鄭逸梅選集》（第三卷），黑龍江人民出版社，1991年版，第546頁。

向張善孖闡釋了書法與畫法的聯繫，從筆墨技巧、歷代書畫家評析到書畫審美本質等，所涉甚廣。張善孖得恩師點撥，如沐春風，歎曰：「春風化雨中，發探奇好異之想，欲窺書法堂奧，而求畫法捷徑。明知非所問，且不當問，乃小扣小鳴，大扣大鳴，竟無一不饗我之問，真不負此問，於以見書畫同源。農師之示澤者，正自不少也」〔註8〕。

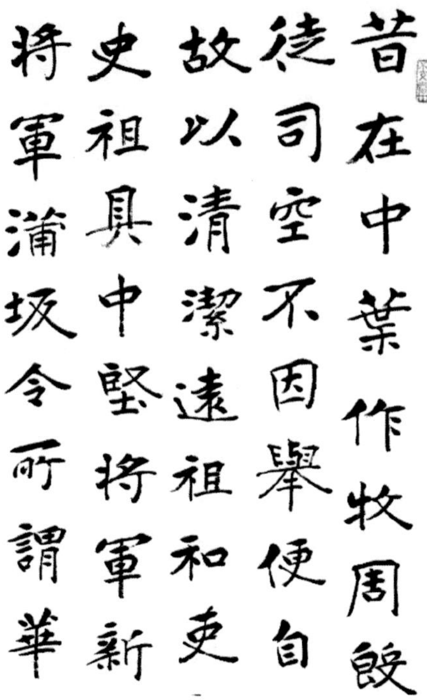

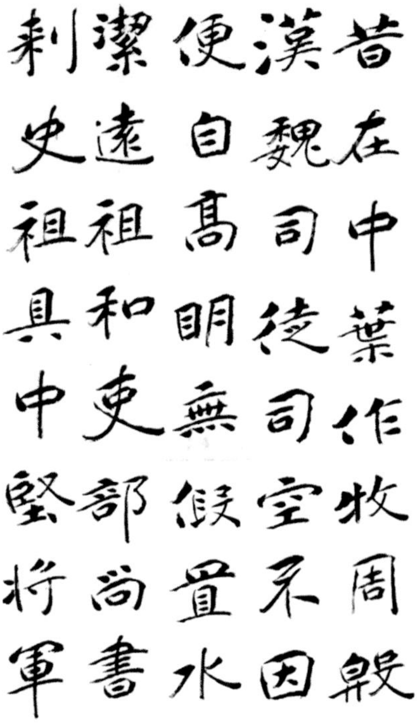

圖 5-1　曾熙臨《張黑女》局部
私人藏

圖 5-2　張大千臨《張黑女》局部
北京保利 2007 迎春拍賣會　LOT：0344

繪畫。曾熙對張大千兄弟繪畫上影響，除了鑒藏外，主要是繪畫觀念的啟迪。這種觀念主要表現在兩個方面：

首次，通過曾熙的引導，張大千兄弟確立了以石濤、八大為核心的繪畫研習方向。就張大千而言，除了書法上的用功，張大千很早就對八大、石濤的繪畫產生了濃厚的興趣，大力購藏，潛心研究，贏得了「石濤專家」之譽。張大千對石濤的癡狂與曾熙是息息相關的，這一點 1924 年曾熙為弟子張大千撰《季蝯書畫例言》中數語可證實：

〔註8〕《申報》，1929 年 1 月 1 日。轉引自王中秀、曾迎三：《曾熙年譜長編》，上海書畫出版社，2016 年版，第 495 頁。

季初為畫，喜工筆人物，及見髯與道人論畫山水，則喜方方壺、唐子華、吳仲圭、王叔明、大滌子，花卉則喜白陽、青藤、八大及揚州諸老。

然而，興趣上的導引並不足以為張大千紮實的筆墨功力打下堅實基礎。為此，曾熙還身體力行地專攻石濤，以這種直接的藝術對話方式刺激張大千作畫的熱情。隨著晚年曾熙掛潤鬻畫，他用在繪畫上的精力越來越多，其中大量題材以石濤為取法對象，旁涉八大、石田、石溪等諸家，與張大千早年的藝術創作取向基本上一致。張大千也經常出示畫作向曾氏請教，如《曾熙年譜長編》甲子（1924年）八月中有載：「青藤長卷十六段中，寫風竹一枝頗嫌放肆，因臨大滌子青菜一顆補入之。此卷得自蜀中盧雪堂先生家，並記此。甲子八月，臨奉農髯夫子大人誨正，弟子爰。」〔註9〕可見，曾熙不僅指導張大千的書法，晚年還指導他的繪畫，堪稱其書畫藝術之路的領航人。曾熙去世後，留有一幅未完成的畫作（圖5-3），張大千在恩師寓所見此，想起以往種種，悵然神傷，拿起畫筆，為之補色並題款曰：「此先農髯師未竟之作，癸酉十二月弟子張爰敬補並設色」。這件舊物成為師徒二人昔日書畫情誼的最後見證者。

圖5-3　曾熙山水立軸（張大千補色、題款）

《曾熙與上海美專書畫作品集》第52頁

〔註9〕參見香港佳士得1991年春季拍賣圖錄。

其次，曾熙將書畫參通的觀念傳遞給張氏兄弟，成為他們創作的源頭活水。與一般的職業畫家不同，曾熙不僅將對畫法的理解跂入畫作中，而且能將書畫之理打通。時人常以「以書入畫」稱能，他卻可以「以畫入書」，我們經常可以看到其跋曰「以畫梅法書之」之類的書法作品。這足以說明，曾熙對書法、繪畫已能「一以貫之」並嫻熟地穿梭於二者的有機互動中。可以說，在曾熙書法和繪畫的雙重影響下，張大千掌握了對中國傳統筆墨嫻熟的駕馭能力，為日後敦煌之行乃至晚年的變法打下了牢固的根基。此外，曾熙對張大千繪畫的影響，還表現在他鼓勵張氏遊歷名山大川，從自然萬象中去體悟翰墨之道，正如石濤所言「搜盡奇峰打草稿」是也。張大千曾有兩枚「師萬物」的閒章，曾熙亦有一方，並言「古人論畫，始於有法，終於無法，吾師萬物，是吾法也」，可見，師徒二人在「師萬物」這一點上是高度默契的。此外，曾熙對敦煌經卷和繪畫都有非常高的評價，可以推斷弟子張大千後來的敦煌之行與恩師的倡導和鼓勵有不可割裂的關係。張善孖與張大千一道同曾熙學書畫，但並未將恩師喜歡的「四僧」繪畫作為主攻方式，而是獨闢蹊徑，最終以畫虎著稱於世。然而，曾熙將書理參通畫理的觀念，成功地傳遞給了張善孖，使其受益匪淺，這一點我們已在前文介紹，此不贅述。

二是曾熙的道德文章為後世所稱道，張大千兄弟列贄門下，其性格品行自然深受農髯夫子薰染。張大千入曾熙門後，曾氏根據其母「夢黑蝯坐膝下，覺而生季」的經歷，為張大千賜名「蝯」、字「季蝯」。此後的十幾年間，曾熙待張大千如師亦如父，答其所惑，解其所難，為張大千走上藝壇，做足了鋪墊工作。如，張大千晚年回憶了這樣一件事：一次他購進一批書畫，議價一千二百元，仍有八百元亟待支付，張氏內心焦急。曾熙看到這個情形後，並未直接提及，而是借赴弟子家吃飯之機，婉轉問其購畫事，然後借錢給他，避免了開門見山傷及張大千的自尊。張大千每每回想起此事，無不唏噓動容〔註10〕。曾熙還為張大千兄弟的父親張懷忠贈送過隸書四條屏，在張懷忠去世後，曾熙又親自為其撰寫家傳並書丹，師恩的種種讓張氏兄弟為之感動不已。張大千素以「孝」著稱，事母極恭，於友堪稱信義，李瑞清死後，曾熙親自安頓其後事，為其扶靈柩、擇墓地，盡到了一個摯友的本分。可以說，「忠、孝、仁、義」的傳統價值觀均在曾熙身上得到了很好的體現，其中種種自然也被張大千看在眼裏。在曾熙死後，張大千不僅親自從上海扶靈柩送先師回

〔註10〕謝家孝：《張大千的世界》，時報出版公司，1982 年版，第 47 頁。

衡陽下葬，並且臨墓築廬，風雨不移，守墓達一個月之久。此外，他還多次到衡陽曾師墓前祭悼，其執禮勝似父子。不僅如此，張大千每每在畫跋或書跋中提到恩師，總不忘在落款處署上一個「敬」字，這個細節也充分反映了張大千對恩師曾熙的敬仰之情。張善孖相比張大千而言，性格更加耿介。抗日開始後，他在周恩來等人的支持下，攜帶自己和張大千的畫作遠赴歐洲和美洲舉辦畫展，將賣畫所得全部捐給抗日，其民族大義，令人敬仰。這些都說明，曾熙「忠、信、仁、義」的價值觀已經通過言傳身教滲透到張大千兄弟的日常中，成為他們寶貴的精神財富。

在曾熙去世後，為了讓恩師的德範昭然於世，張善孖專門撰寫了《曾農髯夫子之孝思》，發表在 1930 年 9 月 26 日《申報》上，以回憶錄的方式將先師的高風亮節公諸於眾。以上種種可見，曾熙作為一個書法教育家，是非常成功的。儘管我們不能純粹站在道德的高位來評判一個藝術家的社會價值，但在自古以來的書法藝術評判體系內，「德藝雙馨」理應成為藝術教育的核心要義。

5.1.2 對其他門人的影響

除了張大千兄弟外，曾熙還有眾多的弟子，均在各自的領域內取得了不俗的藝術成就，如文字學家和書法理論家馬宗霍、文學家朱大可等。筆者認為，曾熙的門庭興盛是與他的教育方式分不開的。總起來說，有三點值得稱道。

一是無微不至的情感關懷。曾熙不僅以師生的身份「授之以漁」，而且更像一個家長，對學生的生活和經濟狀況都經常過問，不忘體恤關懷。如曾氏曾有一封致倪壽川的信：「前日話翁歸，稱賢弟近忽歐（嘔）血。此宜飲梨汁、藕湯以和之，切不可亂服藥。近兩日少愈否？」對學生的病情非常關切。這些生活的種種細節，都使學生們感受到恩師無微不至的情感關懷，化作他們孜孜學藝的不竭動力。在眾多門人中，馬宗霍和曾熙關係也非常密切。除了師生這層關係外，還有一層親情關係值得關注，馬宗霍的岳父是曾熙的族叔，因此曾熙對馬宗霍也格外關心，從二人的多封書信往來中可以窺見一斑。

二是全方位的藝術扶植和師生互動。曾熙從教學、鑒藏、代訂潤例等各方面對門人的藝術成長進行大力扶植，這種全方位的扶植使有天賦的學生得以迅速脫穎而出，並走向市場。張大千兄弟就是一個例子，曾熙曾親自幫張

善孖、張大千兄弟訂立潤例並撰寫介紹文章，使他們借助老師的威名順暢地被海上藝壇所熟識。

在教學方面，曾熙經常會為學生做大量的經典碑帖臨摹示範，每臨一帖，不僅現場講授，還會把臨習心得隨手寫在作品後，形成短小精悍的題跋。這種創新性的教學形式並不是曾熙偶然為之，而是有其精心的考慮，著眼於門人學習的規律性和系統性。如 1921 年的《隸書課徒卷》，囊括了十三件經典隸書作品，時間跨度長達三個月。這些臨作多則數十字，少則四五字，以隸書的發展為序，上至《光和鼎》，下至《夏承碑》，在筆法上波磔逐漸明晰，在結體上逐漸由平入奇，由「古隸」到「八分」的書體演進線索以生動的形式展現在門人面前，為門人快速而深刻地理解隸書筆法與風格的發展脈絡提供了鮮活的教案，對門人學書的影響不言而喻。曾熙的書法和繪畫題跋一方面為我們研究曾熙的書法風格形成和書學思想提供了便利，另一方面也為我們研究清代書家的藝術實踐活動開闢了全新的視角。另外，曾熙經常會把臨摹或創作的書法作品分送給學生，以便於他們摩挲研習。甚至還會將他的書學思想以模仿某個經典碑帖的形式創作出來，並題跋上自己的指導意見。如 1928 年《贈馬宗霍隸書手卷》就不失為一件書法作品與書法理論的合璧之作，他向馬宗霍傳達了學習隸書的要領，其中「凡書之整散，在氣與神，求之形體，其次也」〔註11〕等語堪稱灼見，並告誡馬宗霍「骨宜厚，神宜斂」。這種新穎的教學互動方式擺脫了理論說教式的拘泥與枯燥，使學生對理論與技法的關係有一個整體而直觀的把握。此外，曾熙對朱大可的書法創作和理論觀念也有很大影響。朱大可是個有心之人，他將平時與老師的互動問答統統記錄在冊，並加上自己作的注，形成了《遊天戲海室雅言》。《遊天戲海室雅言》作為當前研究曾熙書法理論思想的重要資料，既是朱大可與曾熙之間的學術對話錄，涉及書體源流、書風演變、書法審美、實踐經驗等各個方面，也體現了朱大可對恩師書學思想的思考和反饋。

除了直接的藝術傳授外，曾熙還將書畫碑帖鑒藏納入教學系統中。曾熙嗜收藏，也帶動了弟子們的鑒藏，張大千兄弟、倪壽川、蔣國榜、姚雲江等眾多弟子均在老師帶動下不斷地豐富購藏。我們以倪壽川為例，他對古籍情有獨鍾，節衣縮食，多方尋訪，收藏了明代弘治及乾嘉以來的諸多善本，拜入曾熙門下後，又開始在曾氏的指導下大力購藏碑帖拓本，偶而還代曾氏購入。

〔註11〕王中秀、曾迎三：《曾熙年譜長編》，上海書畫出版社，2016 年，第 687 頁。

其過程在曾熙與倪壽川往來的多封書札中均有披露：

> 鶴銘前裱本甚好，可買。弟如不買，即歸敝藏。弟既好此書，
> 亦不可讓。〔註12〕

> 弟得玉煙堂鶴銘，極好，但原帖既殘，其中有山谷所書七佛偈，
> 亦不過數元。請為我購之。須無闕或闕一二葉亦可。因上海人常乞
> 予為山谷書，惟此偈山谷學王，尚可借取以答求者。

> 此間有乙瑛碑，以壁（壁）字考之，當在明季清初，墨氣亦黝
> 黑，而價只百二十元。弟能購，即回信，售者不能少延也。〔註13〕

透過這些信札中，我們可以看出，曾氏的對門人的碑帖鑒藏教育與他們的購藏活動是同步進行的，師生通過這種特殊的互動形式既可以展開對不同時期書法經典的審美對話，又得以在真偽混雜的鑒藏市場中提高眼力，不失為對技法教學實踐的良好補充。

總之，曾熙的藝術教育是多維度、全方位的，也正是這樣的一種教育形式，使得門庭日盛，碩果累累。曾熙謝世後，弟子們薪火相傳，誓將師門學術發揚光大，由此海上規模最大的同門組織「曾李同門會」得以浮出歷史水面。

5.1.3 「曾李同門會」成立始末〔註14〕

1921 年冬曾熙在上海虹口寓所創辦的「衡陽書畫學社」可視為「曾李同門會」前身，該社以交流詩文書畫為宗旨，當時入社弟子有張善孖、張大千、馬企周、朱大可等數十人。1930 年 8 月 27 日庚午七月初四日申時，曾熙長逝於上海虹口寓所，享年七十歲，自此，「南曾」、「北李」均已離世。為了廣大師學，當年 9 月 30 日，張善孖、黃曉汀、張大千、朱大可等一眾門生在曾熙寓所舉行公祭，由弟子馬宗霍撰寫祭文。當時，弟子們提議在「衡陽書畫學社」基礎上成立同門會，並擬定春秋二季舉行「祝典」。但對於同門會成立的詳細事宜，當日的《申報》並未披露，直到 10 月 9 日才公開報導其中的細節。

是日，《申報》發表《曾農髯諸弟子組織曾李同門會》，報導稱：

〔註12〕劉振宇、姚寶澤：《上海、成都民間收藏曾熙信札選注》，《新美域》，2008 年第 4 期，第 97 頁。

〔註13〕劉振宇、姚寶澤：《上海、成都民間收藏曾熙信札選注》，《新美域》，2008 年第 4 期，第 107 頁。

〔註14〕本節部分已發表於《東方早報》2016 年 12 月 7 日《藝術評論》專版，作者為筆者本人。

　　曾先生舉殯之日，由門人江萬平倡議召開曾李同門會成立會，並舉行曾熙、李瑞清兩先生春秋禮典，公推張善孖、張大千、黃曉汀、馬企周、劉俊英、江萬平、李建初、姚雲江、馬宗霍、朱大可、許冠群等十一人為執行委員，推定馬宗霍擬同門錄序文，朱大可擬緣起，江萬平擬章程，並於前日在江萬平宅開第一次執行委員會，通過章程草案，推劉俊英、馬宗霍、江萬平、張善孖、朱大可五人為常務委員〔註15〕。

　　這段報導率先披露了「曾李同門會」的倡議人、執行委員、常委委員及創建分工等重要信息，但能看出同門會仍處於創建的前期階段，章程、地址等事宜尚未落實。

圖 5-4　衡陽書畫學社師生合影

　　第一次公祭後，同門會開始公開向全國曾、李兩門弟子招募會員。1930年，11月21日，《申報》刊登《曾李同門會通告》，稱凡原來的曾、李門下弟子均可自願成為同門會會員，但向通訊處發函索取章程，設張善孖、劉世傑、朱大可、江萬平、馬宗霍五個通訊處，以位於上海法租界西門路的張善孖寓

〔註15〕《申報》，1930 年 10 月 9 日，轉引自王中秀、曾迎三：《曾熙年譜長編》，上海書畫出版社，2016 年版，第 807 頁。

所為總通訊處。12月3日，《新聞報》一併刊登了《曾李同門會章程》（以下簡稱「《章程》」）、《緣起》（江萬平撰）和《曾李同門會徵集會員》通告三個書面性文件。《章程》規定了入會條件、宗旨、會期、組織架構、祭典、辦事流程、通訊地址等十條細則。其中規定了會員的三個來源：一是曾、李生前的門人，可成為本會會員；二是諸同門的弟子，即再傳弟子，經業師推薦可入會；三是原來私淑兩夫子而未能列門牆者，經過二位同門的介紹，也可入會。此外，《章程》還確定了會員的退出機制，即違法《章程》者，經過執行委員會提議，會員會決議，可宣告除名。

以《曾李同門會章程》發布為標誌，「曾李同門會」宣告完成了最後的組織建構，正式公諸於世。我們似乎可以這樣為其定義：它是一家由曾、李門人倡議發起並作為主要成員，有完整章程、固定場所、規範架構、明確目的，以「崇奉兩夫子春秋之祀，切磋學門光大師學」為宗旨的同門組織。就現有的文獻資料推測，「曾李同門會」是目前已知的民國時期上海第一家成規模、有章程、有場地的傳統師徒型書畫同門組織。與一般的同門會不同，「曾李同門會」呈現出以下特點：一、組織健全：有一套完整的組織人員架構，有系統的章程和會員准入、退出機制，其中甚至還涉及到會費的繳納，「凡同門來與祭者，每次人各納三元」；二、場所固定：同門會總通訊處設在西門路呂班路（今重慶南路）口 216 號，即張善孖寓所。黃般若曾在《憶賓虹老人》中回憶：「我丙寅年（1926 年）到上海，到步之時，馬上往訪賓虹老人、易大廠、王秋齋等。賓虹老人那時住在上海西門路，他樓下是張善孖、大千的寓所，門前有『曾李同門會』的木刻牌匾。」顯然，文中的「丙寅年」應為「庚午年」之誤，因 1926 年「曾李同門會」尚未成立，且黃賓虹尚未移居西門路。至於曾李同門會的木刻牌匾是何人題寫，我們目前看不到任何明確的文獻記載，但據李健門生戴堯天晚年口述，作為「曾李同門會」的成員，他在上海時經常參加同門會組織的活動，據他晚年回憶「曾李同門會」牌匾為張大千所書，並表示親眼見過此牌匾；三、目的明確：同門會的成立一個主要的內容就是每年春秋兩季的曾李兩師的祭典活動，其次就是便於門內弟子交流切磋。斯舜威《海上畫派》中云：「當時海上桃李最盛有三家，一為昌碩門下缶盧弟子；一為李瑞清、曾熙門下的同門會；另一家則是趙叔孺『二弩精舍』」〔註16〕。據現有的文獻資料，「二弩精舍」門下的弟子

〔註16〕斯舜威：《海上畫派》，上海東方出版中心，2010 年版，第 184 頁。

多達 60 多人（一說 72 人〔註 17〕），缶盧弟子有云者多達百人〔註 18〕，但數量上均不及曾、李兩家之和，《申報》曾報導「海內列兩先生門牆者，數逾千人，日本方面，亦多有曾執贄禮者」，如果算上再傳弟子，這個數量可能更加驚人了。

　　據當時《申報》《金剛鑽報》等媒體報導，「曾李同門會」成立後先後於 1931 年 3 月 24 日、1931 年 8 月 17 日、1931 年 12 月 27 日舉行了三次公祭，除了張善孖、江萬平、馬企周、朱大可等本地門生，還有陸元鼎、張旭明、慕泉淙、胡若思等眾多再傳弟子參加。從成員構成上來看，「曾李同門會」不僅彙集了張善孖、張大千、馬企周等眾多書畫界俊彥，還有大量的社會精英加入，幾乎遍布各行各業。如曾門弟子江一平則是上海著名律師，後擔任復旦大學副校長；學界則有胡小石這樣精通文學、史學、書學等多科的國學大師和馬宗霍這樣功底紮實的古文字學家；工商界弟子有許冠群、蔣國榜等知名人士。許冠群身為民國時期著名的實業家，其創建的新亞藥廠在上海享有盛譽。蔣國榜身為富商，熱心公益事業，曾多次捐款辦學，資助抗日救國事業；醫學界則有陸淵雷這樣聞名海上的中醫專家。此外，門人中還有不少進步青年投身革命，成為時代變革的助推者。如康和聲曾任湘軍總司令部秘書，田桓曾加入同盟會，後成為孫中山的秘書，並進入國民黨革命委員會中央委員行列。其實，曾熙還有很多躋身政治高位的弟子，如湖南省省長趙恒惕、浙江省民政廳廳長呂苾籌，等等。然而，曾熙、李瑞清收徒並不以身份地位論，而更看重人品和秉性，弟子輩出身多元，充分體現了曾、李二人「有教無類」的教育理念。從整個社會進步的視角來看，每個人的交際圈都是一張向社會各界輻射且相互交織的網，「曾李同門會」的網顯然已經探觸到上海社會的各個角落，其影響和意義也超出了一般同門組織。

　　筆者認為，曾、李兩門之所以桃李繁盛，除了二人的藝術魅力外，與他們的辦學經歷是密不可分的。早年，曾熙曾主講石鼓書院、船山書院，後來擔任南路師範學堂（現衡陽師範學院前身）和湖南高等學堂（現湖南大學）的校長，一直從事教育事業，桃李眾多也在情理之中。而李瑞清也是一個教育家，其創建的兩江師範學堂（現南京大學前身）更是人才輩出，胡小石、呂鳳子、姜丹書等高徒皆出門下。基於二人如此豐富的辦學經歷，曾李門徒之

〔註 17〕斯舜威：《海上畫派》，上海東方出版中心，2010 年版，第 186 頁。
〔註 18〕斯舜威：《海上畫派》，上海東方出版中心，2010 年版，第 190 頁。

眾在當時能執耳海上就不足為奇了。

「曾李同門會」成立後數十年間，雖然我們並沒有看到其頻繁活動的確切報導，後來具體又有多少門人加入也已失考，但可以想見其給書畫界帶來的聯動效應。這個效應主要表現在三個方面：一是對時代書畫風氣的影響；二是對其他書畫同門組織的影響；三是對當代的影響。

第一，民國時期的上海仍是「四王」畫風籠罩畫壇，但曾熙、李瑞清偏嗜石濤、八大一路野逸畫風，這對張善孖、張大千等門人產生了很大的影響。張大千不僅想法設法在四川等地搜購石濤遺跡獻給老師們賞評，還以模仿石濤畫稱於世，他仿的石濤幾能亂真，成為當時石濤畫造假的一流高手，其仿作還曾騙過了黃賓虹等大畫家的眼睛。曾熙去世後成立的「曾李同門會」眾弟子更是助長了師門喜石濤、八大的風氣，於是上海有一段時期曾被石濤、八大風氣席捲，形成了「家家石濤，人人八大」的盛況，「四王」被「四僧」時代所取代。因此，不難看出，曾、李及其弟子輩對上海畫壇風氣的轉變產生了深刻的影響。可以說，「曾李同門會」的成立標誌著曾、李時代的終結，也預示著下一代海派書畫集體的加速成長，其在張善孖、張大千、姜丹書、呂鳳子等代表性門下的帶領下，通過結社、辦學、出版、展覽等各種形式，培養了大批書畫家和藝術教育家，對整個中國近現代書畫史都產生了廣泛而深遠的影響。

第二，三四十年代，上海陸續出現了多家同門會。除了上文提到的「二弩精舍同門會」，還有張善孖、張大千兄弟成立的「大風堂同門會」、吳湖帆創立的「梅景書屋同門會」、鄭午昌創辦的「鹿胎仙館同學會」、李健創立的「鶴廬同門錄」等數十家，可謂門派林立。這些組織不少係曾李同門會成員創立，其中「大風堂同門會」門生最多，被《美術年鑑·一九四七年》列為陣容最龐大的同門組織，門下名家何海霞、李秋君、田世光等活躍在建國後的書壇，可以說其持續時間之久，影響之大，為現代以來所罕見。在曾、李時代終結後，其門下高足張善孖、張大千兄弟長期活躍在上海書畫界，作為得意門生，他們長期獲得兩位恩師的幫襯提攜，加上較強的市場嗅覺和組織能力，其影響力自然不可小覷。從一九二九年張善孖、鄭午昌、謝公展等創立的「蜜蜂畫社」，到一九三一年現代最大的中國畫研究機構「中國畫會」，再到一九三五年張大千、張善孖、符鐵年、潘公展、鄭午昌等九人成立的「九社」，這些名震當時的書畫社團都能看到張氏兄弟的身影，二人儼然已成長為海上書

畫圈不可忽視的名家。

　　第三，曾李同門會秉承曾李二師書學理念，薪火相傳，至今在學界和書壇仍有一定影響。除了張大千外，李健、姜丹書、胡小石、呂鳳子等在書畫教育界亦影響甚巨，為我國的書畫事業培養了大量的優秀人才。如李健知名弟子有凌雲超、程十髮、魏樂唐、方聞、楊之光等，均為著名美術家或學者。其中，方聞作為當代著名的美術史學家在歐美國家和港澳地區都有較大影響，他培養的一些弟子已成為當今美術史論界炙手可熱的學者，如傅申等；胡小石門下則有曾昭燏、游壽、侯鏡昶等，皆為學界翹楚；姜丹書門下潘天壽、豐子愷均為畫壇名家；呂鳳子則培養了徐悲鴻、劉海粟、吳冠中、靳尚誼等大批畫壇鉅子；凡此種種，不一一。值得一提的是，曾熙李瑞清的書學觀念對門人乃至一代代再傳弟子的影響不可小覷，尤其是他們「目無二李，神遊三代」的審美理想至今仍貫徹在再傳弟子的教學實踐中，甚至在海外仍不乏傳薪者。如，馬來西亞書藝協會現任會長黃瑞慶作為李健門人鄭一峯的弟子，在書法教學中仍然秉持曾、李倡導的金石書派傳統，重視篆隸書對其他諸體的統攝作用。

　　「曾李同門會」門下成員出身多元，活躍在社會各界，也得以將「南曾北李」書畫藝術和審美觀念的觸角綿延到更廣的社會領域。一方面，他們隨老師們廣泛參與到日常教學、鑒藏和雅集等活動中，提高了自身的書畫審美與鑒賞水平，成為藝術品鑒藏和流轉市場的參與者，推動了藝術經濟的發展；另一方面，他們通過直接或間接的師門傳授，成為書畫藝術的創作者、教育者和傳播者，蔭澤藝壇，產生了深遠影響。因此，「曾李同門會」作為民國上海最有代表性的同門組織之一，其影響已遠不止於一個普通的書畫社團所能及，它似乎有更多的價值和意義值得我們繼續挖掘尋繹。

　　20 世紀四十年代以後，隨著戰亂和國內形勢的緊張，「曾李同門會」的活動逐漸銷聲匿跡。但曾熙、李瑞清的書法藝術和書學思想的脈搏並未中斷，張大千、胡小石、馬宗霍、李健、姜丹書、呂鳳子等第一代傳人通過藝術實踐和理論研究等多種形式對二師的藝術與思想薪火相傳。其中，馬宗霍的《書林藻鑒》、胡小石的《中國書學史緒論》和李健的《中國書法史》等，均堪稱近現代中國書法史論方面的扛鼎之作。而李健的學生方聞則可視為曾、李的第二代傳人，他在李健推薦下加入了「曾李同門會」，還參加過多次活動。在李健的親授下，方聞對曾熙、李瑞清的書學理念有了深刻的認識，同時對中

國傳統書畫藝術的治學方法和學術視野有了極大開拓。特別是對鑒藏研究的重視使他突破了傳統書畫史研究的侷限，獲得了寬闊的研究視野。方聞在海內外門生眾多，受老師的影響和鼓勵，又有不少人開始涉獵曾熙、李瑞清書法藝術的相關研究，如傅申撰寫了《曾熙、李瑞清與門生張大千》等多篇文章，尤其對張大千取名「張蝯」的原委、拜師的年份和始末等問題進行了詳細的考證，此外就湖南地域書風對曾熙、李瑞清等人的影響進行了細緻探討。除了方聞一脈外，還有大批的「曾李同門會」成員早已移居海外，他們雖不聞於藝術學界，但通過鑒藏、展覽等多種形式為延續曾、李的藝術精神貢獻力量。

此外。隨著曾熙研究的逐步深入和大眾認知度的提升，除了曾、李的門人和再傳弟子外，越來越多的國內學者也加入到曾熙研究的隊伍中。值得一提的是，曾熙的曾孫曾迎三先生長期以來致力於曾熙及其「書畫圈」作品和文獻資料的搜集和整理，為了光大曾祖父的書法藝術，經常輾轉於各大拍賣會、藏家和研究者之間，積極促成散佚史料的應用和成果轉化，陸續編撰出版了《曾熙書法集》《曾熙李瑞清張大千瘞鶴銘雅集》《曾熙年譜長編》《曾熙手札精粹》等重要文獻資料集，為研究者走進和瞭解曾熙，提供了極大的便利。

5.2　評價

5.2.1　正面評價

曾熙作為清末民初重要的碑學書家，其溝通南北的融會能力為他在強手如雲的上海書壇贏得一席之地。因此，人們對其藝術造詣的認可也主要集中於碑學書法方面，尤其是他取法《夏承碑》的隸書和取法《張黑女》《瘞鶴銘》的楷書。時人對曾熙的隸書讚譽最多，如《申報》記者在張祖翼去世後曾發文標舉曾氏為「海上隸書第一人」，好友李瑞清對曾熙的隸書成績更是給予至高讚譽：

> 農髯先生今之蔡中郎也。中郎為書學祖，髯既通蔡學，復下極鍾王以盡其變，所臨夏承碑，左右倚伏，陰闔陽開，奇姿詭誕，穹隆恢廓，即使中郎操觚，未必勝之，魏晉以來，能傳中郎之絕學，

惟聲一人。〔註19〕

李瑞清與曾熙情同手足，藝術上相惺相惜，給予盛讚也值得理解。不過，李氏說「即使中郎操觚，未必勝之」，難免有溢美之嫌。相對於李瑞清，沈曾植的評價則更顯公允：

> 俟園於書溝通南北，融會方圓，皆能冥悟其所以分合之故，如乾嘉諸經師之說經，本自艱苦中來，而左右逢源，絕不見援據貫穿之跡，故能自成一家。昔人以洞達二字評中郎書，若俟園之神明變化，斯可語於洞達矣。〔註20〕

沈曾植並沒有直接對曾熙的隸書作出品評，而是對曾熙在書法上所下的工夫和融會能力進行了充分肯定，認為其書法「溝通南北，融會方圓」，「神明變化」，達到了蔡邕「洞達」的藝術境界。一些書家除了對曾熙隸書給予好評外，對其南北碑楷書也頗為推重，如符鑄云：「吾尤愛先生作黑女鶴銘，刻厲雋峭，運筆所至，無不愜心。作隸晚年自闢蹊徑，矯變莫測，意不在蝯叟下矣」〔註21〕。在上海的諸名家中，康有為的評價堪稱經典：

> 農聲於道州為同鄉，其八分亦可繼美，而其最得力者在華山、夏承，皆圓筆也。由圓筆以下窮南碑，故其行楷各體皆逸。體峻者見氣骨，體逸者見性情，所謂陰陽剛柔，各有其妙者也。〔註22〕

康有為在書法上用過極深，有多部理論著述聞名於世，眼界自然也不同時流。他沒有直接讚美曾熙的隸書如何過人，而是敏銳地認識到了何紹基的影響，認為曾熙弘揚了何紹基隸書，並能由「圓筆」入南碑，為行楷各體打開了局面。康有為抓住了曾熙用法「圓筆」的特點，進而提出了「體逸者見性情」的價值判斷。可以說，康有為對曾熙書法的評價，跳出了古今對比的傳統藩籬，而是站在書法美學的高度，可謂真知灼見。

與康有為的觀點相似，不少書家對曾熙打通南北、融會碑帖的藝術實踐給予高度評價。如譚延闓云：「農髯書世號南宗，然其勝人處在以碑法入帖，

〔註19〕馬宗霍：《書林藻鑒・書林紀事》，北京：文物出版社，2015 年 3 月版，第 245 頁。

〔註20〕馬宗霍：《書林藻鑒・書林紀事》，北京：文物出版社，2015 年 3 月版，第 245 頁。

〔註21〕馬宗霍：《書林藻鑒・書林紀事》，北京：文物出版社，2015 年 3 月版，第 246 頁。

〔註22〕馬宗霍：《書林藻鑒・書林紀事》，北京：文物出版社，2015 年 3 月版，第 245 頁。

非從帖入也。故下筆高逸穆靜，直逼晉賢。」〔註23〕向燊云：「農髯臨摹三代兩漢六朝金石文字，名傾海內……晚年書益橫肆，合南北為一家，而別立門戶。四方學書者多師之。」〔註24〕無論「以碑入帖」還是「合南北為一家」，都是對曾熙一生穿梭於碑帖之間的艱苦探索和融會南北的化用能力的充分肯定。

曾熙除了以書名世，其詩文、繪畫乃至人格等諸方面都可圈可點，得到了世人首肯。如，曾熙謝世後，王一亭曾評曰：「能書能畫能詩，可稱三絕；有猶有為有守，無愧完人」〔註25〕，對於一個書家而言，這個評價可謂至高了。此外，曾熙門人眾多，馬宗霍、胡小石、朱大可都曾有對恩師的至高評價，基於避嫌之慮，故在此略去。不可否認，在書畫市場日益興盛的民國時期，時人互評往往難免受個人主觀情感與相互幫襯的各種思慮的影響，相互推介並給予溢美之辭似乎成為了那個時代書畫圈的慣例。因此，要判斷評論是否客觀、公允，就必須站在藝術至上的高度，結合書家的時代影響和後世接受等因素得出理性公正的結論。

當代學者對曾熙的書法多持肯定態度，以王朝賓、孫洵、劉恒等為代表。如王朝賓在《民國書法》中如此評價曾熙：「取碑、帖之長，南、北兼收的書學道路，對民國書法的發展產生很大影響」〔註26〕。再如孫洵在《民國書法史》中云：

> 他傳世的書法作品較多，有漢魏六朝格調古雅者；有北碑雄健遒麗者；有南帖流美而絕無浮滑甜媚者。尤其他所寫之「二王」，閒雅平和之中，頗有幾分拙意，且不為拙而拙，妙在自然妥帖。用筆洗練之處，當是他化碑為帖的精到之處。〔註27〕

劉恒則認為曾熙在民國書家中，以帖入碑方面的成就最為突出：

> 曾熙的書法雖主要取法碑派一路，但由於他偏重於南朝碑刻中圓厚的筆畫和字形，又對鍾繇的書法頗為喜好，多有領悟化用……

〔註23〕馬宗霍：《書林藻鑒・書林紀事》，北京：文物出版社，2015 年 3 月版，第 245 頁。

〔註24〕馬宗霍：《書林藻鑒・書林紀事》，北京：文物出版社，2015 年 3 月版，第 245 頁。

〔註25〕王中秀、曾迎三：《曾熙年譜長編》，上海書畫出版社，2016 年版，第 802 頁。

〔註26〕王朝賓：《民國書法》，河南美術出版社，1998 年版，第 VII 頁。

〔註27〕孫洵編著：《民國書法史》，江蘇教育出版社，1998 年版，第 237～238 頁。

其技巧、面貌與好友李瑞清純師北碑以方硬峭折的風格明顯不同，故自稱為「南宗」。在清末民初的書壇上，兼取碑、帖者雖不乏其人，但大都是用碑派筆法去套寫法帖字形，而能以流暢的帖派筆法來寫碑刻字形者，則以曾熙為最有代筆性。〔註28〕

盧輔聖主編，方愛龍、毛萬寶著的《中國書法史繹》（卷七，《風格與詮釋》）中指出：

> 曾熙雖主要取法碑派，然亦涉獵廣泛，於商周金文、漢隸及晉唐法書無所不窺，又致力於《瘞鶴銘》等南朝刻石，兼取鍾、王之跡，融渾樸與遒勁於一體，以其圓融暢達的風貌而被時人譽為「南宗」〔註29〕。

王家葵的《近代書林品藻錄》則認為曾熙在碑學的表達上勝過李瑞清：

> 曾、李皆享高名，書法亦非惡手，曾農髯力求以碑入帖，取法南派碑刻中圓筆一路，其真書一體，剛勁而不失圓潤，較梅庵之一味方整嚴峻，似略勝一籌。〔註30〕

綜上可見，當代書法理論界對曾熙藝術成就的認可主要集中在其碑帖融合或南北兼收的書法風格上，認為曾熙書法素養全面，取法高古，多體兼精，是一個既堅守傳統又有革新精神的書法家。

5.2.2　負面評價

20世紀三十年代末，康有為、吳昌碩、沈曾植、曾熙等一大批活躍在清末民初的代表性書家均已謝世，一個以晚清「遺老」為中堅的書法家群體大廈徹底崩塌，取而代之的是以沈尹默、馬公愚、馬一浮、鄧散木、王蘧常、沙孟海、林散之、白蕉等為代表的新生代力量。伴隨著曾熙等碑學書家時代的終結，碑學一統書壇的風氣也隨之彌散，再次呈現出碑帖分馳的格局。同時，人們也開始反思前人對碑學筆法探索的得失。如林散之曾批評李瑞清：「滯澀不能像清道人那樣抖。可謂之俗」〔註31〕。實際上，林散之對李瑞清筆法的

〔註28〕劉恒：《中國書法史》（清代卷），江蘇教育出版社，2002年版，第274頁。

〔註29〕盧輔聖主編，方愛龍、毛萬寶著：《中國書法史繹》（第七卷，《風格與詮釋》），上海書畫出版社，2014年版，第190頁。

〔註30〕王家葵：《近代書林品藻錄》，山東畫報出版社，2009年版，第158頁。

〔註31〕陸衡收集整理：《林散之筆談書法》，上海人民美術出版社，2015年版，第311頁。

批評也可以視作對曾熙的批評，因為他們在這點上的一致的，只是「抖」的程度略有差異而已。然而，出人意料的是，後人將批評的矛頭不約而同地指向李瑞清，而幾乎無人談及曾熙，這或許與曾熙長期以來聲名不顯有關。二十世紀八十年代以來，隨著書法研究的不斷深入，曾熙的書法開始重新走入人們視野，對其書法的評論也逐漸多起來。其中不乏口誅筆伐者，以陳振濂、姜壽田等學者為代表。陳振濂曾在所著《現代中國書法史》專設「北碑派的末流」一章，又分為三節，前兩節分別為「李瑞清的做作」和「曾熙的平庸」，其中在「曾熙的平庸」中這樣評價曾熙：

> 我們不妨把曾熙的書法看作是館閣體的變格……作為一代大師的創作高度，他明顯夠不上標準。〔註32〕

> 他為什麼在書法上如此怯懦猥瑣，缺乏大氣磅礡、橫掃千軍的氣概？甚至連李瑞清式的小有涉險也沒有？很關鍵的一個原因，我以為正是他的為生計所迫……嚴格說來，曾熙的書法位置並不具有嚴格的獨立價值，在很大程度上，它是作為文辭主體的最佳陪襯而馳譽海內。〔註33〕

陳振濂對曾熙的批評可謂激烈，其焦點主要集中在他以《張黑女》為面貌的應制類楷書上，認為其本質是千篇一律、平穩華麗的「館閣體」。因此，他斷言曾熙不算一個具有典型意義的書法家，其書法只是文辭的陪襯。筆者揣測，陳振濂之所以對曾熙如此「差評」與當時文獻資料佔有的侷限性有關。

姜壽田對曾熙批評的著眼點則與陳振濂迥然有別，他並未將矛頭指向曾熙書法的氣概和創新不足，而是指向「顫筆」的過度運用。如他在《現代書法家批評》一文中寫道：

> 曾熙作品之為人詬病處主要還在於與李瑞清相似的顫掣筆法的誇張之用。這種筆法在曾熙看來也許是金石氣的表現，但事實上卻是對碑學筆法的誤讀。在對碑學筆法的認識這一點上，曾熙包括李瑞清無疑都要遠遠低於沈曾植、康有為、吳昌碩。他力求以筆追刀，以紙追石，當無法做到時，便只好借助非自然化的顫筆抖掣以摹其形，這是曾熙碑學創作的最大誤區。〔註39〕

〔註32〕陳振濂：《現代中國書法史》，河南美術出版社，1996年版，第74頁。
〔註33〕陳振濂：《現代中國書法史》，河南美術出版社，1996年版，第75～76頁。
〔註34〕姜壽田：《現代書法家批評》，河南美術出版社，2007年版，第25頁。

姜壽田提出的曾熙「顫筆」問題直指核心，認為曾熙和李瑞清的「顫筆」是他們對金石氣的詮釋，但是一種對碑學筆法的誤讀，故而他們的書法無法與康有為、吳昌碩、沈曾植等人匹敵，是「以筆追刀，以紙追石」的失敗結果。

陳振濂和姜壽田的批評具有一定的代表性。前者認為曾熙的藝術創造力和感染力不足，算是一個「平庸」的書家；後者認為曾熙以「顫筆」來詮釋金石氣，一味地表現「非自然化」的「顫筆抖掣」，雖有創新卻過了頭，二人的觀點似乎截然相反。相對而言，姜壽田先生以用筆的自然性為立足點展開批評似乎更具說服力，也代表了相當大一部分學者的聲音。因為，如第三章所述，曾熙書法素養全面、面貌多樣，並非「館閣體」的變格那麼簡單，以「平庸」來一言蔽之似乎並不妥當，過於主觀。

5.2.3　評價的得失與啟示

上述對曾熙書法藝術的評價，立足點不同，因此結論也迥異，均有一定可取之處。主要表現在兩個方面：首先是認可了曾熙在碑帖融合或南北書風溝通上的成就。書法批評家們沒有將曾熙劃入純粹的碑學實踐派書家行列，而是看到了他在融合碑帖書風上的有益探索，持論全面而公允；其次，批評者注意到了曾熙「顫筆」形式語言的獨特性，有的將其歸結為一種對金石氣的錯誤表達，有的則認為是一種刻意誇張求奇的「習氣」，直指曾熙書法藝術探索的「要害」。這些評價無論褒貶如何，都代表著不同時代審美風尚和學術視野的學者們對書法藝術終極價值的冷靜思考。但這些批評也存在以下問題：

一是以偏概全。長期以來，學界和書畫市場對曾熙的關注不足，曾熙書法相關文獻資料的收集工作主要由其後人完成，大眾很難對其書法藝術成就及其價值有一個全面而深刻的認識。不少學者只見過曾熙一二種書體和式樣的作品，便根據主觀經驗概括其風格特徵，予以評價，難免一葉蔽目，以偏概全。此外，部分學者過分依賴前人的研究成果，缺乏對曾熙書法作品的系統梳理和理性分析，這樣得出的結論也就難以做到客觀公允。

二是以今非昔。孫過庭說「質以代興，妍因俗易」，當今書法的審美趣味與價值取向已經與民國時期迥然有別，因此對曾熙書法藝術的審視也應換位思考。民國初期，以曾熙為代表的一批書家，在碑學鼎盛但又創新力不足的背景下，能意識到碑帖融通的重要意義，進行大膽實驗，已屬難得可貴。最

重要的是，他的書法作品贏得了當時大眾和市場的普遍認可，這足以說明在民國時代，曾熙的藝術實踐是成功的。在經歷了碑學運動、帖學復興等風潮後的幾十年間，當代的碑學和帖學書法已經得到充分交融和相互滲透，獲得了相對均衡的發展。如果以今天書壇繁榮發展和兼容並蓄的現狀和立場來否定清末民國碑學發展的種種不足，似乎違背了藝術批評的正確時代觀。

三是以風格論高下。目前對曾熙的批評主要集中在過度運用「顫筆」筆法的篆隸書作品和以《張黑女》等為面貌的魏碑作品兩個類型。前者代表了曾熙對碑學筆法的詮釋和改造方式，後者則代表著曾熙對碑帖融合可能性的探索。二者雖然代表了兩種面貌迥異的風格，但與民國當時主流書風相比，並無本質的高下之別。尤其是那些「顫筆」非常明顯的篆隸和魏碑風格，也許很難被今天的主流審美觀念認可和接受，我們卻不能因此否定書家的創作理念。筆者認為，評判一個藝術家及其藝術作品，首先應該將藝術家還原到其所處的時代背景和時代環境中去，在此基礎上把握其實踐水準和創作動機，最後才是對其藝術風格和藝術價值進行評定。

筆者認為，曾熙的書法作品總體代表了那個時代書家對碑學發展思路的理解和探索，且通過大量文獻、作品的系統分析和同時代書家的橫向比較，應當肯定曾熙作為民國書法大家的歷史地位及藝術貢獻。當代學者鄭曉華認為，評判書法的標準有三個：一是技術標準，「這個書法是不是很精緻，是不是很精美？看起來技術難度很高？技術標準，是判斷一個書法家、一件書法作品的第一標準」〔註35〕；二是創造力，「一流的作品必須具有非常強烈的個性、獨創性，在藝術表現上有富有想像力的拓展，和前人拉開了距離」〔註36〕；三是審美共性，「獨特語言背後，要隱藏著人類審美的共同性，要和這門藝術的規律相吻合」〔註37〕。「這三個要素結合在一起，這樣的藝術作品，就成為這個時代藝術的代表，成為創作典範，在歷史上就被奉為經典」〔註38〕。首先說技術標準。我們通過分析曾熙的書法創作可以看出，曾熙非常注重對傳

〔註35〕鄭曉華：《大師·影響中國書法發展的二十位歷史人物》，人民美術出版社，2013年版，第401頁。

〔註36〕鄭曉華：《大師·影響中國書法發展的二十位歷史人物》，人民美術出版社，2013年版，第402頁。

〔註37〕鄭曉華：《大師·影響中國書法發展的二十位歷史人物》，人民美術出版社，2013年版，第402頁。

〔註38〕鄭曉華：《大師·影響中國書法發展的二十位歷史人物》，人民美術出版社，2013年版，第402頁。

統筆法技術的繼承和發展，尤其在魏晉小楷筆法的傳承上，他非常嫻熟地把握著古人對「度」的理解，下筆有由，筆筆有度。另外，他對「顫筆」的運用也並非毫無節制，而是將其作為一種創作的調節劑，能夠在不同式樣的作品中自如駕馭。可以說曾熙在筆法、結字、章法等各個層面都具備駕馭高難度技術的能力，在這一點上是毋庸置疑的。其次是創造力。曾熙以古篆筆法來統攝各體，同時以「顫筆」來改造碑學筆法的實踐，在民國之初具有非常重要的創新意義。他的「顫筆」雖然發源於古篆，但又有新的突破，將「提轉」和「頓挫」有機結合起來，煥發了古篆的生命力，因此他的作品得到大眾和市場的廣泛好評。再次是審美共性。鄭曉華認為，審美共性是一個比較複雜的標準。這裡面又有兩種情形：一種是藝術探索者的藝術創造會給人們帶來「陌生感」，收到世俗的冷漠或抵制，他們的創造是超越時代的，因此很有可能在一個相對漫長的歷史時期之後才被人們所認可，並被推上藝術大師的寶座；第二種情形是「他的獨特的探索是個性化的，但是沒有人類藝術審美的共同性，或者說遊走在人類藝術審美共同性的邊緣，不具有普遍意義」〔註39〕。因此，這樣的藝術家注定成為一個失敗的標誌物，被歷史所憑弔。筆者認為，曾熙書法的藝術創新既具有人類藝術審美的共同性，也有其獨特性，但相對來說這種共性大於個性，這從他的市場接受度可以看出。因此，他很難成為像王羲之、梵高、張大千那樣具有開宗立派意義的歷史性藝術大師，但也不會被藝術史遺忘在塵封的角落，必將成為近代到現當代書風演進過程中碑學探索與實踐的一個代表性人物。

　　曾熙書法藝術是一個「富礦」，值得我們繼續深入挖掘。然而，對藝術家的刻意粉飾或過度「拔高」也大可不必。因為，當代對藝術家任何的價值評判都具有一定的歷史侷限性，況且民國相去今日不過百年，當代書法藝術評價體系尚未完成科學化構建，對其書法「蓋棺定論」還為時過早。相信隨著歷史的沉澱和研究的不斷深入，曾熙書法藝術的真正價值自會得到客觀公允的評價。

〔註39〕鄭曉華：《大師‧影響中國書法發展的二十位歷史人物》，人民美術出版社，2013 年版，第 403 頁。

結語：曾熙書法的當代意義

　　在選題之初，面對著尚待解讀的大量曾熙書作，我一直在思索：曾熙曾與吳昌碩、黃賓虹等書畫大師一道被譽為「海上四妖」，可謂名噪一時，而如今不僅未受到大眾和市場的追捧，甚至不少書法專業的學生均不知其名，這種境況與百年前形成了鮮明反差。那麼，他的書法藝術是否真有攝人心魄的魅力呢？他的書法藝術是否能給當代學界帶來有益思考和研究價值呢？隨著研究的展開，之前一直困擾我的疑雲也逐漸散去，一個明晰而立體的書法家形象逐漸浮現在我的面前。並且，筆者通過研究覺察到曾熙並不只是一個單純的書法家，還集傳統士人、近代教育家、書法理論家、畫家等多重身份於一體。我們從曾熙的書法研究中，能窺探到那個時代的書法價值觀和審美風尚，甚至能透視到當時藝術家群體創作的心理動態，進而復原那個時代真實的藝術生態。那麼，曾熙的書法研究對於當代又有多大意義呢？筆者認為，主要有以下幾個方面：

　　首先，曾熙在書法藝術上「入古」的毅力和「出新」的魄力值得當代人敬畏和深思。這種「入古」體現在三個層面：一是「入古」之方向。在曾熙在碑學風氣籠罩且每況愈下的時代背景下，對「循古」和「入古」有著準確的定位，他直接以三代兩漢篆隸為源頭，對當時碑學書法特崇北碑的風氣進行批評和修正，體現了獨到眼光。進而，他提出「求篆必於金，求分必於石」〔註1〕，「以篆筆為分，則分古；以分筆作真，則真雅；以真筆作行，則行勁。

〔註1〕曾熙《遊天戲海室雅言》，崔爾平選編：《明清書論集》，上海辭書出版社，第1456頁。

物有本末,此之謂也」〔註2〕的學書思想,體現了一個成熟書家的系統意識;二是「入古」之全面。曾熙為了破解貫通各體的藝術密碼,對整個金文系統進行了全面的梳理和創作實踐,進而將大篆的審美意象和從中提煉出來的「顫筆」筆法融通到各體中去,既練就了屈鐵斷金般的筆墨工夫,又豐富了各體的藝術感染力,為書法創新打下了基礎;三是「入古」之深入。曾熙並未在古篆分隸的筆墨暢遊中淺嘗輒止,而是深入其筆法和精神氣質的內理,尋找出不同書體和風格間「一以貫之」的共性規律。在「出新」方面,曾熙以古篆筆法為源泉,將其改造成更加抒情寫意的以「頓挫提轉」為內核的「顫筆」形態,運用到篆、隸、楷、行、草等各體中,以「質」帶「妍」,剛柔互動,因此其楷、行書也透著古雅清逸之氣。尤其是他的行草書由於借鑒了大篆的線質,因此較之取資北碑的沈曾植、康有為等書家更加流暢,在流美、浮滑的行草書風盛行的當代語境下,極具借鑒意義。可以說,他的這種嘗試既改變了碑學的傳統面貌,又為碑帖融合的實踐注入了新的活力。曾熙筆法上的這種創造性實踐,在今天的碑學書風中仍被廣泛借鑒和演繹,但能像曾熙一樣潛心「入古」的書者少了許多。著名畫家李可染曾提出「用最大的功力打進去,用最大的勇氣打出來」,雖然當代書壇仍在呼籲「入古」和「出新」,但是往往容易出現急於「出新」而「入古」不夠和為「古」所縛而創新不足兩個極端,在這一點上我們應該向以曾熙為代表的民國書家們致敬。

其次,曾熙五體兼通的書法藝術素養值得當代書家學習。回顧百年歷史,曾熙作為清代民國之交成長起來的書家,其全面的藝術素養無疑給市井氣彌漫的上海書壇帶了一股清氣。他一生留下了大量的書法作品,涵蓋篆、隸、楷、行、草五體。這些作品取法上溯秦漢,下取時人,跨度極大,表現形式也異常豐富,儼然一部生動的書法風格史。我們經常在曾熙書法中發現「四體書」這樣的組合性作品,這一方面反映了市場需求的旺盛對書家兼涉多體提出了新的要求,另一方面也說明曾熙作為一個職業書家在技術上的敬業精神和執著追求。

反觀當代書壇,不少學書者固守一家或沉溺於某種特定風格,稍有成績便以書家自居,缺少了「博涉多優」的追求。與曾熙為代表的清末民國書家

〔註2〕曾熙《遊天戲海室雅言》,崔爾平選編:《明清書論集》,上海辭書出版社,第1455頁。

相比，當代書家普遍「博涉」不夠，因此缺乏鎔鑄各體的實踐基底，值得反思。

　　第三，以曾熙為代表的民國書家的傳統文化修養值得當代書家借鑒和學習。曾熙原本不是一個職業書家，而是列居我國封建社會最後一批傳統文人。他博覽詩書，經學、史學、文字學、金石學等「字外功」無不涉獵，再加上詳研碑帖和心慕手追，成功地轉型為一個「文人型」書家。我們通過研讀曾熙的書法理論，可以窺得他在傳統文化上所下的深厚工夫，他總能用最簡潔明瞭的語言勾勒出深刻的義理，如「篆隸貴委迤養氣，分書在飛躍取神」「三代鼎彝，古樸奇奧，此三百篇，離騷也」等，這種概括能力得益於其多年的詩文寫作訓練。此外，我們從曾熙的書畫題跋中，不僅能讀出他作為書法家對藝術的認識，還能讀出哲人的深邃、詩人的曠遠、學者的縝密，這些都是曾熙深厚傳統文化基底的體現。因此，也就不難理解為何我們在讀曾熙的書論和題跋時，能體會到其中透露的強烈學術自信。正因為民國以前的書法家多是傳統文人，書法只是學養構成的一小部分，所以他們的書法帶有天然的文人氣質。當代與民國相比，書法的生存語境發生了根本性變化，書法的實用性逐漸退出歷史舞臺，對聯、信札、壽帳、匾牌、墓誌等昔日風行的書法載體已不再是今天的日常必需品。於是書法逐漸由民國的藝術與實用並存，走向今天的純藝術化。這種深刻的變化，也必然導致書法作品的消費者、欣賞者結構發生重構，促使書法家群體不得不最終走向專業化。這種專業化帶來的直接後果就是書法家學術視野和修養格局的「窄化」，過於強調筆墨技術，而忽略了文學、哲學、史學等綜合文化修養的全面提升。縱觀當今書壇，能像曾熙等民國書家一樣自撰詩聯的人越來越少，更不用說將自己筆墨實踐提煉為書法理論思想供後人學習了。因此，與曾熙等民國書家相比，如果說當代書家還缺少那麼一點藝術自信和學術自信，其根源就是綜合文化素養的缺失。

　　綜上所述，在曾熙書法的解讀和品賞中，我們總能不斷發現這位民國藝術大家身上一個又一個難以掩蓋的閃光點，他兼容並蓄的藝術實踐和大膽創新的探索精神，他詩文書畫兼修的深厚學養和德藝雙馨的崇高追求，無不啟迪著當代書法學人。

附　錄

一、曾熙書法作品鑒定方法芻議

　　（一）作品年代的推定

　　總體來看，曾熙傳世的作品尚多，但也有不少偽作充斥市場和坊間。為了甄別真偽，我們就不得不對曾熙書法的風格分期、書寫習慣、落款、印章等重要信息進行系統分析。其中，首先需要確定的就是作品的書寫年代信息。然而，曾熙除了大部分作品有明確紀年外，還有相當一部分的作品沒有紀年，這些作品亟待進行歸類分析。

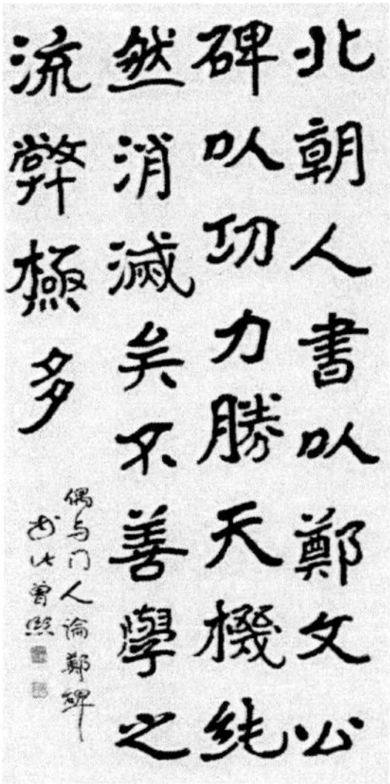

附圖 1
《楷書論北朝人書立軸》

附圖 2
《隸書五言聯》

附圖 3
《楷書五言聯》

　　之所以沒有紀年，筆者認為有如下幾種情形：一種是出於章法布局的需要。由於正文內容較多，而落款空間有限，為了避免擁擠，因此省去年款，只署名款。這種情況在曾熙未紀年的作品中佔有相當比重，如《楷書論北朝人書立軸》（附圖 1）〔註 1〕；一種屬於饋贈友人或出售的應酬作品，形式以對聯為主，這種作品是否落時間款全憑書家當時的隨機發揮，具有一定的不確定性，這種作品在曾熙的對聯作品中較多出現，如《隸書五言聯》（附圖 2）〔註 2〕；還有一種情況，屬於曾熙用功較多的臨摹之作、集聯作品或課徒稿。由於這類作品產量很大，且通常並不以出售為目的，寫完直接送給了朋友或門人，為了便捷省力也時常不署時間，如《楷書五言聯》（附圖 3）〔註 3〕屬於曾熙經常書寫的集《瘞鶴銘》字聯句，常有不紀年者。以上只是筆者根據目前可見的曾熙作品信息的梳理和分析做出的推測，不排除書家出於特殊意圖而未紀年的其他情形。

　　對於沒有紀年的作品，要想對其時代做出較為可靠的推定，筆者認為有如下方式：

　　首先，根據作品的風格判斷大體時代。曾熙的書法早年偏渾厚且中規中矩，1915 年寓滬鬻書後風格變得較為成熟，晚年則更加自由多變，甚至將畫法糅入筆法中。因此，通過紀年的同類風格作品的梳理和分析，可以大致判斷作品的年代區間。其次，可以根據落款的風格和印章的年代與磨損等因素來判斷。曾熙的落款因年代的不同，也體現出不同的筆墨趣味和書寫習慣，寓滬前的作品大字落款一般略顯生澀，氣息並不通暢，寓滬後則逐漸趨於穩定，用筆溫潤流暢，到了晚年則多了幾分從容，用筆更加率意，偶出生辣之氣。並且，筆者通過大量作品圖片分析發現，1917 年對於研究曾熙落款是一個非常重要的節點。1917 年之前的落款「農髯」二字中的「髯」字與 1918 年後有明顯不同，1918 年「髯」字去掉上半部分的「髟」，而僅寫作近似篆書的「冉」，而 1917 年則兩種寫法並存，似可以視作一個過渡期。巧合的是，恰恰這個時候，也正處於曾熙從譚延闓寓搬離移居李瑞清寓所前後。曾熙落款變「髯」為「冉」的行為是與其習篆書有關，還是與李瑞清存在某種聯繫？尚待進一步研究，但至少，我們可以由落款變遷的這個線索對 1917 年前後的作品進行甄別。

〔註 1〕曾迎三編：《曾熙書法集》，上海辭書出版社，2013 年版，第 174 頁。
〔註 2〕曾迎三編：《曾熙書法集》，上海辭書出版社，2013 年版，第 97 頁。
〔註 3〕曾迎三編：《曾熙書法集》，上海辭書出版社，2013 年版，第 141 頁。

附表 1　曾熙落款、印章使用情況概覽

1903	1915	1916	1917	1918	1919	1920	1921

1922	1923	1924	1925	1926	1927	1928	1929

　　其次是印章。曾熙的印章使用有一定規律性，如「曾熙之印」和「農髯」（附圖4）兩方印章在曾熙的作品中出現頻率最高，經常搭配使用，通常二者相距一方章以上距離，堪稱使用年代跨度最長的一組印章。也有一些印章曾熙使用頻率較低或者僅在某個特定時期、特定環境下使用，除了「丁卯」「戊辰」等年號章具有時間限制外，1903年《雅量古今五言聯》的「曾熙之印」「子緝」兩方印章（附圖6）在其他作品上絕少使用。筆者查閱相關文獻，發現《曾熙年譜長編》裏曾記錄了1903年間曾熙與齊白石的交往過程，對此《齊白石癸卯日記》中也有印證，從文獻可知二人主要在癸卯年的幾個月有密切交往，期間齊白石曾為曾熙刻過多方名號章，此後便逐漸疏於來往。這兩方

印章的使用時間與文獻記載高度吻合，並且從印風來看與齊白石的早期風格也頗相近。為了證明這個判斷，筆者在《齊白石全集》（第八卷）中又發現了一枚齊白石為好友夏壽田治的一方名章「夏壽田印」〔註4〕（附圖7），亦為齊氏的早期印風。觀其「印」字與「曾熙之印」中的「印」字如出一轍，且「壽」字中間部分的斜豎與「曾熙之印」中「曾」字中部斜豎方向相同，「印」字也如出一轍。因此，綜合判斷，1903年的「曾熙之印」與「夏壽田印」應同為齊白石刊刻。

附圖4　曾熙常用印「曾熙之印」和「農髯」及其一般搭配

附圖5　曾熙閒章「閒居玩古不交當世」　　附圖6　疑似齊白石為曾熙所刊「曾熙之印」和「子緝」　　附圖7　齊白石早年為夏壽田刊「夏壽田印」

另外曾熙還有一方「閒居玩古，不交當世」長方形閒章（附圖5），集中應用於曾熙定居上海之後的作品中，印章的內容反映了他絕意仕途後一心投入書畫藝術生活的閒適情趣及對官場生活的厭惡。因此，這方印章具有一定的時代性和特殊性。另有一些印章則是曾熙為了配合不同題材的作品所特別配製，如「鶴」字正方形肖形章多用於曾熙臨《瘞鶴銘》或以集《瘞鶴銘》聯句的作品中，其他作品中幾乎不用。至於印章的磨損，也可以作為判定作品年代的有力證據。如我們利用大數據手段對海量作品的印章進行分析，發現

〔註4〕郎紹君、郭天民主編：《齊白石全集》（第八卷），湖南美術出版社，1996年版，第89頁。

曾熙常用的「曾熙之印」左下角的「印」字隨著時代變遷不斷殘損磨蝕〔註5〕，根據這個線索我們可以更加簡便地對作品的時間做出較為準確的推測。書法作品真偽鑒定和年代推定，是一個系統性的分析和研究工作，用印規律的判定只是其中的方法之一，還應配合其他手段。

綜合上述兩種方法，再以釋文內容與文獻資料的吻合度進行佐證，如《曾熙年譜長編》中記載了大量曾熙書畫往來事蹟的記錄，可以通過這些記錄跟蹤書家與哪些人有書畫來往，以及頻度如何、交往有無固定時段等信息來推斷作品的年份。通過這樣幾種方式的綜合運用，就可以較為準確地推定出作品的年份或時代區間。

（二）作品真偽推定的依據及相關問題

1. 依據藝術風格與藝術水準判斷

附圖 8　真（右）偽（左）《華氣桐陰五言聯》對比

〔註5〕有時因鈐印力度的不同也會造成印章殘損的假象，這種情況應當區分開來。

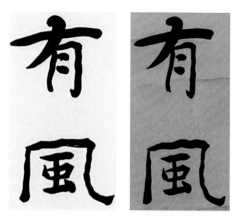

附圖 9 「有風」二字局部對照

　　如上所述，曾熙不同年代的書法作品呈現出差異化的風格特徵，可以為我們判斷作品的真偽提供重要的參考。然而，由於曾熙書法面貌的多樣，僅從藝術風格來判斷作品的真偽顯然失之嚴謹。因此，書法作品的藝術水準就成為我們進一步判斷真偽的重要依據。由於曾熙的用筆非常有特點，因此判斷作品的藝術水準除就要對筆法進行細緻研讀，首先排除那些筆法拙劣或者有明顯「硬傷」的偽作，同時參考結體規律、章法局部、整體氣息等藝術要素對作品進行系統分析。以 1919 年的《華氣桐陰五言聯》（附圖 8）為例，二者一眼看去高度相近，基本可以排除書家在同一時段書寫相似內容的情況，可以斷定其中必有一幅為偽作。首先從整體上來看，兩幅作品有幾點不同：一、印章。右圖上聯較之左圖多出兩個印章，且下聯的鈐印間隙較左圖略大；二、紙張。左右圖紙色不同，材質也有差異；三、字形。左圖字形偏扁，右圖字形偏長。其次，從用筆來看，左圖略顯肥厚，且筆畫的粗細差異小於右圖。顯然，這是一幅以《張黑女》風格為基底的作品，在曾熙傳世的作品中佔有一定比例。只要通過此類作品進行系統對比分析就可知道的，曾熙並不會刻意把每個字寫的圓頭圓尾，而是任其自然，甚至從不避諱破鋒、飛白、毛茬等意外效果。顯然，左圖的很多字並不自然，甚至顯得拘束。如左圖「有」字（附圖 9）的豎與豎鉤與右圖用筆相比，顯得猶豫而拖沓，不如右圖爽利。再對比「風」字，左圖偏扁，而右圖偏長，雖然我們很難從結構的合理性上推翻其中任何一種寫法，但從用筆上就能看出一些差異。左圖的「風」字的斜鉤運筆上並不如右圖那樣自然流暢，一氣呵成，寫的小心翼翼。此外，曾熙論書反覆強調《張黑女》「掠空」的特點，為了表現「空」，

他特別注意每個字筆畫的粗細變化。而左圖的「有」「風」等多字筆畫的輕重差異很小，正如曾熙評書家所言「肉丰骨嗇」，缺乏《張黑女墓誌》的空靈和清爽之氣，相比之下右圖則更加妥帖自然。綜合用筆、氣息等書法要素可以推定，左圖為假。

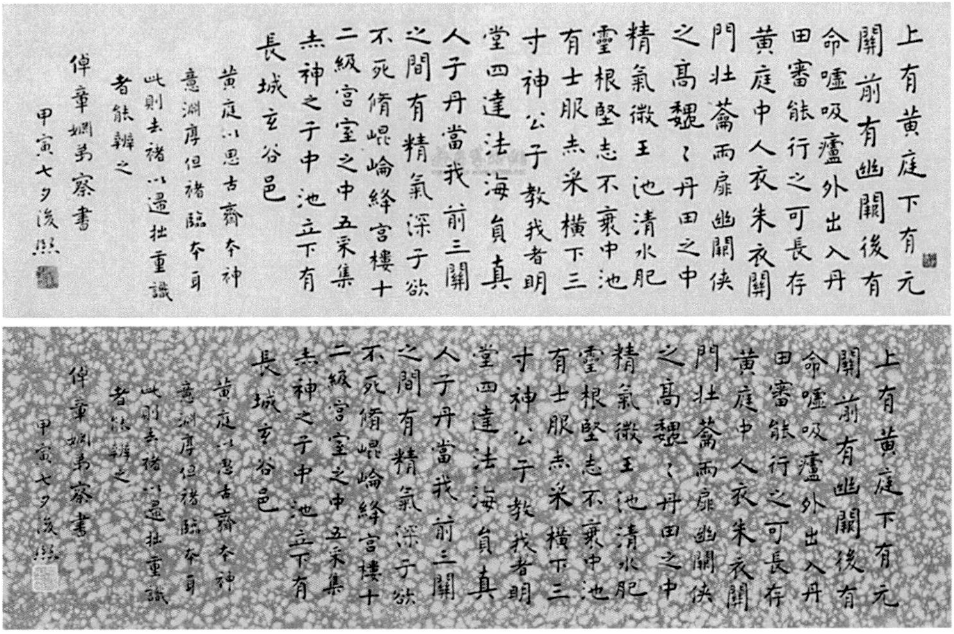

附圖 10　曾熙《臨黃庭經卷》真（上）偽（下）對照

又如，1914 年曾熙《臨黃庭經卷》（附圖 10），上下兩幅作品除了紙張不同、上圖（下稱「白宣本」）比下圖（下稱「色宣本」）多出一方印章外，其他方面非常相近，如果從印章、紙張等方面辨別真偽非常困難。因此，我們仍需要從筆法對作品的真偽進行分析。筆法從形體上分為長短、方圓、藏露、曲直、輕重等諸多方面，此外還包括筆畫背後的力度、氣息、趣味等精神內涵。曾熙的小楷含蓄蘊藉，深得魏晉人風韻，其用筆的總體原則與他的書法美學思想也是高度契合的，這是我們甄別其小楷真偽的基礎。曾熙深諳小楷的張弛之道，收筆處特別注意，不使其信筆帶過，而是慢慢蓄收，踐行著前人「無垂不縮，無往不收」的八字真言。為了更多地說明曾熙小楷的這個特徵並由此甄別真品與偽作，筆者特將兩幅作品的局部選出，列下表（附表 2）進行比對，並佐以 1916 年曾熙為李瑞清五十生日所臨《黃庭經》（下稱「丙辰本」）以示良莠。

附表 2　曾熙《臨黃庭經》版本對照表

白宣本	上	池	蕭	城	邑	明	魏
色宣本	上	池	蕭	城	邑	明	魏
丙辰本	上	池	蕭	城	邑	明	魏

　　「白宣本」中的「池」「邑」「明」「魏」等字的鉤都是鋒芒內斂，力蓄其中，藏而不露。而「丙辰本」的「池」「邑」「魏」等字雖為露鋒，但均用圓轉，出鉤處呈現鈍角，表現出魏晉小楷的「隸意」，與「白宣本」的「藏鋒」雖形態各異，卻有異曲同工之妙，都體現出魏晉小楷的古雅韻味。反過來再看「色宣本」，都有明顯的出鋒，且鉤的方向指向左上，與「白宣本」「丙辰本」恰恰相反。此外，「色宣本」的「上」字的三個筆畫都是露鋒，並有明顯的切角，「蕭」字的捺畫也有明顯的捺角，而「白宣本」則非常含蓄，此類的差異在兩件作品中筆筆皆是，筆法水準的高下自判。雖然這些都是不經意的細節，卻最能看出一個書家對經典之美的捕捉和參悟。這些細節都向觀者透露出一個潛在的信息，「色宣本」為偽作，緣由是作偽者對《黃庭經》筆法的參悟並未接近曾熙的真實理解，「形似」尚不能及，更不用談「神似」了！另外，作偽者為了掩蓋筆法的不足，選擇了設色的紙張進行摹製，其手段也並不高明。

　　筆者以收筆為切入點對曾熙小楷的真偽進行推定並非主觀臆斷，而是將其還原到曾氏小楷發展演變的歷史情境中去進行考量。本節第三部分我們曾專門探討了曾熙小楷的藝術特徵及成就，縱觀 1899 年的《丁立鈞書》到 1901 年的《錄舊詩橫幅》（見第二章圖 2-18），再到 1914 年的《臨黃庭經》（即「白宣本」）和 1916 年的《臨黃庭經》（即「丙辰本」），無不在收筆上非常講究，收放有度，呈現出一定的規律性。可見，在大數據時代的背景下，只要擁有一定數量的原始作品材料，再利用圖像處理方法對海量信息進行分析和比對，實現「以真證偽」也並非無跡可尋。

2. 依據印章、印泥等判斷

　　印章除了可以推定作品的寫作年代外，還有甄別真偽的作用。首先，印章因為材質、物理摩擦等一系列因素會隨著時代變遷發生一定程度的磨損或

殘破，而這種磨損或殘破一旦發生，修復的難度極大。因此，從印章的磨損情況來考察作品的真偽不失為便捷之策。

| 1916 年 | 1921 年 | 1927 年 |

附圖 11　「曾熙之印」磨損情況示意圖

　　然而，值得注意的是，我們眼見的磨損未必是真實的磨損，有時是鈐印者用力不均等人為原因所致，有時則與鈐印下方襯墊物的材質軟硬程度密切相關。這些推測並未空穴來風，根據曾熙後人口述，曾熙的作品很受市場歡迎，大量作品並非都由曾氏親自鈐印，而經常是由其門人或家僕完成，這樣蓋出來的印章也就效果不一。從目前可見的曾熙作品印章來看（附圖 11），以上情況是存在的，因此辨別印章是否磨損就顯得非常複雜。此外，我們判斷印章是否作偽還要排除作品事後補印的情況。比如，曾熙時有不滿意之作，未鈐印即丟棄紙簍，這些作品有時被門人或僕人撿起，事後又向曾氏求取題跋或鈐印，在張大千兄弟身上就曾多次發生這樣的事情。因此，我們有時就能看到早期的作品印章反而比晚期磨損嚴重的情況。

　　其次，印泥的顏色也是我們考察作品真偽的重要方法。一名職業書法家，對印泥一般都有特別的要求和相對規律的使用習慣。曾熙使用的印泥前後也並不一致，通過海量的作品印章比對可以發現，大約在 1918 年前後其印泥顏色有一次明顯的變化，由淺變深，色澤也更加鮮豔，類似朱砂色，這個細節不仔細觀察很難發現。當然，對印泥的識別一定要觀看原作，並通過大量真品的分析去發現微妙的變化，僅憑作品圖片進行分析是靠不住的。

　　3. 根據文獻進行佐證

　　除了從作品本身的藝術屬性進行鑒定外，有時文獻資料也會為我們甄別真偽提供有益的線索，如果能實現「圖」與「史」的相互印證，那麼鑒定的準確性就會得到充分的保障。曾熙目前可見的文獻資料分為兩部分，一部分是以門人記述的形式存在，如《明清書論集》中的《遊天戲海室雅言》即是朱大可筆下記錄的其與老師曾熙的對話，此外還有張大千兄弟的《大風堂存稿》；

另一部分則是墨蹟形式。曾熙雖然並沒有詩文集和日記等文獻資料傳世，但他把書學理念、往年舊事、創作感言等重要信息都以筆墨記錄下來，這些記錄散見於他的書法作品、信札和題跋中。這些墨蹟兼具了「圖」和「史」的雙重屬性，是我們研究曾熙書法的直接文獻材料。我們目前可見的大部分文獻資料已被收入《曾熙年譜長編》中，為我們系統而深入地研究曾熙作品的藝術特性和真偽提供了重要支撐。需要指出的是，利用文獻佐證書法作品的真偽，首先應保證文獻的可靠性和使用的合理性，切不可以偽證真和斷章取義。舉例來說，1917 年曾熙在贈好友楊潛庵的條屏中跋云：「不作寶子碑將十餘年矣，偶為之，究不如道士之峻險中別有逸趣也」〔註6〕，「不作寶子碑將十餘年矣」就是關於其創作情況的一則重要信息。客觀來講，沒有誰比書家自己更瞭解自己的創作，因此書家親自口述可視為鑒定真偽的第一手材料。

總之，書法作品的鑒定是一個系統的研究性工作，需要鑒定者對書家的風格演變、用筆特徵和著錄文獻等有著熟悉的認知，同時參考原作的紙張、用墨、用印、落款等多方面信息進行綜合分析，才能得出較為準確的判斷。可喜的是，當今科技高度發達，為鑒定的準確性和科學性提供了技術保障，尤其是利用大數據技術對海量的圖像資料進行歸類和分析，可以有效避免主觀判斷的失誤和其他人為因素的干擾，從而去偽存真，還原事實真相。

二、曾熙書家傳、墓誌銘、碑記等出版物選錄

（按出版年份排序）

出版物名稱	出版時間	出版社	定　價	撰　文	篆　　額	題　　簽
武岡鄧先生墓誌銘	1893	民國石印本	不詳	王闓運	曾熙	譚延闓
衡陽滿町趙氏五修族譜敘	1909	琴鶴堂	不詳	不詳	無	不詳
衡陽王楊氏家傳	1917 年 6 月	上海震亞圖書局	二角五分	王楊曾氏	無	無
譚母李太夫人墓碑	1917 年	不詳	不詳	曾熙	不詳	不詳
曾農髯書阮君墓誌銘	1917 年	上海震亞圖書局	五角	李詳	曾熙	不詳
謝氏義莊記	1917 年	上海震亞圖書局	五角	陳邁聲	曾熙	不詳

〔註6〕王中秀、曾迎三：《曾熙年譜長編》，上海書畫出版社，2016 年版，第 275 頁。

衡山周處士墓誌銘	1918 年	民國石印本	不詳	曾熙	曾熙	不詳
秋夫先生六旬晉一序	1919 年	民國石印本	不詳	黃敬曾	無	不詳
衡陽丁烈婦傳	1919 年 5 月	上海震亞圖書局	二角五分	曾熙	無	譚澤闓
史君生壙誌	1919 年	上海震亞圖書局	六角五分	虞輝祖	曾熙	李瑞清
傅君生壙誌	1919 年	民國石印本	不詳	虞輝祖	曾熙	李瑞清
阿育王寺重修舍利殿記	1920 年	民國石印本	不詳	章炳麟	曾熙	譚延闓
船山書院記	1920 年	不詳	不詳	王闓運	李瑞清	不詳
雷母唐夫人墓誌銘	1920 年	民國石印本	不詳	吳嘉瑞	李瑞清	曾熙
騰沖李節母墓表	1920 年	上海泰東圖書局	不詳			不詳
衡陽令趙君奉頌	1920 年	民國石印本	不詳	鄒淑	曾熙	不詳
衡山趙先生墓碑	1921 年	民國石印本	不詳	曾熙	曾熙	曾熙
衡陽王楊貢生墓誌銘	1921 年	上海震亞圖書局	一角五分			不詳
鍾君繼室李夫人墓誌銘	1921 年 10 月	上海震亞圖書局	不詳	陳三立	譚延闓	不詳
合肥蒯公神道碑	1921 年 10 月	上海震亞圖書局	不詳	馮煦	不詳	不詳
清故廩生李君墓誌銘	1921 年 10 月	上海震亞圖書局	不詳	曾熙	李瑞清	譚延闓
吳公興學碑記	1921 年	求古齋（碧梧山莊影印）	五角	方還	曾熙	楊逸
吳先生興學記	1921 年	上海務本女校校友會印發	不詳	方還	曾熙	不詳
清故萬州牧向君之墓碑	1921 年	上海震亞圖書局	不詳	不詳	不詳	譚延闓
雪竇寺淡禪禪師塔銘	1921 年	民國石印本	不詳	不詳	曾熙	譚延闓
伍壽春墓誌銘	1922 年	民國影印拓本	不詳	曾熙	不詳	曾熙

清誥封旌表節孝李母	1923	上海泰東圖書局	不詳	趙端禮	吳昌碩	章太炎
伍府君墓誌銘	1923 年	不詳	不詳	曾熙	向燊	不詳
姚慎卿先生家傳	1924 年	民國石印本	不詳	不詳	無	不詳
張懷忠先生家傳	1924 年	民國石印本	不詳	曾熙	無	曾熙
朱母陳太宜人傳	1924 年	民國石印本	不詳	曾熙	無	馮蒿叟
解遠照先生墓誌銘	1925 年	不詳	不詳	曾熙	不詳	曾熙
武進許君稻蓀墓誌銘	1925 年	不詳	不詳	張謇	吳昌碩	不詳
羅母白夫人墓誌銘	1929 年	不詳	不詳	曾熙	不詳	不詳
曾農髯書孫君碑	1929 年	上海大眾書局	不詳	不詳	無	王鈍根
衡山向道尹墓誌銘	1929 年	不詳	不詳	譚延闓	不詳	不詳
曾熙書孫君義行碑	1930 年	民國拓本	不詳	不詳	不詳	費樹蔚
金磷叟先生七十壽序	不詳	上海有正書局	不詳	沈曾植	無	鈍叟
清故蕭太宜人墓誌銘	不詳	不詳	不詳	曾熙	譚延闓	不詳
馬子英先生墓誌	不詳	不詳	不詳	沙元炳	曾熙	不詳
天門源泉許君墓誌銘	不詳	民國石印本	不詳	陳衍	曾熙	曾熙
黃恭人墓表	不詳	不詳	不詳	不詳	不詳	不詳

三、曾熙書法字帖出版物（不含題跋）選錄

（按出版年份排序）

出版物名稱	出版時間	出版社	定價	題簽
曾農髯臨華山碑	1918 年 9 月	上海震亞圖書局	不詳	不詳
曾農髯臨夏承碑全文	1918 年 9 月	上海震亞圖書局	九角	不詳
曾農髯臨黃庭經	1918 年	上海震亞圖書局	四角	李健
曾農髯臨西嶽華山廟碑	1918 年	上海震亞圖書局	不詳	不詳
曾農髯臨鍾王各表	1919 年	上海震亞圖書局	不詳	不詳
曾農髯臨化度寺碑	1919 年	上海震亞圖書局	不詳	不詳

曾農髯臨墨戲	1919 年	上海震亞圖書局	不詳	不詳
曾農髯、李梅庵臨瘞鶴銘合冊	1919 年	上海震亞圖書局	不詳	不詳
曾熙書《金剛經》（為母劉太夫人書）	1919 年	上海震亞圖書局	不詳	李瑞清
曾農髯書、清道人畫扇面合冊	1919 年	上海震亞圖書局	一元	不詳
曾李鄭書蘭亭序三種合刻	1919 年	上海震亞圖書局	不詳	不詳
曾農髯隸書（小對聯未裱）	1919 年	上海震亞圖書局	不詳	不詳
曾農髯書五尺對聯數種　六吉宣片	1919 年	上海震亞圖書局	五角	不詳
曾農髯書四尺堂幅數種	1919 年	上海震亞圖書局	五角	不詳
曾農髯臨夏承碑	1919 年	上海震亞圖書局	二元二角	不詳
曾農髯臨華山碑	1919 年	上海震亞圖書局	一元五角	不詳
曾農髯臨漢碑四種屏	1919 年	上海震亞圖書局	四角	不詳
曾農髯臨黃庭經玻璃版（己未四月重定）	1919 年	上海震亞圖書局	每部六角	不詳
農髯臨鶴銘	1925 年	上海震亞圖書局	一元五角	譚澤闓
曾農髯行楷習字帖	1925 年	上海有正書局	二角	無
曾農髯遺跡	1931 年 2 月	上海華商書局	不詳	無
曾熙習字帖	不詳	尚古山房	不詳	無
曾熙書補金剛經缺字	不詳	上海大眾書局	不詳	無
曾農髯書九成宮	不詳	不詳	不詳	不詳
曾農髯書黑女誌	不詳	不詳	不詳	不詳
曾農髯臨金剛經全文	不詳	不詳	不詳	不詳
曾農髯書鍾王各帖	不詳	上海震亞圖書局	不詳	不詳
曾農髯臨瘞鶴銘	不詳	民國石印本	不詳	不詳

四、曾熙常用印一覽

（一）名章、字號章

曾熙之印　　　　曾熙之印　　　　曾熙之印　　　　曾熙之印

曾熙之印　　　　曾熙之印　　　　曾熙之印　　　　曾熙私印

曾熙私印　　　　曾熙私印　　　　農髯　　　　　　農髯

農髯　　　　　　農髯　　　　　　農髯大利　　　　髯六十後作

髯公　　　　農髯年六十以後作　髯翁六十後書　　髯翁七十以後作

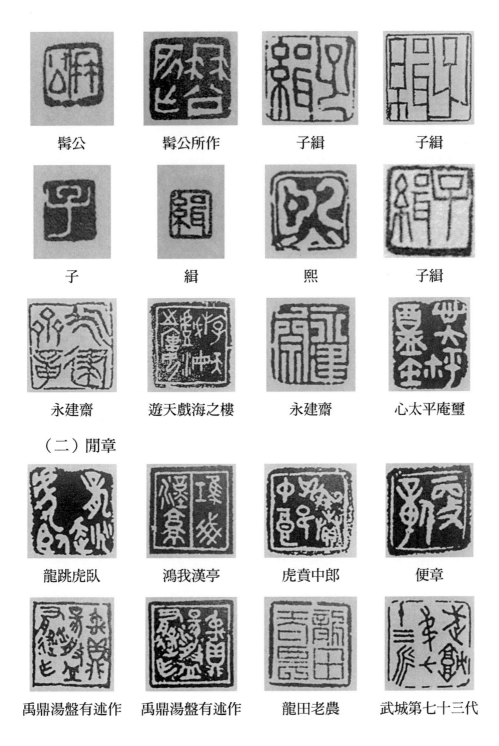

髯公	髯公所作	子緝	子緝
子	緝	熙	子緝
永建齋	遊天戲海之樓	永建齋	心太平庵璽

（二）閒章

龍跳虎臥	鴻我漢亭	虎賁中郎	便章
禹鼎湯盤有述作	禹鼎湯盤有述作	龍田老農	武城第七十三代

閑居玩古　　惟辛酉余以生　天青閣經籍永建　鶴（肖形印）
不交當世　　　　　　　　齋金石書畫俟園
　　　　　　　　　　　　松橋

曾熙印長壽　　　　烝陽　　　　　衡陽
年宜子孫

五、曾熙等書家寓滬地址一覽

（按姓氏拼音排序）

符鐵年	上海匯三路吳興坊 10 號
何詩孫	上海白克路侯在里 747 號
黃曉汀	上海虹口東有恆路五福里
黃賓虹	上海西門路西城里 169 號
江一平	上海孟德蘭路 105 號
江百平	上海金神父路 152 號
康有為	上海愚園路 34 號
李瑞清	上海虹口東西華德路鄧脫路謙吉東里 483 號
李健	上海北四川路東崇福里 181 號
劉人熙	上海法租界貝勒路
劉山農	上海法租界貝勒路仁元里 27 號
馬企周	上海法租界八仙橋西愷自邇路惟善里 2 號
聶雲臺	上海匯山路 48 號
錢瘦鐵	上海法租界仁壽里 373 號（1924 年）
沈曾植	上海新聞路 91 號

譚延闓	上海華德路 65 號（1915～1921） 上海塘山路 37 號（1921～1930）
譚澤闓	上海塘山路 37 號
唐吉生	上海法租界貝勒路仁壽里 373 號
王一亭	上海南市東喬家浜梓園
王个簃	上海北山西路吉慶里 12 號
吳湖帆	上海嵩山路 82 號
吳昌碩	上海北山西路吉慶里 12 號
吳待秋	上海寶山路寶山里 55 號
夏自怡	上海北京路瑞康里
楊度	上海南成都路貝禘鑾路霞飛巷 8 號
張善孖	上海西門路西城里 169 號
張大千	上海西門路西城里 169 號
趙叔孺	上海華盛頓里 2 號
鄭孝胥	上海南洋路 12 號
朱心佩	上海威海衛路太和村 2 號
朱古微	上海虹口東有恆路德裕里 940 號
曾熙	上海虹口東有恆路 637 號

六、曾熙書法年譜〔註7〕

　　曾熙（1861～1930），譜名昭銜，後更名熙，字子緝，號嗣元、士元、俟園、農髯。書、畫、印中另署有老髯、髯公、髯叟、龍田老農、永建齋主人等。

1861 年　咸豐十一年　辛酉　一歲

12 月 20 日清咸豐十一年十一月十九日辰時，生於湖南省衡陽縣石頭橋（今石市鎮）龍田村洪家堂。廣垕三子，行承九。

1862 年　同治元年　壬戌　二歲

父廣垕久病不愈，母劉氏艱辛持家。

1863 年　同治二年　癸亥　三歲

3 月 19 日，父病逝。母劉氏與嫂李氏同住，相依為命，貧苦不堪。

〔註7〕本年譜參考了王中秀、曾迎三《曾熙年譜長編》的部分內容，並增加了近年新見資料。由於材料來源不一，在表示時間時有陽曆和陰曆兩種方式，在此予以保留。

1864 年　同治三年　甲子　四歲

1 月 1 日，齊璜（白石）生於湖南湘潭。

10 月 16 日，向燊（樂穀）生於湖南衡山。

1865 年　同治四年　乙丑　五歲

1 月 27 日，黃賓虹生於浙江金華。

9 月 30 日，蕭俊賢生於湖南衡陽。

1866 年　同治五年　丙寅　六歲

進曾氏宗祠啟蒙。

是年，羅振玉生。

1867 年　同治六年　丁卯　七歲

學習於曾氏宗祠。

8 月 8 日，李瑞清生於廣東。翌年，隨父到湖南任上，曾居武陵、平江、長沙、衡山等地，以長沙為最久。

12 月 4 日，王一亭生。

同年，張元濟、汪詒書生。

1868 年　同治七年　戊辰　八歲

學於曾氏宗祠。

1869 年　同治八年　己巳　九歲

學於曾氏宗祠。

1 月 12 日，章炳麟生於浙江餘杭。

8 月 25 日，吳錡（劍秋）生。

1870 年　同治九年　庚午　十歲

學於曾氏宗祠。

是年，夏壽田（午詒）、熊希齡生。

1871 年　同治十年　辛未　十一歲

學於曾氏宗祠。

是年九月十八日，李瑞清三弟李瑞奇（筠庵）生於湖南長沙。

1872 年　同治十一年　壬申　十二歲

學於曾氏宗祠。

1873 年　同治十二年　癸酉　十三歲

學於曾氏宗祠。

是年，錢振鍠、俞明頤生。

1874 年　同治十三年　甲戌　十四歲

學於曾氏宗祠。

是年，趙叔孺、龍紱瑞生。

1875 年　光緒元年　乙亥　十五歲

學於曾氏宗祠。

1 月 10 日，楊度生於湖南湘潭。

1876 年　光緒二年　丙子　十六歲

學於曾氏宗祠。

約是年，李瑞清從篆分入手開始學書。

是年，陳師曾生。

1877 年　光緒三年　丁丑　十七歲

學於曾氏宗祠。

1878 年　光緒四年　戊寅　十八歲

學於曾氏宗祠。

1879 年　光緒五年　己卯　十九歲

學於曾氏宗祠。

是年，錢病鶴、丁輔之生。

1880 年　光緒六年　庚辰　二十歲

補諸生。

是年，譚延闓、趙恒惕、聶雲臺生。

1881 年　光緒七年　辛巳　二十一歲

5 月 2 日，樓辛壺生。

是年，楊潛庵、呂苾籌、康和聲生。

1882 年　光緒八年　壬午　二十二歲

2 月 18 日，李瑞清之侄李健生於江西臨川。

7 月 2 日，符鑄（鐵年）生。

7 月 12 日，張澤（善孖）生於四川內江。

是年，叔父曾廣筵在村裏修築敬慎堂，請譜主教其二子。

1883 年　光緒九年　癸未　二十三歲

在敬慎堂教學。

與湯氏訂婚，係元配。

1884 年　光緒十年　甲申　二十四歲

在敬慎堂教學。

1885 年　光緒十一年　乙酉　二十五歲

在敬慎堂教學。

是年，鄧輔綸任湖南衡陽船山書院山長。

1886 年　光緒十二年　丙戌　二十六歲

府縣考試成績優秀，入船山書院學習。

是年，馬駘（企周）生。

約是年，李瑞清學習漢分。

1887 年　光緒十三年　丁亥　二十七歲

8 月 7 日丁亥六月十八日子時，長子憲璵生。

學習於船山書院。

1888 年　光緒十四年　戊子　二十八歲

學習於船山書院。

冬，趙恒惕隨父過衡陽，拜訪曾熙，慕其書名，因從之學書。

是年，胡光煒（小石）、施保昌生。

1889 年　光緒十五年　己丑　二十九歲

2 月 12 日己丑正月十三日，譚澤闓生於甘肅。

7 月 3 日己丑六月初六日，次子憲瓚生。

八月，赴鄉試，此間與夏壽田相識。

是年，黃起鳳（曉汀）生。

1890 年　光緒十六年　庚寅　三十歲

鄧輔綸至金陵，作客文正書院為學子出題。此中間隙，譜主陪同鄧師遊金陵。

約是年，「棄劍而學書」，從篆分入手。

1891 年　光緒十七年　辛卯　三十一歲

是年，在長沙天心閣，在歐陽君重引薦下與李瑞清相識，遂成莫逆之交。

辛卯五月，經張亨嘉選拔，與入長沙校經書院學習。

秋，鄉試發榜，中辛卯正科中式第二名舉人，榜名榮甲。欣喜之際，自書「亞元」隸書大字匾額以示紀念。

10月14日辛卯九月十二日，以闈墨請教王闓運，王評「無甚庸濫文，而多荒謬字面」。

11月辛卯十月，督學張亨嘉任滿將離湘，對鄉試未中之學子推行歲科連試。雖然鄉試中式，仍參加考試。優秀試卷被輯為《湖南校士錄》，有四篇入選。

1892年　光緒十八年　壬辰　三十二歲

春，入京參加會試。

此際，在北京遊國子監，見《石鼓文》，驚歎其文字與石質之古，流連忘返。

約是年，李瑞清開始主攻楷書。從六朝碑入手，後取唐以後諸家。

1893年　光緒十九年　癸巳　三十三歲

由長沙回衡陽，熊希齡作詞相送。

是年秋，李瑞清中舉。

七月二十日酉時，鄧輔綸卒於金陵。書《武岡鄧先生墓誌銘》，王闓運撰文。

是年，蔣國榜、馬公愚生。

1894年　光緒二十年　甲午　三十四歲

春，赴京趕考，與李瑞清同居京師松筠庵，朝夕相處，交流碑帖。購得水前本《瘞鶴銘》、《黃庭經》與金文拓片十餘件。既而，會試發榜，李瑞清中貢士，譜主落第，後被選拔為兵部主事。

7月25日，甲午戰爭爆發。譜主與楊仁山、歐陽君重、丁立鈞、周敬夫、李瑞清等人齊聚丁立鈞寓所，朝夕商議救國大事。

9月15日，清廷封譜主祖父、父親為中憲大夫，封其祖母、母親為恭人。

1895年　光緒二十一年　乙未　三十五歲

2月8日，隨劉坤一幕僚赴山海關抗禦倭寇。後中日戰爭以失敗告終，旋返京。

春，李瑞清參加殿試，選為翰林院庶吉士。

甲午戰敗之訊傳來，廣東舉人梁啟超等百餘人，曾熙、任錫純、曾廉等湖南舉人數十人率先上書都察院反對議和，既而福建、四川、江西等各省紛紛響應，即歷史上著名的公車上書事件。

11月，強學會在北京成立。27日，丁立鈞邀譜主與楊仁山、鄭孝胥等人於一品升，譜主的「寡言而謹」給鄭孝胥留下深刻印象。

1896年　光緒二十二年　丙申　三十六歲

春，赴外地考察軍務，至武漢欲見張之洞，正值其休息，因歸期迫而未見。在武漢與張之洞之下屬黃仲弢直抒練兵之見。

秋，返湘接母入京。

八月初八，往求王闓運書與賀辭，王書聯為贈。

秋，侍母進京，道出長沙，李瑞清留住家中十日。臨別之際，李瑞清作《秋日湘上別曾熙》詩以贈別。

1897年　光緒二十三年　丁酉　三十七歲

本年，符鐵年之父符子琴來京，邂逅譜主，二人時常宴飲、交流品評書畫。

本年撰《壽譚太恭人》。

1898年　光緒二十四年　戊戌　三十八歲

春，李瑞清自長沙來北京，同居臨川會館。

此際，與夏午詒相遇於京師。與李瑞清朝夕談論書家南北宗，又各拿唐宋人畫相矜誇，譜主得意時聲震屋瓦。

5月25日，訪楊度，為其書寫數扇。

秋，為叔母戴氏撰《曾母戴太淑人六秩壽敍》。

1899年　光緒二十五年　己亥　三十九歲

4月27日，李瑞奇題履衡藏何紹基書《泉山墓表》云：「此卷為何貞老未得鄉舉以前書，初由《張黑女》變顏書時作。履哥無意得之衡陽曾季子緝，余仲同年友也。嘗謂我朝劉文清後一人而已，時有『劉象何龍』之喻。曾季書直追鍾王，嘗欲合南北為一，自詡為第三人。為余書《孝經》《荀子》各一通，時時效信書，得《醴泉》之腴厚，《化度》之精緊，當世殆無與匹」，對譜主讚譽有加。

七月，譚雪樵夫人卒，為撰《羅孺人墓誌銘》。

12月6日，致信丁立鈞，求賜書畫。

1900年　光緒二十六年　庚子　四十歲

1900年8月15日，八國聯軍攻陷北京，危急中，背負母親攜子女逃難，剛出都門即遭打劫，宋拓殘本《瘞鶴銘》等收藏被劫。跟蹌中尋得一轎子，與僕人

抬著母親步行 40 多里乃得脫險，搭船南下，返回湖南衡陽老家。

回鄉後，侍母於洞庭之西天心湖，自稱「龍陽老農」。

1901 年　光緒二十七年　辛丑　四十一歲

二月，為友山書「法言宜盡和為貴，臨事貴斷慎在先」七言聯。

秋，為譚震青書錄自作詩二首。作《清誥封朝議大夫五品銜候補訓導蟠溪先生七十壽序》。

本年，主講石鼓書院。

1902 年　光緒二十八年　壬寅　四十二歲

遷居龍陽（今湖南漢壽），兼任漢壽龍池書院主講。

本年，與夏壽田相晤，與鄭孝胥等來往頻繁。

1903 年　光緒二十九年　癸卯　四十三歲

癸卯科補行辛丑、壬寅恩正併科於癸卯三月在河南開封貢院舉行。赴考。此際，與錢振鍠相識於河南開封貢院會試考場。後由河南開封赴京準備參加殿試。到京後入住保安寺街。

5 月 7 日，赴宣武門外北半截胡同訪夏壽田，偶識齊白石。

5 月 9 日，會試發榜，中癸卯科補行辛丑、壬寅正併科第十五名貢士。

5 月 14 日，夜訪齊白石，索畫冊頁與治印。

5 月 17 日，齊白石為夏壽田畫《借山吟館圖》，為題引首並題跋。

5 月 19 日，晚與李筠庵至北萍居，與齊白石暢談，看古玩肆送來之石濤畫。

5 月 20 日，晚齊白石來，李筠庵亦來。借李瑞清臨清初期名家畫冊去。

5 月 31 日，齊白石為譜主刻名字印小章兩枚。

6 月 26 日，齊白石為譜主刻印三枚。

6 月 28 日，齊白石再為譜主刻印三枚，自稱「皆神品」。

7 月 3 日，齊白石思鄉欲歸，譜主帶病為齊白石作書。

7 月 4 日，以二甲一百二十一名中進士。

7 月 5 日，送贈書法與齊白石，晚與李筠庵等為齊餞行。

7 月 11 日，齊白石行，往送別，並贈書以壯其行。

是年，書「雅量涵高遠，清言見古今」五言聯。

1904 年　光緒三十年　甲辰　四十四歲

居長沙。

5 月 6 日立夏日，為玉如書「竹樹雨餘添翠靄，芰荷風起動清秋」行書七言聯。

甲辰冬，巡撫陸元鼎奏准正式留湘辦理學務，委任譜主為南路師範學堂監督。

1905 年　光緒三十一年　乙巳　四十五歲

返衡陽，創辦南路師範學堂，任監督。

5 月，南路師範學堂聘用日本教習至校。

6 月，譚延闓奉命接辦中路師範學堂。

7 月，李瑞清代理三江師範學堂監督。

9 月 2 日，清廷詔准袁世凱奏，自明年丙午起，廢除科舉，推廣學堂。

此際，見端方藏《石門銘》。

11 月，組織創辦衡清中學堂，並兼任監督。

此際，為《銅官感舊圖》題贊。

1906 年　光緒三十二年　丙午　四十六歲

居衡陽雅宜堂。

9 月 1 日，清廷宣布預備立憲。

1907 年　光緒三十三年　丁未　四十七歲

2 月，被湖南提學使聘為學務議員。

3 月 28 日，嶽麓高等學堂開學。此後，接任嶽麓高等學堂監督，對學書宣講《春秋》《黃書》等，培養學生愛國情操。

夏，嶽麓高等學堂甲班補習期滿，舉行考核，親自校閱經史國文。

11 月 30 日，皮錫瑞贊譜主「學《夏承碑》甚佳，壽張太人詩亦古雅」。

12 月 22 日，省教育會公選正副會長，當選副會長。

是年，獲何紹基臨張遷碑。

1908 年　光緒三十四年　戊申　四十八歲

5 月 31 日，訪譚延闓，得見翁同龢與譚鍾麟往還手札百餘通，愛不釋手，借觀研習。

秋，書《清故萬州牧向君之碑》。

冬，被湖南巡撫岑春蓂推薦為諮議局籌辦處會辦，上奏朝廷批示。

十二月，為南路師範學堂《生理學講義》題耑。

1909 年　宣統元年　己酉　四十九歲

10 月 8 日，與馮錫仁當選為湖南省諮議局副議長。

是年，趙恒惕回鄉省親，與譜主切磋書藝。

1910 年　宣統二年　庚戌　五十歲

5 月，李瑞清為通如書「奇石華相映，幽人室不扃」五言聯。

此際，任《龍田曾氏四修族譜》總修。12 月 2 日，《龍田曾氏四修族譜》告成，作《四修族譜敘》。

是年，由雅宜堂移往新居慈德堂。

1911 年　宣統三年　辛亥　五十一歲

夏，赴京師，隨身攜何紹基《臨張遷碑》。下榻湖南館，與譚延闓、李瑞清、夏午詒等宴飲雅集，並一道觀摩各人所藏書畫名跡，探討書畫藝術。尤其與譚延闓、李瑞清等形影不離。

此際，為李瑞清跋其癸卯年臨《張黑女墓誌》。

9 月 19 日，與譚延闓到火車站送李瑞清歸南京，在車站臨《華山碑》贈與李瑞清。

此際，購得宋克藏《定武蘭亭肥本》和《石門銘》「此」字未損本。

10 月 20 日，鄭孝胥為題《柏石圖》，逾二日，鄭孝胥來，歸還所題《柏石圖》。

12 月，李瑞清告別兩江師範學堂，赴上海鬻書為生。譜主則離京返回衡陽。

1912 年　民國元年　壬子　五十二歲

居衡陽慈德堂，以著書自娛，兼侍奉年邁母親。

4 月 21 日、22 日，清道人在《神州日報》刊出鬻書廣告。

五月，撰《飲和亭銘並序》，並書於石，文署「大漢民國」。

1913 年　民國二年　癸丑　五十三歲

3 月 17 日，與彭兆璜被選為省議會副議長。

1914 年　民國三年　甲寅　五十四歲

1 月 31 日，母親劉氏病逝，享年八十三歲。

4 月 2 日，譚延闓撰「碩德更耆年，節母得天為獨厚。承家有孝子，至行於人無間言」挽譜主母親劉氏。

1915 年　民國四年　乙卯　五十五歲

5 月 15 日，《民權素》刊登李瑞清鬻書直例。

秋八月，出遊西湖，九月中旬至上海看望好友李瑞清。李氏留譜主上海鬻書。

10 月 27 日，鄭孝胥、李瑞清等來訪，出何紹基臨《臨張遷碑》品賞交流。

11 月 15 日，下榻譚延闓寓所，從此移居上海虹口華德路（今長陽路）65 號

譚宅。

11月23日，為朱挹芬臨《蘭亭序》。

11月24日，譜主邀譚延闓、譚澤闓作《匡喆刻經頌》集聯，各成十餘聯。此際，為朱挹芬書「溪流山作帶，天廓鳥來亭」五言聯。

12月6日，李瑞清來訪，臨《張遷碑》。是日，應邀題蔣國榜藏《宋拓史晨碑》。

12月7日，赴李瑞清家觀其作書。

12月9日，為《清道人節臨六朝碑》題跋，跋中質疑阮元「南北書派論」。梁啟超、康有為、鄭孝胥等均為《清道人節臨六朝碑》題跋。

此際，沈曾植建議李瑞清「納碑入帖」，譜主則認為「碑不可通之帖」。是時，致力於臨摹《瘞鶴銘》《散氏盤》《石鼓文》等，並集為聯句。

1916年　民國五年　丙辰　五十六歲

1月9日，與譚延闓商定鬻書例。

此際，李瑞清為譜主作《衡陽曾子緝鬻書直例引》，載於《大同月報》。

1月23日，《民國日報》開始刊登《曾子緝書例》。

1月30日，請譚延闓集《夏承碑》聯。

2月1日，譚澤闓欲購何紹基臨《張遷碑》百通，譜主將所藏多年何紹基臨《張遷碑》贈之並題跋。

2月2日，跋李瑞清藏《宋拓石門頌》與須彌室藏《梁山舟論書札墨蹟》。

2月9日，跋《南園先生大楷冊》第一集。

2月10日，持《瘞鶴銘》水前拓本請譚延闓集聯。

2月17日，臨《華山碑》。

2月，為季儒書「談諧無俗調，中觴縱遙情」隸書五言聯。

3月1日，《譚延闓日記》記載譜主自刊登鬻書例以來，收入不菲，一月可入八百多元。

此際，跋《清道人藏泰山經石峪金剛經墨拓》。

4月7日，節臨章草《急就章》。

此際，為錢沖甫題《南園先生真行書冊子》。

4月20日，書「其人為當世知名士，所藏皆古聖有用書」八言聯。

6月11日，《申報》《民國日報》等報刊刊登報導《海上又來一書家》。

6月19日，《申報》再次刊登《湘名士留滬鬻書》。

6月30日，受蔣國榜託書「學吃虧，安本分」。

此際，題李瑞清書贈楊仁山魏碑中堂，並書「幽巖對磐石，淡漾引清溪」隸書五言聯。

8月26日，李瑞清五十生日，臨《黃庭經》賀之。

秋，為李瑞清臨玉煙堂《瘞鶴銘》全本。為方迪書「雍容考彝器，淡泊揚素風」五言聯。

10月5日，為孫卿書「高步韓魏國，奇文蔡中郎」章草五言聯，款曰：「古隸變乃有章草，索靖不傳久矣。今取隸法下以己意。未審孫卿仁兄以為如何」。

十月，應周虎臣筆莊傅錦雲邀請，書《周虎臣湖筆徽墨號廣告》，並書「馳名五洲地，創業二百年」五言聯。

1917年　民國六年　丁巳　五十七歲

1月6日，書「品峻於山，懷虛若水；風清在竹，氣靜為蘭」和「引契昔賢，今古一致；自喻清況，懷抱不群」行書八言聯。

初一，譚延闓之母葬於長沙，譜主書《譚母李太夫人墓碑》。

二月，為蔣國榜示範《夏承碑》。

閏二月，為采丞作「觸處皆有至道，及時得修令名」楷書六言聯。

此際，張大千、馬企周抵達上海，拜譜主為師，旋引薦到李瑞清門下。

4月6日，《申報》撰文《書家寥若晨星》稱讚譜主為滬上工篆隸者第一人。

此際，為傅嚴書「及時須為樂，請自今日始；於世何所爭，長如太古初」十言聯。

四月二日，為書「德潤自溫克，雅敦徵穆如」隸書五言聯。

6月23日，跋玉耕先生藏宋拓《黃庭經》與《李梅庵臨周散氏盤銘真蹟》。

此際，題李瑞清書「及時象學，隨事煉心」篆書四言聯。

7月27日，趙恒惕父卒，為之撰並書墓誌銘。

是際，為楊潛庵臨《敬史君碑》《爨寶子碑》《瘞鶴銘》《文殊經》中堂四屏。

9月，為楊潛庵書臨《張黑女墓誌》扇面。

是際，為茝溪節臨《華山碑》。為春沂書「臨風慕列子，縱轡有王良」五言聯。

10月6日，為襄凡作「雅度清於玉，嚴威肅若霜」五言聯。

11月2日，移居李瑞清寓所。

是際，為阮荀伯題「適廬」匾額。

12月20日，為柳翼謀書「名列高人傳，德歆太上年」五言聯。

是年，書《阮君墓誌銘》《衡陽王楊氏家傳》《謝氏義莊記》等。

1918年　民國七年　戊午　五十八歲

年初，為王一亭題《祝允明草書桃源圖詩冊》。

3月13日，集《爭座位》書「梵理右丞畫，清標大令書」五言聯。

二月題陳雯裳藏《錢南園書論坐帖》與震亞圖書局出版之《毛公鼎》放大本。

此際，與李瑞清一起修訂潤格。

春，書「良佩雙溫穆，新蘭獨芬芳」五言聯。

4月10日，與李瑞清、吳伯琴、吳劍秋、胡小石同往神州國光社觀古字畫。

4月25日，海上題襟館金石書畫會譜主等書畫家徵集作品。

4月29日，請鄭孝胥以近來詩作書扇。

四月，集《張黑女》書「大澤從雨散，流光若星馳」楷書五言聯。

初夏，集《張黑女》書「清風隨中散，高義感平原」章草五言聯。

秋，譜主夫人攜家人來上海避亂，遷居景興里，準備久居。

此際，清道人臨《毛公鼎》由震亞圖書局發行，曾熙跋並題簽。

11月，臨《夏承》《華山》由震亞圖書局出版發行。

12月22日，為胡小石《金石蕃錦集第一》題跋。

冬，張善孖《十二金釵》圖出版，曾熙為之題簽。

1919年　民國八年　己未　五十九歲

2月1日至15日，為亡母書《金剛經》超度。

此際，為胡小石作《胡小石先生鬻書直例》序，並代訂潤格。

書《史君生壙誌》並篆額。

移居朱家木橋小菜場對面，李瑞清遂移居謙吉東里，以便二人走動。

3月6日，為子威外甥書「長羽蕩霄漢，清風散松泉」楷書五言聯。

5月9日，張大千登門學章草，為之書「從所好求樂，每無因得緣」章草五言聯。

此際，為馬宗霍作隸書、章草示範。

仲夏，張大千擬回川省親，書何紹基聯相贈。

6月28日，為張善孖畫冊題跋。同日，回張大千信，曰「得弟，吾門當大」。

此際，題李瑞清「聲名滿世，著作等身」四言聯，並為震亞圖書局出版《清道人臨禮器碑》題簽。

7月，《湘綺樓詞鈔》由震亞圖書局印行，為之題籤。

9月1日，致楊潛庵書，請其代求齊白石刻印一方。

此際，為丁甘仁書「神功參造化，嘉惠遍齊民」五言聯，並為李瑞清書《耒陽伍母雷太夫人之墓誌銘》題籤。

秋，與李瑞清、張大千至平等閣，觀所藏宋、元、明、清書畫。

約此際，為劉湖涵節臨《夏承碑》。

11月19日，《時報》發表《美術界之傑作》，介紹震亞圖書局出版曾熙臨《夏承》《華山》。

12月23日，撰並書《衡陽丁列婦傳》。

1920年　民國九年　庚申　六十歲

正月，書章炳麟撰《阿育王寺重修舍利殿記》。

二月，請李瑞清為母造釋迦像，為母親超度。

5月6日，題李瑞奇藏《劉文清真蹟精品》。

初夏，書王闓運撰《船山書院記》，李瑞清篆額。

6月12日，赴何維樸壽宴，歸後題石濤《蘭竹圖卷》。

6月20日，為張大千之父張懷忠書《蜀都賦》隸書四屏。

9月4日晚，李瑞清忽患中風，不省人事。

9月12日晚九時，李瑞清病逝于謙吉東里483號，享年五十四歲，諡號「文潔」。與李瑞奇一起打理後事，並協助潤色李健所撰清道人行狀。

10月，張大千以三千金於重慶購得倪瓚《岸南雙樹圖》，讚賞備至，云「子年才弱冠，精鑒若此，吾門當大」。

九月，為李健作《清道人書法之嫡傳》，並代重訂潤格。

初冬，以書作支持題襟館書畫賑災活動。

是年，書《雷母唐夫人墓誌銘》《衡陽令趙君奉頌》等。

1921年　民國十年　辛酉　六十一歲

1月16日，在南京題李瑞清書《寄禪禪師冷香塔銘》。

2月6日，背臨《張黑女誌》。

2月13日，為紀念母親逝世八週年，書《心經》於清道人為母親所造釋迦像。

3月8日，何維樸宴請譜主、譚延闓兄弟等人，謂其祖何紹基「作書不擇筆，強半月用浙毫，用回腕高懸法，坊間流傳用長鋒之說不確」。

3月11日，書「神禽翔八表，靈蘭香五時」五言聯。

3月25日，《時報》刊出《曾農髯先生鬻書直例》。

4月17日，宴請鄭孝胥、吳昌碩、王雪澄、朱古微等於寓所，觀清道人生前所藏高克恭《山水圖》及古書畫。

5月15日，題張大千藏清道人《無量壽佛圖》。

6月10日，題張善孖《嘯滿天地圖》。

張大千擬回蜀省親，書「長嘯震山谷，下筆起風雲」魏碑五言聯贈張善孖。

六月，題梅蘭芳行書軸。

八月，為笠舫作「大節石難轉，高風世所師」五言聯。

秋，張君綬前來拜門學書。

9月11日，在南京牛首山，以《瘞鶴銘》法為倪壽川書《黃庭經》。

此際，為李鴻章祠撰「月朔存秦正，山石逸禹餘」五言聯。

10月9日，為倪壽川臨《瘞鶴銘》冊。

冬，為聖約翰大學《約翰聲》題字。

冬，在上海虹口寓所創立「衡陽書畫學社」，入社者有張善孖、張大千、馬企周、朱大可等數十人。

是年，朱大可以詩文列門下，每遇休息日輒來問學，每有所得，即記錄下來。

書朵雲軒箋扇莊門聯「朵頤致福，朵顏傳舊史；雲物書春，雲氣兆豐年」「朵殿春回憶天上，雲箋新制重人間」。

書《吳公興學碑記》《清故萬州牧向君之墓碑》《雪竇寺淡禪禪師塔銘》等。

1922年　民國十一年　壬戌　六十二歲

1月11日晚，與鄭孝胥等同觀蔡金臺舊藏古書畫。

此際，為馬宗霍等創辦《學衡》雜誌題刊名。

2月4日，持向燊藏《麻姑仙壇記》和何紹基、劉墉墨蹟請譚延闓代售。

3月1日，題王文治《夢樓遺墨冊》。

此際，作品參加中日聯合美術展覽會。

二月廿二日，集泰山經石峪金剛經字書「觸處皆至道，及時得修名」五言聯。

清明，赴南京牛首山祭祀李瑞清並為之購墓田。臨行前為陳太夫人書《瘞鶴銘》團扇。

5月9日，書「盤中仙果有味，坐上修蘭自香」六言聯。

6月22日，為楊浣石書「從金石立命，以書畫頤和」五言聯，並題曰：「浣石道兄癖嗜金石之學，自秦漢以來皆能模範在胸，應之手腕。復能圖寫山水，善狀草木之性情，今又將以其書畫、刻石與老髯同行矣」。

8月19日，以趙孟頫筆法補《唐易州鐵像碑》所缺十四字並跋。

此際，得舊拓鄭文公碑，書「冠帶思全盛，歌詠及清時」五言聯。

10月5日，為門人施保昌臨《六朝經卷墨蹟》題跋。

11月21日，沈曾植逝世。撰聯挽：「迂性不求人，知每言必爭，卅年今日猶初識；至誠卒未天，格臨歿望闕，九廟先靈鑒此心。」

12月2日，譚延闓攜顏真卿墨蹟本來，眾人均認為非宋代物，乃元明人摹寫。

12月22日，與吳昌碩一起為卞公弢代定鬻書潤格。

十一月，集金剛經書「名世應五百歲，說法有三千人」隸書六言聯。

是年，書《伍壽春墓誌銘》等。

1923年　民國十二年　癸亥　六十三歲

1月2日，書「盡日遊山不倦，此懷與水同清」行書六言聯。

1月12日，為朱大可書「長天癭修羽，寒月上東亭」五言聯。

11月16日，為趙恒惕四十四歲生日撰壽文。

4月1日，應張大千之請，作《富貴長春圖》。

此際，《神州吉光集》刊出馬企周潤例及譜主為之作序言。

4月18日，寫《菊石圖》。

4月21日，題張君綬《柏石圖》。

此際，為筱竹寫《雙勾牡丹圖》，自謂「取宋元法而以篆分行之」。

參用石濤、石溪筆法為醒翁寫《山水圖》。

題趙叔孺藏《梁虞思美造碧玉像》。

7月20日，為哈少甫題王一亭所作《論古圖》。

7月29日，用石溪法為趙眠雲寫《紅樹青山好放舟圖》扇面。

立秋後，為符鐵年書畫集撰序。

此際，張善孖養母來滬，書贈長聯「管夫人一門富丹青，白髮揮毫，彩衣捧硯；潘太尉萬觴羅絲竹，板輿日暖，蘭砌風和」。

張大千購得倪瓚山水圖，見譜主甚愛，遂轉讓。

張善孖與楊浣青喜結良緣，畫《富貴牡丹圖》賀之。

8月18日，張善孖來請教書畫，二人討論漸入佳境，不覺間已到天明。譜主提出學畫三階段：有古人無我，有古人有我，有我無古人。

9月28日，以石濤墨法寫《山水圖》。

10月18日《金鋼鑽》創刊，應弟子朱大可邀請題報頭。

11月8日，集《張黑女》書「名曜漢霄氣蕩河嶽，風高中散義感平原」八言聯。

12月21日，為王伯元書《松石圖》書畫合璧扇。

12月22日，為符鐵年畫佛像。

12月30日，青年書畫會陳列譜主所畫《山水》。

是年，張大千贈朱大可「仿髯師寫松」等四屏。

1924年　民國十三年　甲子　六十四歲

1月4日，弟子姚雲江之父姚慎卿逝世，撰《姚慎卿先生家傳》。

1月15日，書「虛能引和，靜能生悟；仰以察古，俯以觀今」八言聯。同日，見梅蘭芳，梅蘭芳請譜主賜書作，欣然應允，並望梅蘭芳作畫交換。

2月4日，為張大千臨《瘞鶴銘》。

此際，畫《古柏靈芝圖》賀吳昌碩八十壽誕。以《流沙墜簡》筆意書「齊清惠和，古人可望；老虛稽放，賢者不為」八言聯。

3月29日，書「參透莊生齊物論，寧知陶潛止酒詩」七言聯。

4月29日，張大千之父張懷忠病逝，撰並書《張懷忠先生家傳》。

春，為張大千和張善孖代訂潤格。

5月19日，為寧波阿育王寺書「此間珍裝法寶，曰論，曰律，曰經，總稱三藏；者裏彌滿清淨，即中，即真，即俗，的指一心」隸書十六言聯。

夏，為弟子江萬平撰鬻書例言並代訂潤格。

6月27日，李健、張大千、善孖、江萬平、馬企周合作《達摩圖》為萬夫人賀壽，抱孫觀弟子作畫並跋。

7月13日，題何紹基所臨《石門頌》第三通。

六月，為題吳昌碩《梅花》與王一亭畫佛。

此際，喜得石濤《松竹蘭石圖》。

為弟子馬宗霍母親寫佛為壽。

8月，在《申報》介紹弟子江萬平、江道樊兄妹鬻書潤格。

9月25日，為岳母唐太恭人撰《杏軒公德配唐太恭人八十壽序》。

八月，張大千以所臨徐渭花卉和石濤《青菜》請教。

10月7日，題吳昌碩、王一亭等合作《五菊圖》。

10月7日，為西冷印社出版《瘦鐵印存》撰序。

九月，為益瀟先生作「作之君，作之師，庶有善俗；弘厥德，弘厥智，庸造大邦」篆書十言聯。

11月12日，書「永思平生好，所貴金玉交」五言聯。

11月30日，黃賓虹來訪，論畫盡興，作山水。

1925年　民國十四年　乙丑　六十五歲

1月23日，為吳昌碩《十二洞天梅花冊》題簽。

2月28日，為姚雲江書董其昌論畫句。

4月28日，題張大千藏李瑞清《落英繽紛圖》。

四月，張大千攜仿石濤山水冊頁八開請教。

5月26日，作品參加現代名畫家展覽會。

5月30日，《申報》刊發「現代書畫界之泰斗——衡陽曾農髯先生」肖像。

6月4日，用石濤墨法寫《松石竹圖》。

6月26日，與章炳麟、康有為、吳昌碩等捐助書畫參加上海美專學生會舉辦的書畫展覽會。

夏，與黃曉汀訂交。

此際，與吳昌碩、王一亭等籌辦城東女學國畫專修科，並與吳昌碩、王一亭等被推為導師。

7月15日至19日，城東女學國畫專修科舉辦教授書畫展覽會，贊助作品。

8月2日，書「西江新畫派，東海舊家風」五言聯贈黃曉汀。

六月，題張善孖、大千之弟張君綬遺作《水墨山水圖》。

十月三日，題張大千仿石濤《後遊赤壁圖》。

此際，臨《瘞鶴銘》贈船山大學國學專修科。

以何紹基腕法為盛熾書「魯廷臣作頌，周室命惟新」五言篆聯。

11月，與吳昌碩、伊立勳、林屋山人等為朱其石代訂山水刻印直例。

11月，與康有為、吳昌碩、王一亭、劉海粟介紹畫家陳乃恭。

冬，得項元汴藏黃公望《溪山雨意圖卷》，邀李瑞奇、符鐵年等好友來觀。

此際，與黃賓虹往來甚密。

12 月，與于右任、吳昌碩、朱祖謀等為劉驤訂潤格。

12 月 4 日，馬宗霍來拜，畫《山水圖》贈之。

1926 年　民國十五年　丙寅　六十六歲

1 月 5 日，與吳昌碩、鄭孝胥、譚澤闓等介紹陳散原鬻書。

2 月 17 日，張大千登報掛潤鬻畫。

此際，重訂書畫潤格。

2 月 27 日，題譚澤闓藏何紹基臨《道因碑》。

3 月 17 日，集《張黑女》書「高名翔乎霄漢，清德映以嶽星」六言聯。

春，與向燊受聘為上海女子美專校董，並捐助書畫。

3 月 29 日，張大千畫作參加東亞藝術展覽會。

4 月 17 日，作品參加旅外畫家繪畫展覽會。

4 月 25 日，與劉海粟、王一亭、錢瘦鐵等解衣社中方成員一道參加六三園展覽。

5 月 15 日起，與吳昌碩、王一亭等參加海上書畫聯合會展覽。

6 月 14 日前，為羅振玉寫《貞松草堂圖》。

約此際，與吳昌碩、朱彊村（祖謀）為王彥寶代訂潤例。

6 月 21 日，題許冠群所藏何紹基臨《石門頌》。

7 月 2 日，馬宗霍來訪，畫《山水圖》。

6 月 18 日至 30 日，第四次中日繪畫聯合展覽會於東京府美術館舉辦，譜主《老松圖》《山水圖》參展。

此際，王個簃送譜主桃子，7 月 29 日，譜主繪《李子》扇面以回贈。

7 月 31 日，與劉海粟、錢瘦鐵等解衣社中方社員公宴日方社友橋本關雪，商議展覽事務。

8 月 23 日，為楊潛庵寫書畫合璧扇。

9 月 9 日，作為校董，參加中華女子美術專門學校建校八週年紀念學生展覽會。

丙寅十月，為汪仁壽《金石大字典》題耑。

12 月 30 日，題譚澤闓藏何紹基臨《漢碑十冊》。

是年，與王一亭、錢病鶴等為朱蘭如代訂書畫潤例。

與吳昌碩等為馬公愚代訂潤例。

為女弟子江道樊代訂書例。

1927年　民國十六年　丁卯　六十七歲

除夕，題張大千轉讓之黃子久《天池石壁圖卷》。

2月，與鄭孝胥等介紹六陽道人、張善孖鬻畫。

與向燊任中華女子美專書法教師，張善孖、張大千任國畫教師。

7月12日，為馬宗霍寫《山水冊十二幀》，歷時半年方完成。

8月15日，《紫羅蘭》第二卷刊載譜主畫《且坐茅亭聽江聲》。

9月9日，為張善孖寫書畫合璧扇。

10月4日，與譚澤闓等參加吳昌碩發起之華安八樓第二次登高雅集。

10月，與吳昌碩、王乃徵、朱祖謀、趙叔孺等為夏自怡訂鬻字潤例。

11月5日，作品參加第八屆天馬會美術展覽會。

此際，為存古藝術學院籌募基金而捐贈作品。

11月29日，吳昌碩逝世。

1928年　民國十七年　戊辰　六十八歲

3月30日，題《散氏盤》全形拓片。

閏二月，為張善孖《春馬飲水圖》、張大千臨石濤《遊黃山小景圖》題跋。

此際，與楊守敬弟子水野原直有交往。

5月3日，為李瑞奇作《梅花》。

5月26日，跋清道人節臨六朝碑。

6月，與于右任、鄭孝胥、王一亭為程邈訂定書畫潤例。

6月13日至17日，以《淡墨梅花》參加天馬會第九屆美術展覽會及平泉書屋珍藏明清兩代書畫展。

7月31日，題王一亭、趙子雲等合作《三春妍麗圖》。

七月，作《齊眉綏福圖》賀陳寅恪與唐曉瑩新婚。

8月，向燊因中風逝世。

此際，為張善孖臨趙孟頫《秋郊瘦馬圖卷》題跋。

為張大千所得石濤《花卉冊》題籤。

9月9日，與譚延闓、王一亭等登報介紹湖南畫家譚炳勳。

此際，與張一麐等介紹余紹宋鬻書畫並代訂潤格。

1929 年　民國十八年　己巳　六十九歲

1月11日，以《師酉敦》筆勢為健父作「盡日相親惟白石，長年可樂有奇書」篆書七言聯。

2月2日，題吳碩昌繪《可齋圖》。

此際，張善孖、張大千、丁六陽書畫展與大風堂書畫收藏展舉辦，為之題詞。

2月15日，譜主與黃賓虹等人組織青青書畫金石展覽會開幕，以《觀音大士》參展。

3月1日，題楊沂孫五言詩四屏。

3月，與習叟聯袂為函園先生代訂花草山水畫例，刊登於《蔚報》第2期。

約此際，《衡陽師弟子畫冊》由爛漫社出版。

為《大風堂所藏書畫集》題封面，為張善孖、張大千畫冊題簽。

題《張大千三十自寫小像》。

4月10日，教育部全國美術展覽會隆重開幕。 為題「教育部全國第一次美術展覽會」門額，並以《山水圖》《古松圖》參展。

4月11日，與弟子論書畫，云「入聖處，不見功力，但得天機」。

4月27日，與李筠庵訪譚澤闓，賞何紹基舊藏劉墉臨《十三行》。

4月，與黃賓虹等介紹朱尊一書刻。

5月4日，所題刊名之《美展》出版。

5月11日，譚延闓和陳散原來訪，共賞董其昌畫稿。

此際，與張大千為李漢魂作書畫合扇。

臨《頌敦》贈朱大可。

五月，吳昌碩弟子乞書「吟缶廬」匾額。

6 月 28 日，與上海書畫同人贈畫資助日本畫家倉橋西峰、渡邊晃堂來華寫生。

七月，日本《東華》雜誌刊出譜主題山水詩。

10月11日，為弟子馬企周畫集《企周畫膦·第一集》作序。

10月13日，題汪祖祐《山水圖》。

十月，題王石谷山水圖冊。

11月1日，中日現代繪畫展覽會舉辦，以《山水圖》二幅參展，張善孖、張大千、馬駘等均有參展作品。

12月，與黃賓虹等為俞劍華代訂寒假期間書畫潤例。

1930 年　民國十九年　庚午　七十歲

元日，書「兒好孫好，不如康寧福好；書多畫多，須得歡喜心多」春聯贈王一亭。

2 月 3 日，書「叔子風流，人所欽服；陽城孝友，世奉典型」八言聯。

新春，與丁六陽、張善孖、馬企周、張大千、廖寄鶴等合作《歲朝清供圖》。

正月，為王一亭等創建的昌明藝術專科學校書「與古為新」橫幅。

3 月 11 日，《蜜蜂》創刊，刊出譜主七十歲小像。

5 月 6 日，北京故宮博物館發送聘函，聘請譜主為專門委員會委員，編號為聘字第 13 號〔註8〕。一同當選的還有王褆、陳寅恪、陳垣、葉公綽、沈尹默、譚澤闓、容庚、傅斯年等人。

5 月 15 日，錢瘦鐵來謁，在譜主處刻「髯翁七十以後所作」、「曾熙之印」、「髯翁畫記」印三方。

此際，題張善孖《十二金釵圖》。

5 月 21 日至 23 日，張大千在寧波舉辦首次個展。

6 月 22 日，張大千為造七十歲小像。

此際，《海上名人傳》刊出譜主小傳和小像。

六月，為王一亭畫扇面《梅花圖》。

7 月 3 日，中華女子美術專門學校舉行學生成績展覽會三日，作為教職員，與張善孖、大千以作品參加陳列。

六月，吳湖帆借所藏董其昌粉本臨摹。

7 月 19 日，題向樂穀所藏敦煌石室草書《法華玄贊》。

7 月 19 日，為仁忠寫《雙松》書畫合璧扇。

此際，節臨《張黑女墓誌》。

8 月 20 日，以《米家山水》參加藝乘書畫社第一屆展覽會。

8 月，中華女子專門學校請以書聯賑濟湘災。

此際，為唐吉生書「振衣思凌千軔，隱几目小六洲」六言聯，為許徵白書「與君細論宣和畫，得暇偶臨內史書」七言聯。

是年，為可群書「威儀君子度，和煦吉人辭」五言聯。

8 月 27 日庚午七月初四日申時，卒於寓齋，享年七十歲。

〔註 8〕《故宮博物院・組織人事卷》卷 43，第 69～79 頁。

七、曾熙有明確紀年書法作品選輯

（按創作年份排序）

作品名稱	書體	尺寸（cm）	形制	創作年份	著錄／拍賣／館藏	出版／拍賣／館藏單位	出版／拍賣時間	備註
致丁立鈞書	楷書	26×13cm×5	冊頁	1899	著錄	上海辭書	2013-12	1.《曾熙書法集》，P129～131 2.《曾熙與上海美專書畫作品集》，P88
錄舊詩橫幅	楷書	39×78cm	橫幅	1901	著錄	上海辭書	2013-12	1.《曾熙書法集》，P215 2.《曾熙與上海美專書畫作品集》，P90
雅量清言五言聯	隸書	155×39cm×2	對聯	1903	著錄	上海辭書	2013-12	《曾熙書法集》，P51
臨華山碑冊	隸書	17×28cm×37	冊頁	1911	著錄	上海辭書	2013-12	《曾熙書法集》，P52～61
仿鶴銘（齊白石鑒藏）	楷書	129×51cm	條幅	1915	拍賣	西泠印社	2015-9-12	LOT：0256
流清應天六言聯	隸書	195×41cm×2	對聯	1915	著錄	上海辭書	2013-12	《曾熙書法集》，P62
溪流天廓五言聯	楷書	78×18cm×2	對聯	1915	著錄	上海辭書	2013-12	《曾熙書法集》，P132
王維詩三首	楷書	19×53cm	扇面	1916	拍賣	北京天貴仁順	2016-3-26	
引契自喻八言聯	行書	166×36cm×2	對聯	1916	著錄	上海辭書	2013-12	1.《曾熙書法集》，P214 2.《曾熙與上海美專書畫作品集》，P92
高步奇文五言聯	草書	138×40cm×2	對聯	1916	著錄	上海辭書	2013-12	1.《曾熙書法集》，P114 2.《曾熙與上海美專書畫作品集》，P93
厚民府君臨表	楷書	33×1200cm	手卷	1916	著錄	臺北國立歷史博物館	2011-4	《張大千的老師——曾熙、李瑞清書畫特展》，P168～169

節臨急就章立軸	草書	137×56 cm	條幅	1916	著錄	上海辭書	2013-12	《曾熙書法集》，P113
鄭鼎城師敘述先令並感舊詩卷	楷書	33×1200 cm	手卷	1916	著錄	上海辭書	2013-12	《曾熙書法集》，P135～138
其人所藏六言聯	楷書	173×35 cm×2	對聯	1916	著錄	上海辭書	2013-12	《曾熙書法集》，P133
品峻風清八言聯	行書	170×37 cm×2	對聯	1916	著錄	上海辭書	2013-12	《曾熙書法集》，P213
行書論畫扇面	行書	18×51cm	扇面	1916	著錄	上海辭書	2013-12	《曾熙書法集》，P280
大化時中八言聯	楷書	173×37 cm×2	對聯	1917	拍賣	嘉德	2015-9-19	LOT：0482
幽居德政六言聯	楷書	205×42 cm×2	對聯	1917	拍賣	嘉德	2015-9-19	LOT：0197
臨書四屏（史晨碑、頌敦銘、宣示表、急就章）	隸書	48.5×32 cm×4	條屏	1917	拍賣	朵雲軒	2015-6-19	LOT：1163
吳昌碩、曾熙書畫合扇	楷書	18×50 cm	扇面	1917	拍賣	亨申世紀	2015-3-31	LOT：0198
雅度嚴威五言聯	楷書	246×54 cm×2	對聯	1917	館藏	重慶中國三峽博物館	-	尚未公開出版
德潤雅敦五言聯	隸書	130.4×33.2cm×2	對聯	1917	館藏	重慶中國三峽博物館	-	尚未公開出版
觸處及時六言聯	楷書	205×45 cm×2	對聯	1917	拍賣	上海東方國際商品拍賣	2015-1-26	LOT：0312
節臨敬顯儁碑、爨寶子碑、瘞鶴銘、文殊經四屏（贈楊潛庵）	楷書	136×69 cm	條幅	1917	著錄	上海辭書	2013-12	1.《曾熙書法集》，P142～143；2.《曾熙與上海美專書畫作品集》，P122～123
臨夏承碑冊	隸書	32×26cm ×55	冊頁	1917	著錄	臺北國立歷史博物館	2011-4	《張大千的老師——曾熙、李瑞清書畫特展》，P144～161
奇石幽人五言聯	楷書	137×34 cm×2	對聯	1918	拍賣	匡時	2016-6-7	LOT：1165

高歌幽德五言聯	隸書	130.5×32.5cm×2	對聯	1918	拍賣	匡時	2016-4-29	LOT：1320
行書太白詩立軸	行書	144×71cm	對聯	1918	拍賣	保利	2016-4-27	LOT：4027
節臨瘞鶴銘立軸	行書	145×78cm	條幅	1918	拍賣	上海嘉禾	2015-12-13	LOT：0079
節臨瘞鶴銘	楷書	134×67cm	條幅	1918	拍賣	山東恒昌	2015-11-4	LOT：0339
臨張遷碑	隸書	133×68	條幅	1918	拍賣	嘉德	2015-10-7	LOT：0980
楷書雙挖扇面	楷書	13×40cm×2	扇面	1918	拍賣	上海產權	2015-6-28	LOT：0110
楷書條幅之臨川李仲子	楷書	159×37cm	條幅	1918	著錄	上海辭書	2010-11	《曾熙與上海美專書畫作品集》，P111
行書條幅之震亞主人	行書	88×33cm	條幅	1918	著錄	上海辭書	2010-11	《曾熙與上海美專書畫作品集》，P120
梵理清標五言聯	楷書	134×33cm×2	對聯	1918	拍賣	保利	2011-06-05	LOT：5863
清風高義五言聯	草書	138×40cm×2	對聯	1918	著錄	上海辭書	2013-12	1. 《曾熙書法集》，P115 2. 《曾熙與上海美專書畫作品集》，P134
書王長者墓誌銘	楷書	27×106cm	橫幅	1918	著錄	臺北國立歷史博物館	2011-4	《張大千的老師——曾熙、李瑞清書畫特展》，P192
萬松草堂橫幅	篆書	45×175cm	橫幅	1918	著錄	臺北國立歷史博物館	2011-4	《張大千的老師——曾熙、李瑞清書畫特展》，P193
受書錫衣五言聯	篆書	148×35cm×2	對聯	1918	著錄	上海辭書	2013-12	《曾熙書法集》，P3
書韋孟詩立軸	隸書	183×75cm	條幅	1918	著錄	上海辭書	2013-12	《曾熙書法集》，P63
長歌素月五言聯	草書	134×38cm×2	對聯	1918	著錄	上海辭書	2013-12	《曾熙書法集》，P116
題秦量刻辭放大圖卷	楷書	8×30cm	橫幅	1918	著錄	上海辭書	2013-12	《曾熙書法集》，P144

題清道人臨毛公鼎立軸	楷書	37×157 cm	條幅	1918	著錄	上海辭書	2013-12	《曾熙書法集》，P145
行書自神州社歸記卷	行書	20×65cm	條幅	1918	著錄	上海辭書	2013-12	《曾熙書法集》，P216～217
大澤流光五言聯	楷書	130×32.2 cm	對聯	1918	館藏	江西萍鄉博物館	-	—
魏碑四屏	楷書	72×39.5 cm	條幅	1919	拍賣	上海工美	2015-6-28	LOT：0667
節臨漢鉛華鏡銘	篆書	79×36cm	條幅	1919	拍賣	北京中漢	2015-5-17	LOT：0106
神功嘉惠五言聯	隸書	164×34 cm×2	對聯	1919	拍賣	中貿聖佳	2011-11-05	LOT：0781
長羽清風五言聯	楷書	不詳	對聯	1919	館藏	湖南圖書館	-	尚未公開出版
攬齊訪漢六言聯	楷書	175×45.5 cm×2	對聯	1919	拍賣	北京盛世元典	2014-12-28	LOT：0455
行書立軸（文以氣骨）	行書	106×50 cm	條幅	1919	著錄	上海辭書	2013-12	1.《曾熙書法集》，P222 2.《曾熙與上海美專書畫作品集》，P125
節臨夏承碑橫幅	隸書	94×177 cm	橫幅	1919	著錄	上海辭書	2013-12	1.《曾熙書法集》，P64～65 2.《曾熙與上海美專書畫作品集》，P159
隸書冊（質既樸厚）	隸書	19×33cm ×7	冊頁	1919	著錄	上海辭書	2013-12	《曾熙書法集》，P66～67
節臨急就章扇面	草書	23×67cm	扇面	1919	著錄	上海辭書	2013-12	《曾熙書法集》，P126
丹禽朱華六言聯	楷書	173×38 cm×2	對聯	1919	著錄	上海辭書	2013-12	《曾熙書法集》，P148
題金冬心梅花冊	行書	31×40cm	冊頁	1919	著錄	上海辭書	2013-12	《曾熙書法集》，P219
題張善孖山水人物畫冊	行書	33×19cm ×6	冊頁	1919	著錄	上海辭書	2013-12	《曾熙書法集》，P220～221
行書論書條幅（書乾嘉學風）	行書	146×80 cm	條幅	1920	拍賣	朵雲軒	2014-10-16	LOT：0269
遊情太素中	楷書	140×35 cm	條幅	1920	拍賣	上海馳翰	2015-3-7	LOT：0953

留洪得仙六言聯	楷書	172×36cm×2	對聯	1920	拍賣	上海嘉禾	2016-6-25	LOT：0378
張錫蕃、曾熙書畫扇面	篆書	49.5×17.5cm	扇面	1920	拍賣＋著錄	西泠印社	2015-12-26	《曾熙書法集》，P40
嘉植瑤笙八言聯	隸書	169×35cm×2	對聯	1920	拍賣	上海博古齋	2015-12-19	LOT：0219
梯雲坐雪五言聯	隸書	140.5×36.5cm×2	對聯	1920	拍賣	朵雲軒	2015-12-16	LOT：0857
黃賓虹、曾熙書畫扇面	行書	17×51cm	扇面	1920	拍賣	保利	2015-12-7	LOT：1610
引翼攬勝五言聯	楷書	142×36cm×2	對聯	1920	拍賣	保利	2008-10-11	LOT：0714
東坡學畫論	行書	98×43cm	條幅	1920	拍賣	山東恒昌	2015-11-4	LOT：0339
臨程喆碑	楷書	63×26cm	條幅	1920	拍賣	北京天安滙豐	2015-7-28	
節臨大盂鼎	篆書	71×141cm	條幅	1920	拍賣	福建華夏	2015-7-19	
槐亭華氣五言聯	楷書	145×39.5cm×2	對聯	1920	拍賣	廣州華藝	2015-5-24	
臨張黑女墓誌	楷書	128.4×65cm	條幅	1920	拍賣	保利	2015-5-3	
節錄金剛經	隸書	125×52cm	條幅	1920	拍賣＋著錄	浙江大地	2014-12-12	《中國書法鑒賞》（清及民國卷），P313，天津人民美術出版社
臨刾鼎	篆書	121×52cm	條幅	1920	拍賣＋著錄	保利	2014-12-3	1. 《曾熙書法集》，P7；2. 《曾熙與上海美專書畫作品集》，P106
永叔仲子七言聯	篆書	131×25cm×2	對聯	1920	拍賣＋著錄	保利香港	2014-10-5	1.《中國書法》，P22，1999年第4期；2.《曾熙與上海美專書畫作品集》，P149；3.《曾熙書法集》，P6
真草隸篆四屏（甬皇父敦、曹全碑、月儀帖、敬顯儁碑）	篆書	156×40cm×4	條屏	1920	著錄	上海辭書	2013-12	1. 《曾熙書法集》，P290～291 2. 《曾熙與上海美專書畫作品集》，P95

閒誦雅慕六言聯	隸書	150×40 cm×2	對聯	1920	著錄	上海辭書	2010-11	《曾熙與上海美專書畫作品集》，P141
章草宮辭五言聯	篆書	130×31 cm×2	對聯	1920	著錄	上海辭書	2010-11	1.《曾熙與上海美專書畫作品集》，P148 2.《曾熙書法集》，P5
贈朱鏡波篆書七言聯	篆書	130×31 cm×2	對聯	1920	著錄	上海辭書	2010-11	1.《曾熙與上海美專書畫作品集》，P149 2.《曾熙書法集》，P6
朝徹書屋	楷書	66×230 cm	橫幅	1920	著錄	上海辭書	2010-11	1.《曾熙與上海美專書畫作品集》，P157 2.《曾熙書法集》，P150～151
節臨張黑女墓誌	楷書	91×41cm	條幅	1920	館藏	南京大學	—	—
隸書卷	隸書	26.8×632 cm	手卷	1920	著錄	臺北國立歷史博物館	2011-4	《張大千的老師——曾熙、李瑞清書畫特展》，P82～83
俯仰金石五言聯	隸書	176×44 cm×2	對聯	1920	拍賣	株式會社東京中央拍賣	2017-02-27	LOT：0501
節臨師西敦	篆書	38×123 cm	橫幅	1920	著錄	上海辭書	2013-12	1.《曾熙書法集》，P8～9 2.《曾熙與上海美專書畫作品集》，P165
節臨馭方鼎立軸	篆書	123×51 cm	條幅	1920	著錄	上海辭書	2013-12	《曾熙書法集》，P10
篆畫扇面（作篆如作畫）	篆書	17×50cm	扇面	1920	著錄	上海辭書	2013-12	《曾熙書法集》，P46
《隸書卷》（公孫弘倪寬）	隸書	28×220 cm×2	手卷	1920	著錄	上海辭書	2013-12	《曾熙書法集》，P68～69
清奇風度五言聯	隸書	131×33 cm×2	對聯	1920	著錄	上海辭書	2013-12	《曾熙書法集》，P70
行書論書鏡片（齊周經生書）	行書	34×47cm	鏡片	1920	著錄	上海辭書	2013-12	《曾熙書法集》，P226

行書論書立軸（鄭義下碑）	行書	175×46cm	條幅	1920	著錄	上海辭書	2013-12	《曾熙書法集》，P229
行書立軸(官行者)	行書	131×33cm	條幅	1920	著錄	上海辭書	2013-12	《曾熙書法集》，P231
退之司馬十言聯	楷書	222×40cm×2	對聯	1921	拍賣	保利	2014-10-25	LOT：3696
融合齋戒五言聯	楷書	143.5×38.5cm×2	對聯	1921	拍賣	嘉德	2016-5-14	LOT：0851
集古察人五言聯	楷書	141×38cm×2	對聯	1921	拍賣+著錄	北京華辰	2016-5-13	《曾熙書法集》，P153
東井左圖篆書七言聯	篆書	165×30cm×2	對聯	1921	拍賣	山東恒昌	2016-4-15	LOT：0372
度世衛道五言聯	隸書	190×44cm×2	對聯	1921	拍賣	石家莊盛世東方	2016-3-27	LOT：0202
一亭萬竹五言聯	楷書	142.7×38.4cm	對聯	1921	拍賣	紐約蘇富比	2016-3-17	LOT：1039
論書立軸	行書	156×42cm	條幅	1921	拍賣	浙江鴻嘉	2016-1-17	
行書論書立軸(太傅書各表)	行書	112×52cm	條幅	1921	著錄	上海辭書	2013-12	《曾熙書法集》，P230
節臨石門銘立軸	楷書	131.5×63.9cm	條幅	1921	拍賣	北京嘉富利國際	2016-1-15	
馮超然、曾熙書畫合扇	隸書	48×18.5cm	扇面	1921	拍賣+著錄	西泠印社	2015-12-26	《曾熙書法集》，P109
融和齋戒五言聯	隸書	143.5×38.5cm×2	對聯	1921	拍賣	朵雲軒	2015-12-16	LOT：0858
書王半山詩	行書	138×36.5cm	條幅	1921	拍賣	上海嘉禾	2015-12-13	LOT：0078
雨過月明七言聯	行書	140×38cm×2	對聯	1921	拍賣	北京印千山	2015-12-11	LOT：0876
文氣懷抱八言聯	楷書	170×36cm×2	對聯	1921	拍賣	匡時	2015-12-5	LOT：0961
作德發言七言聯	行書	136×32.5cm×2	對聯	1921	館藏	臺北故宮	—	尚未公開出版
大樂斯文五言聯	楷書	—	對聯	1921	館藏	常熟博物館	—	尚未公開出版
汪琨、曾熙書畫扇面	楷書	26×56cm	扇面	1921	拍賣	廣東小雅齋	2015-11-12	LOT：0436

永日懷人七言聯	隸書	172.4×37.5cm×2	對聯	1921	拍賣	関西美術競賣株式會社	2015-10-16	
真仙逸事五言聯	楷書	170×35cm×2	對聯	1921	拍賣	朔方國際	2015-10-5	
臨魏造像記	楷書	149×82.5cm	條幅	1921	拍賣	西泠印社	2015-9-12	LOT：0277
節錄文心雕龍	行書	97.5×55cm	橫幅	1921	拍賣	西泠印社	2015-7-5	LOT：2470
坐有人盡八言聯	楷書	192×40cm×2	對聯	1921	拍賣＋著錄	保利	2015-6-5	《曾熙書法集》，P152
隸書課徒稿手卷	隸書	27×1192cm	手卷	1921	拍賣＋著錄	保利	2015-6-5	1. 《曾熙書法集》，P73～77 2. 《曾熙與上海美專書作品畫集》，P172～173
四體書(急就章、黃庭經、吳彝銘、禮器碑)	草書	141×38cm×4	條屏	1921	拍賣	上海道明	2014-12-11	LOT：0532
繇義左圖八言聯	隸書	199×41cm×2	對聯	1921	拍賣	嘉德	2014-11-20	LOT：0851
厲志比翼五言聯	草書	133×31cm×2	對聯	1921	拍賣＋著錄	遼寧建投賣	2014-11-16	《曾熙書法集》，P117
章草立軸(急就篇)	草書	128×49cm	條幅	1921	拍賣＋著錄	保利	2014-12-3	《曾熙書法集》，P118
楷書論書立幅（劉玉墓誌）	楷書	86×38cm	條幅	1921	著錄	上海辭書	2013-12	1. 《曾熙書法集》，P157 2. 《曾熙與上海美專書畫作品集》，P96
節臨散氏盤四屏	篆書	89×46cm×4	條幅	1921	著錄	上海辭書	2013-12	1. 《曾熙書法集》，P22～23 2. 《曾熙與上海美專書畫作品集》，P112～113
臨風從戀五言聯	隸書	144.8×40cm×2	對聯	1921	著錄	臺北國立歷史博物館	2011-4	《張大千的老師——曾熙、李瑞清書畫特展》，P134
於上既八八言聯	篆書	173×39cm×2	對聯	1921	著錄	上海辭書	2013-12	《曾熙書法集》，P14

節臨頌鼎橫幅	篆書	65×132 cm	橫幅	1921	著錄	上海辭書	2013-12	《曾熙書法集》，P16
節臨頌鼎立軸	篆書	135×65 cm	條幅	1921	著錄	上海辭書	2013-12	《曾熙書法集》，P17
節臨師麥敦、師酉敦、頌鼎、格伯敦四屏	篆書	150×40 cm×4	條屏	1921	著錄	上海辭書	2013-12	《曾熙書法集》，P18～19
維止能明六言聯	篆書	146×36 cm×2	對聯	1921	著錄	上海辭書	2013-12	《曾熙書法集》，P21
節臨禮器碑立軸	隸書	73×36cm	條幅	1921	著錄	上海辭書	2013-12	《曾熙書法集》，P72
建德敦純八言聯	隸書	170×38 cm×2	對聯	1921	著錄	上海辭書	2013-12	《曾熙書法集》，P82
隸書立軸(當夏酷熱)	隸書	134×67 cm	條幅	1921	著錄	上海辭書	2013-12	《曾熙書法集》，P83
臨永和城旦墓磚鏡片	隸書	33×40cm	鏡片	1921	著錄	上海辭書	2013-12	《曾熙書法集》，P84
北闕西湖七言聯	楷書	200×42 cm×2	對聯	1921	著錄	上海辭書	2013-12	《曾熙書法集》，P154
月朔山石五言聯	楷書	143×37 cm×2	對聯	1921	著錄	上海辭書	2013-12	《曾熙書法集》，P155
論東坡書懸腕	行書	149×80 cm	條幅	1921	著錄	上海辭書	2013-12	《曾熙書法集》，P233
節臨夏承碑條幅	隸書	150×39 cm	條幅	1921	館藏	重慶中國三峽博物館		
虢叔旅鍾銘文	篆書	134×33 cm×2	條幅	1922	拍賣	西泠印社	2016-9-30	LOT：0676
節臨石門銘	楷書	129.8×64.9cm	條幅	1922	館藏	臺北故宮博物院	—	尚未公開出版
及時觸處五言聯	楷書	—	對聯	1922	館藏	常熟博物館	—	尚未公開出版
靈蘭瑤松五言聯	楷書	132×32.5 cm×2	對聯	1922	拍賣	四川德軒	2016-6-10	
盤中坐上六言聯	隸書	176×44 cm×2	對聯	1922	拍賣	嘉德	2009-11-21	LOT：0472
席月植根八言聯	楷書	165×35.5 cm×2	對聯	1922	拍賣＋著錄	北京泰和嘉成	2016-5-21	《曾熙書法集》，P165
行書條屏	行書	140×37 cm	條幅	1922	拍賣	山東恒昌	2016-4-15	LOT：0332

節臨鄭使君碑	楷書	152×82cm	條幅	1922	拍賣	嘉德	2015-9-19	LOT：0458
節臨虢叔旅鍾銘文	篆書	133×33cm	條幅	1922	拍賣＋著錄	保利香港	2015-4-7	《曾熙書法集》，P26
異石高士五言聯	楷書	143×43cm×2	對聯	1922	拍賣	浙江大地	2014-12-11	
漢德魏銘六言聯	楷書	146×44.5cm×2	對聯	1922	拍賣＋著錄	石家莊盛世東方	2014-10-12	《曾熙書法集》，P161
書大學	楷書	103×55cm	條幅	1922	著錄	上海辭書	2010-11	1.《曾熙與上海美專書畫作品集》，P114 2.《曾熙書法集》，P161
古人稱以篆法	行書	133×33cm	條幅	1922	著錄	上海辭書	2010-11	1.《曾熙與上海美專書畫作品集》，P121 2.《曾熙書法集》，P235
名世說法六言聯	隸書	170×36cm×2	對聯	1922	著錄	上海辭書	2013-12	1.《曾熙書法集》，P90 2. 熙與上海美專書畫作品集》，P139
贈楊浣石篆書五言聯（從金以書）	篆書	128×31cm×2	對聯	1922	著錄	上海辭書	2013-12	1.《曾熙書法集》，P25 2.《曾熙與上海美專書畫作品集》，P150
趙恒惕先生四十四壽言稿	行書	33×220cm	手卷	1922	著錄	上海辭書	2013-12	1.《曾熙書法集》，P236～237 2.《曾熙與上海美專書畫作品集》，P168～169
輝音英義五言聯	楷書	—	對聯	1922	館藏	常熟博物館	-	尚未公開出版
節臨淳化秘閣帖考四屏	行書	143×39cm×4	條屏	1922	著錄	臺北國立歷史博物館	2011-4	《張大千的老師——曾熙、李瑞清書畫特展》，P132
塵根蕃福五言聯	隸書	147×39cm×2	對聯	1922	著錄	臺北國立歷史博物館	2011-4	《張大千的老師——曾熙、李瑞清書畫特展》，P136

神淵平疇五言聯	隸書	161×35 cm×2	對聯	1922	拍賣	西泠印社	2013-12-16	LOT：2037
荊州刺史五言聯	楷書	144×40 cm×2	對聯	1922	著錄	臺北國立歷史博物館	2011-4	《張大千的老師——曾熙、李瑞清書畫特展》，P197
行書中堂《近安陽所出》	行書	146×79 cm	條幅	1922	著錄	臺北國立歷史博物館	2011-4	《張大千的老師——曾熙、李瑞清書畫特展》，P76
節臨毛公鼎立軸	篆書	136×66 cm	條幅	1922	著錄	上海辭書	2013-12	《曾熙書法集》，P24
節臨師虎敦立軸	篆書	136×68 cm	條幅	1922	著錄	上海辭書	2013-12	《曾熙書法集》，P29
節臨孔龢碑立軸	隸書	128×55 cm	條幅	1922	著錄	上海辭書	2013-12	《曾熙書法集》，P85
楷書論書立軸（觀樂毅帖）	楷書	136×66 cm	條幅	1922	著錄	上海辭書	2013-12	《曾熙書法集》，P163
撰書馬母劉太夫人八十壽頌並敘八屏	隸書	42×201 cm×8	條屏	1922	著錄	上海辭書	2013-12	《曾熙書法集》，P86～87
浮江銘山七言聯	楷書	230×50 cm×2	對聯	1922	著錄	上海辭書	2013-12	《曾熙書法集》，P164
品仰文崇八言聯	楷書	172×37 cm×2	對聯	1922	著錄	上海辭書	2013-12	《曾熙書法集》，P166
少求知足十言聯	行書	130×32 cm×2	對聯	1922	著錄	上海辭書	2013-12	《曾熙書法集》，P234
吳澂、曾熙書畫扇面	楷書	18×49cm	扇面	1923	拍賣	浙江三江	2016-6-24	LOT：0004
馮超然、曾熙書畫合扇	行書	20×54cm	扇面	1923	拍賣＋著錄	匡時	2016-6-6	《馮超然年譜》，P78,上海書畫出版社，2007年
臨石門銘	楷書	105×47 cm	條幅	1923	拍賣	北京天貴仁順	2016-3-26	
題畫詩一首	楷書	106×53 cm	條幅	1923	拍賣	上海馳翰	2016-3-5	LOT：0335
向道佐史五言聯	楷書	200×43.5 cm×2	對聯	1923	拍賣＋著錄	香港蘇富比	2015-10-6	《曾熙書法集》，P176
衡陽西鄉修橋紀事	隸書	126×60 cm	條幅	1923	拍賣	西泠印社	2015-9-12	LOT：0006

贈朱鏡波松石書畫成扇（戴文節）	行書	19×52cm	扇面	1923	著錄	上海辭書	2010-11	1. 《曾熙與上海美專書畫作品集》，P81 2. 《曾熙書法集》，P281
贈金城水墨葡萄書畫成扇	楷書	19×52cm	扇面	1923	著錄	上海辭書	2010-11	《曾熙與上海美專書畫作品集》，P82
松石書畫成扇	楷書	19×52cm	扇面	1923	著錄	上海辭書	2010-11	《曾熙與上海美專書畫作品集》，P83
節臨華山碑立軸	隸書	143×40cm	條幅	1923	著錄	上海辭書	2013-12	1. 《曾熙書法集》，P92 2.《曾熙與上海美專書畫作品集》，P101
行書論畫四屏（吳仲圭）	行書	142×40cm×4	條屏	1923	著錄	上海辭書	2013-12	1. 《曾熙書法集》，P240～241 2.《曾熙與上海美專書畫作品集》，P132～133
臨黃庭經扇面	楷書	19×52cm	扇面	1923	著錄	臺北國立歷史博物館藏	2011-4	《張大千的老師——曾熙、李瑞清書畫特展》，P166
自作題畫詩一首	行書	106×53cm	條幅	1923	拍賣	南京經典拍賣	2016-12-31	LOT：0480
臨師西敦卷（贈張善孖篆書手卷）	篆書	33×267cm	手卷	1923	著錄	上海辭書	2013-12	1. 《曾熙書法集》，P30～31 2.《曾熙與上海美專書畫作品集》，P166～167
行書論畫立軸（倪高士畫）	行書	148×81cm	條幅	1923	著錄	上海辭書	2013-12	《曾熙書法集》，P243
行書自作詩立軸(莊子逍遙遊)	行書	105×23cm	條幅	1923	著錄	上海辭書	2013-12	《曾熙書法集》，P244
天外門前集鶴銘八言聯	楷書	163.5×35.5cm×2	對聯	1924	拍賣＋著錄	西泠印社	2016-9-30	《曾熙書法集書畫作品集》，P177
古柳好花七言聯句	篆書	144×24cm×2	對聯	1924	拍賣＋著錄	上海辭書	2013-12	《曾熙書法集》，P32

古柳好花六言聯句	篆書	106×42 cm×2	條幅	1924	拍賣	上海道明	2016-4-15	LOT：0766
節臨王子慎墓誌	楷書	174.5×48 cm	條幅	1924	拍賣	北京至誠國際	2015-12-20	
論石田翁畫	行書	142×38 cm	條幅	1924	拍賣	上海工美	2015-6-28	LOT：0668
行書思翁論畫	行書	145×47 cm	條幅	1924	著錄	上海辭書	2013-12	1.《曾熙書法集》，P250 2.《曾熙與上海美專書畫作品集》，P110
蕩乎遂侶六言聯	楷書	165.5×36.3cm×2	對聯	1924	拍賣	嘉德	2015-5-18	LOT：0907
節錄黃庭經	楷書	112×53 cm	條幅	1924	拍賣	嘉德	2014-12-20	LOT：0203
臨蕭元慶造像	楷書	112×54 cm	條幅	1924	拍賣	上海中福	2014-12-9	LOT：0123
稱誦著明八言聯	楷書	170.5×46.5cm×2	對聯	1924	拍賣	匡時	2014-12-4	LOT：1348
梁於渭、曾熙書畫立軸	楷書	100×49.3 cm	條幅	1924	拍賣	倫敦蘇富比	2014-11-5	LOT：0193
即事賞心五言聯	行書	133×33 cm×2	對聯	1924	著錄	上海辭書	2013-12	1.《曾熙書法集》，P251 2.《曾熙與上海美專書畫作品集》，P117
盛業高名五言聯	楷書	148×39 cm×2	對聯	1924	著錄	上海辭書	2013-12	1.《曾熙書法集》，P181 2.《曾熙與上海美專書畫作品集》，P138
修名至味五言聯	隸書	168×36 cm×2	對聯	1924	著錄	上海辭書	2013-12	1.《曾熙書法集》，P95 2.《曾熙與上海美專書畫作品集》，P140
作之弘乃十言聯	篆書	233×30 cm×2	對聯	1924	著錄	上海辭書	2013-12	《曾熙書法集》，P33
臨黑女四屏	楷書	180×49 cm×4	條屏	1924	館藏	新南威爾士州美術館	-	尚未公開出版

我尋君與五言聯	隸書	130×33cm×2	對聯	1924	著錄	上海辭書	2013-12	《曾熙書法集》，P94
四知堂楷書匾額	楷書	66×236cm	橫幅	1924	著錄	上海辭書	2013-12	《曾熙書法集》，P178～179
參透寧知七言聯	楷書	171×43cm×2	對聯	1924	著錄	上海辭書	2013-12	《曾熙書法集》，P180
致吳昌碩書	行書	22×33cm	手札	1924	著錄	上海辭書	2013-12	《曾熙書法集》，P246
撰書朱母陳太宜人傳卷	行書	31×206cm	長卷	1924	著錄	上海辭書	2013-12	《曾熙書法集》，P252～253
閣峻水深五言聯	隸書	134×32cm×2	對聯	1925	拍賣	安徽新藝占	2016-10-3	
康有為、鄭孝胥等名家冊	楷書	30.5×37cm	冊頁	1925	拍賣	榮寶齋	2016-6-18	
沽心牆東五言聯	篆書	不詳	對聯	1925	館藏	湖南圖書館	-	尚未公開出版
論洛陽新出土之器	楷書	150×82cm	中堂	1925	拍賣	四川德軒	2017-03-25	
論顏魯公三表真蹟	行書	129×59.5cm	條幅	1925	拍賣＋著錄	匡時	2016-6-6	《民國文人政要書畫集》，P110，嶺南美術出版社，2014年
清猶惠若五言聯	行書	144×39cm×2	對聯	1925	拍賣	天津廣業	2015-6-20	LOT：0252
節臨封龍山頌	楷書	147×40cm	條幅	1925	拍賣＋著錄	保利	2015-6-5	《曾熙與上海美專書畫作品集》，P100，上海辭書出版社，2010年11月
奇石高人六言聯	楷書	165×33cm×2	對聯	1925	拍賣	上海馳翰	2015-5-9	LOT：0352
楷書書論立軸（陶宏）	楷書	131×66cm	條幅	1925	拍賣＋著錄	保利香港	2015-4-7	《曾熙書法集》，P184
皋陶造律立軸	楷書	132×66.5cm	條幅	1925	拍賣	北京盛世元典	2014-12-28	LOT：0454
論北齊人書	楷書	131×65cm	條幅	1925	拍賣	廣東崇正	2014-12-25	LOT：0208
臨神龜元年六月造像	楷書	145×39cm	條幅	1925	拍賣	藍天國際拍賣	2017-02-16	2017迎春藝術品拍賣會
及時處事五言聯	篆書	不詳	對聯	1925	館藏	湖南圖書館	-	尚未公開出版

論山樵寫樂志圖	行書	133×66.5cm	條幅	1925	拍賣	西泠印社	2014-12-15	LOT：2260
論北朝人結字	楷書	131.5×64cm	條幅	1925	拍賣	西泠印社	2014-12-13	LOT：0559
仿漸江山水書畫成扇	楷書	18×52cm	扇面	1925	著錄	上海辭書	2010-11	《曾熙與上海美專書畫作品集》，P86
論禮器碑	楷書	148×40cm	條幅	1925	著錄	上海辭書	2010-11	《曾熙與上海美專書畫作品集》，P100
臨大鼎立軸	篆書	150×42cm	條幅	1925	著錄	上海辭書	2013-12	1.《曾熙書法集》，P36 2.《曾熙與上海美專書畫作品集》，P107
節臨焦山鼎立軸	篆書	133×66cm	條幅	1925	著錄	上海辭書	2013-12	《曾熙書法集》，P34
魯延周室五言聯	篆書	129×32cm×2	對聯	1925	著錄	上海辭書	2013-12	《曾熙書法集》，P35
曉汀山房橫幅	行書	150×39cm	橫幅	1925	著錄	上海辭書	2013-12	《曾熙書法集》，P254～255
楷書立軸（壽）	楷書	127×67cm	條幅	1925	著錄	上海辭書	2013-12	《曾熙書法集》，P185
題田桓藏舊搨漢史晨前後碑冊	行書	29×27cm	冊頁	1925	著錄	上海辭書	2013-12	《曾熙書法集》，P256
史才韻事六言聯	楷書	204×43cm×2	對聯	1926	拍賣＋著錄	嘉德	2016-5-14	《曾熙書法集》，P189
鄞縣方氏立軸	楷書	104×49cm	條幅	1926	拍賣	嘉德	2016-3-26	LOT：0329
履道揆往五言聯	隸書	130×31cm×2	對聯	1926	拍賣	上海道明	2007-06-29	LOT：0240
節臨金器文字	篆書	117×50cm	條幅	1926	拍賣	保利	2015-6-5	LOT：1112
大道制禮八言聯	楷書	143×28cm×2	對聯	1926	拍賣＋著錄	保利香港	2015-4-7	1.《曾熙書法集》，P188； 2.《書法雙月刊》，上海書畫出版社，1999年，第3期

石溪居牛首立軸	楷書	143×77cm	條幅	1926	拍賣＋著錄	紐約蘇富比	2015-3-19	《戊戌變法與洋務運動人物的墨蹟》，臺灣三餘堂，2015年，第81號
古墨齋橫幅	楷書	48.5×169.5cm	橫幅	1926	拍賣	西泠印社	2014-12-15	LOT：1837
論書中堂	隸書	86×45.6cm	條幅	1926	館藏	江西萍鄉博物館	-	尚未公開出版
書論戒輅表	不詳	113.5×55cm	條幅	1926	館藏	臺北故宮博物院	-	尚未公開出版
贈徐葆三隸書五言聯（能齊橫掃）	隸書	143×38cm×2	對聯	1926	著錄	上海辭書	2013-12	1. 《曾熙書法集》，P98 2. 《曾熙與上海美專書畫作品集》，P145
致林爾卿書	行書	28×48cm	手卷	1926	著錄	上海辭書	2010-11	《曾熙與上海美專書畫作品集》，P170～171
居擅畫與八言聯	隸書	170×42.5cm×2	對聯	1926	著錄	臺北國立歷史博物館	2011-4	《張大千的老師——曾熙、李瑞清書畫特展》，P135
大道用中八言聯	篆書	172×29cm×2	對聯	1926	著錄	上海辭書	2013-12	《曾熙書法集》，P37
節臨石鼓文立軸	篆書	117×50cm	條幅	1926	著錄	上海辭書	2013-12	《曾熙書法集》，P39
篆書扇面（臨秦權量）	篆書	19×50cm	扇面	1926	著錄	上海辭書	2013-12	《曾熙書法集》，P47
楷書論書立軸（六朝人）	楷書	130×67cm	條幅	1926	著錄	上海辭書	2013-12	《曾熙書法集》，P187
遊覽詠懷八言聯	楷書	180×25cm×2	對聯	1926	著錄	上海辭書	2013-12	《曾熙書法集》，P191
清芬卓識五言聯	隸書	142×38cm×2	對聯	1927	拍賣	上海愛蓮	2016-10-30	
臨大雲無想經扇面	楷書	19×49cm	扇面	1927	館藏	臺北故宮博物院	-	尚未公開出版
臨事作文七言聯	行書	92×14cm×2	對聯	1927	拍賣＋著錄	保利	2016-6-5	《曾熙書法集》，P259
世上於家六言聯	楷書	148×40cm×2	對聯	1927	拍賣	河南中嘉	2015-10-25	

論董思翁書	楷書	101×49.5 cm	條幅	1927	拍賣	匡時	2015-10-16	LOT：0302
臨魏碑張黑女	楷書	131×66 cm	條幅	1927	拍賣	西泠印社	2015-4-22	LOT：0155
行書論書右軍草書	行書	122×39 cm	條幅	1927	拍賣	保利	2015-3-8	
節臨張黑女	楷書	130.5×66 cm	條幅	1927	拍賣	上海工美	2014-11-1	LOT：0568
隸書論書	隸書	104×52 cm	條幅	1927	拍賣＋著錄	保利	2014-12-3	《曾熙書法集》，P99
贈張善孖松樹書畫成扇	楷書	20×54cm	扇面	1927	著錄	上海辭書	2010-11	《曾熙與上海美專書畫作品集》，P84
著作禮樂五言聯	隸書	140.5×38 cm×2	對聯	1927	著錄	臺北國立歷史博物館	2011-4	《張大千的老師——曾熙、李瑞清書畫特展》，P196
隸書中堂之齊太公望碑	隸書	172.8×491cm	條幅	1927	著錄	臺北國立歷史博物館	2011-4	《張大千的老師——曾熙、李瑞清書畫特展》，P77
節臨師酉敦扇面	篆書	19×50cm	扇面	1927	著錄	上海辭書	2013-12	《曾熙書法集》，P45
楷書論書立軸（八分至中）	楷書	133×61 cm	條幅	1927	著錄	上海辭書	2013-12	《曾熙書法集》，P193
楷書論書扇面（齊周之問）	楷書	20×50cm	扇面	1927	著錄	上海辭書	2013-12	《曾熙書法集》，P206
行書自作丁卯元日詩	行書	26×15cm	手札	1927	著錄	上海辭書	2013-12	《曾熙書法集》，P258
致陶雲江書	行書	28×16cm×2	手札	1927	著錄	上海辭書	2013-12	《曾熙書法集》，P262～263
行書論畫扇面（外俊內和）	行書	20×54cm	扇面	1927	著錄	上海辭書	2013-12	《曾熙書法集》，P282
長羽清風五言聯	楷書	170×46 cm×2	對聯	1928	拍賣	朵雲軒	2016-6-28	LOT：0492
程璋、曾熙書畫扇面	行書	18×50cm	扇面	1928	拍賣	上海道明	2016-4-15	LOT：0665
萬卷卅齡十言聯	行書	176×31 cm×2	對聯	1928	拍賣	浙江鴻嘉	2016-1-17	LOT：0805

隸書論書條幅	隸書	144.5×39cm×4	條屏	1928	拍賣	朵雲軒	2015-12-16	LOT：0862
論米襄陽	行書	132×66cm	條幅	1928	拍賣	上海雅藏	2015-9-3	LOT：0338
參透寧知七言聯	楷書	136×34cm×2	對聯	1928	拍賣	中國書畫藝術品拍賣	2015-8-1	LOT：0207
程璋、曾熙書畫扇面	楷書	19×55cm	扇面	1928	拍賣	上海大眾	2015-7-25	LOT：0222
論白石淵明籬菊小軸	楷書	112×56cm	條幅	1928	拍賣＋著錄	保利	2015-6-5	《曾熙書法集》，P194
斜陽寒夜七言聯	楷書	135×29cm×2	對聯	1928	拍賣＋著錄	朵雲軒	2014-12-17	《朵雲軒藏品第八集》，P184，上海書畫出版社，2009年1月
行書論畫（吳仲圭草書）	行書	113×47cm	條幅	1928	拍賣＋著錄	保利	2014-12-3	《曾熙書法集》，P279
書論（楷書）	楷書	147×40cm	條幅	1928	拍賣＋著錄	保利	2014-12-3	1.《書法》雜誌，上海書畫出版社，1999年第3期；2.《曾熙與上海美專書畫作品集》，P127
節臨頌敦立軸	篆書	66×132cm	條幅	1928	著錄	上海辭書	2013-12	《曾熙書法集》，P40
盡日長年 七言聯	篆書	32×132cm×2	對聯	1928	著錄	上海辭書	2013-12	《曾熙書法集》，P42
隸書論書卷（贈馬宗霍）	隸書	28×313cm	手卷	1928	著錄	上海辭書	2013-12	1.《曾熙書法集》，P78〜81 2.《曾熙與上海美專書畫作品集》，P160〜161
何必偶然二十言長聯	隸書	—	對聯	1928	館藏	四川博物院	-	尚未公開出版
節臨瘞鶴銘立軸	楷書	146.5×77.8cm	條幅	1929	拍賣	紐約蘇富比	2016-3-17	LOT：1211
絲義左圖篆書八言聯	篆書	197.5×41cm×2	對聯	1929	拍賣	西泠印社	2015-12-27	LOT：2008
平生世家七言聯	楷書	146.5×40cm×2	對聯	1929	拍賣	上海嘉禾	2015-12-14	LOT：0774

論明人刻右軍真書	楷書	132×66 cm	條幅	1929	拍賣＋著錄	保利	2015-6-5	《曾熙書法集》，P195
臨瘞鶴銘	楷書	146×77.5 cm	條幅	1929	拍賣	朵雲軒	2014-12-17	LOT：0740
吟缶廬橫幅	楷書	45×130 cm	橫幅	1929	拍賣＋著錄	保利	2014-12-3	1.《曾熙書法集》，P264～265；2.《曾熙與上海美專書畫作品集》，P156
節臨散氏盤立軸	篆書	143×77 cm	條幅	1929	著錄	上海辭書	2013-12	《曾熙書法集》，P44
子舍湖光八言聯	隸書	201×42 cm×2	對聯	1929	著錄	上海辭書	2013-12	《曾熙書法集》，P104
致譚延闓書（得書並向樂叟墓銘）	行書	26×17cm×4	手札	1929	著錄	上海辭書	2013-12	《曾熙書法集》，P260～261
致譚延闓書（適發函後）	行書	28×19cm×4	手札	1929	著錄	上海辭書	2013-12	《曾熙書法集》，P270～271
行書論畫扇面（襄陽常雲）	行書	19×53cm	扇面	1929	著錄	上海辭書	2013-12	《曾熙書法集》，P283
四體書扇面	多體	20×50cm	扇面	1929	著錄	上海辭書	2013-12	《曾熙書法集》，P287
白石和風七言聯	隸書	167×33 cm×2	對聯	1930	拍賣	盛世東方國際	2017-03-30	LOT：0654
白石美人七言聯	楷書	140×34 cm×2	對聯	1930	著錄	上海辭書	2013-12	《曾熙書法集》，P198
墨池畫壁五言聯	楷書	166×35 cm×2	對聯	1930	拍賣	浙江駿成	2015-11-26	LOT：0029
藏彝閣橫幅	楷書	57×160 cm	橫幅	1930	拍賣	保利	2016-07-31	LOT：5406
論書扇面	楷書	18×52cm	扇面	1930	拍賣	北京華夏金典國際	2015-7-19	LOT：0545
記孟麗堂小事	楷書	134×68cm	條幅	1930	拍賣＋著錄	保利	2015-6-5	《曾熙書法集》，P202
贈許昭七言聯（與君得暇）	行書	126×33 cm×2	對聯	1930	著錄	上海辭書	2010-11	《曾熙與上海美專書畫作品集》，P129
天檻井闌論書軸	楷書	103.7×50.6cm	條幅	1930	拍賣	佳士得紐約	2017-03-14	2017年3月拍賣會
和壁璠英八	隸書	203×41	對聯	1930	著錄	上海辭書	2013-12	《曾熙書法集》，

言聯		cm×2						P105
隸書論封龍山頌鏡片	隸書	39×28cm	鏡片	1930	著錄	上海辭書	2013-12	《曾熙書法集》，P107
楷書論書鏡片(書法宜取骨於篆)	楷書	136×66cm	條幅	1930	著錄	上海辭書	2013-12	《曾熙書法集》，P196
楷書論書立軸(古人稱魯公)	楷書	130×50cm	條幅	1930	著錄	上海辭書	2013-12	《曾熙書法集》，P197
盛德高名六言聯	楷書	138×34cm×2	對聯	1930	著錄	上海辭書	2013-12	《曾熙書法集》，P199
一亭幽室七言聯	楷書	186×46cm×2	對聯	1930	著錄	上海辭書	2013-12	《曾熙書法集》，P200
德潤雅敦六言聯	楷書	136×33cm×2	對聯	1930	著錄	上海辭書	2013-12	《曾熙書法集》，P201
楷書扇面(臨王匽志)	楷書	20×52cm	扇面	1930	著錄	上海辭書	2013-12	《曾熙書法集》，P203
贈陳逸凡論書扇面(山谷所跋)	楷書	18×50cm	扇面	1930	拍賣	北京傳是	2016-6-4	LOT：0028
致譚延闓書（祖安三弟先生）	行書	28×19cm×4	手札	1930	著錄	上海辭書	2013-12	《曾熙書法集》，P268～269
行書論畫扇面(米襄陽常言)	行書	20×53cm	扇面	1930	著錄	上海辭書	2013-12	《曾熙書法集》，P284
威儀和煦五言聯	楷書	142.5×36.7cm×2	對聯	1930	館藏	重慶中國三峽博物館	—	尚未公開出版

注：

1. 本表的拍賣記錄經雅昌網（www.artron.net）檢索而成，拍賣公司名稱已做簡化處理。為了方便網絡查找相關信息，已在備註中標明 LOT，同時有著錄和拍賣記錄的，備註中不再標明 LOT。同件作品多次上拍的，僅收錄其中一次上拍記錄，收錄時間起迄為 2010 年 11 月至 2017 年 3 月，疑偽作品不予收錄。

2. 部分拍賣會或著錄上的作品名稱（如「曾熙楷書」）容易產生混淆，為了方便區別，部分作品在（）中注明了篇首內容或提示信息以示區別。

3. 備註中信息已做省略處理的著錄：（1）曾迎三編：《曾熙書法集》，上海辭書出版社，2013 年版；（2）劉海粟紀念館編：《曾熙與上海美專書畫作品集》，上海辭書出版社，2010 年版。

4. 標記「—」的係信息暫缺。

參考文獻

一、史料、日記類

1. 《東方雜誌》，上海商務印書館，1915 年-1930 年。

2. 《國風》，鍾山書局，1935 年 8 月 1 日。

3. 《衡陽市志》，湖南人民出版社，1998 年版。

4. 《湖南校士錄》，湖南學院刊，光緒辛卯冬版。

5. 《龍田曾氏五修族譜》，1940 年篤親堂刊本。

6. 《清史稿》，第 509 卷，中華書局，1977 年版。

7. 《申報》（本埠增刊），1925 年 5 月 27 日。

8. 曹芥初，《死虎餘腥錄》（《民國史料筆記叢刊》），上海書店出版社，2000 年版。

9. 陳三立，《散原精舍詩文集》，上海古籍出版社，2006 年版。

10. 陳乃乾編，《清代碑傳文通檢》，中華書局，1959 年版。

11. 湖南省博物館主編，《余肇康日記》，湖南人民出版社，2009 年版。

12. 中國歷史博物館編、勞祖德整理，《鄭孝胥日記》，中華書局，1993 年版。

13. 李瑞清，《清道人遺集》，黃山書社，2011 年版。

14. 李永翹，《張大千年譜》，四川社會科學出版社，1987 年版。

15. 皮錫瑞，《師伏堂日記》，國家圖書館，2009 年版。

16. 譚延闓，《譚延闓日記》，臺北中央研究院整理。

17. 譚延闓，《辛亥北上日記》，譚伯羽謄清稿本。

18. 王鏞,《齊白石手稿》,四川美術出版社,2014 年版。

19. 王闓運,《湘綺樓日記》,嶽麓書社,1997 年版。

20. 楊逸,《海上墨林》,1920 年木刻初版。

21. 楊鈞,《草堂之靈》,嶽麓書社,1985 年版。

22. 楊度,《楊度日記(1896-1900)》,新華出版社,2001 年版。

23. 鄭逸梅,《近代野乘》,上海新中書局,1948 年版。

24. 鄭逸梅,《藝林散葉薈編》,中華書局,1995 年版。

二、碑帖、書畫集類

1. 郎紹君、蔡星儀、水天中等主編,《中國書畫鑑賞辭典》,中國青年出版社,1988 年版。

2. 林書傳,《衡陽歷代名家書畫集》,湖南美術出版社,2008 年版。

3. 劉海粟紀念館編,《曾熙與上海美專書畫作品集》,上海辭書出版社,2010 年版。

4. 盧輔聖,《海上繪畫全集》(五),上海書畫出版社,2001 年版。

5. 臺灣國立歷史博物館,《張大千的老師-曾熙李瑞清書畫特展》,臺灣國立歷史博物館,2010 年版。

6. 曾熙,《曾農髯臨瘞鶴銘》,民國石印本。

7. 曾熙,《曾農髯書衡陽丁烈婦傳》,民國石印本。

8. 曾熙,《宋仲溫藏定武蘭亭肥本》,有正書局,1917 年版。

9. 曾熙,《曾農髯臨華山碑》,震亞圖書館,1918 年版。

10. 曾熙,《曾農髯臨夏承碑全文》,震亞圖書館,1918 年版。

11. 曾熙,《曾熙書衡山周處士墓誌銘》,泰東圖書局,1920 年版。

12. 曾熙,《曾熙書清故廩生李君墓誌銘》,震亞圖書局,1921 年版。

13. 曾熙,《曾農髯遺跡》,上海華商書局,1931 年版。

14. 曾迎三,《曾熙書法集》,上海辭書出版社,2013 年版。

三、專著類

1. 曹建,《晚清帖學研究》,天津人民美術出版社,2005 年版。

2. 陳三立、錢文忠,《散元精舍文集》,遼寧教育出版社,1998 年版。

3. 陳振濂,《現代中國書法史》,河南美術出版社,1996 年版。

4. 陳振濂,《近現代書法史》,天津古籍出版社,1998 年版。

5. 陳振濂,《書法史學教程》,中國美術學院出版社,1997 年版。

6. 陳傳席,《陳傳席文集》,安徽美術出版社,2007 年版。

7. 陳永怡,《近代書畫市場與風格遷變》,光明日報出版社,2007 年版。

8. 陳方既,《書法藝術論》,中國文聯出版公司,1989 年版。

9. 崔爾平,《明清書論集》,上海辭書出版社,2011 年。

10. 甘中流,《中國書法批評史》,人民美術出版社,2016 年版。

11. 管繼平,《民國文人書法性情》,漢語大詞典出版社,2006 年版。

12. 郭維森,《學苑奇峰——文史學家胡小石》,南京大學出版社,2000 年版。

13. 海上名人編輯部,《海上名人傳》,上海文明書局,1930 年版。

14. 海派畫家辭典編纂委員會,《海派畫家辭典》,上海書畫出版社,2004 年版。

15. 韓進廉,《無奈的追尋——清代文人心理透視》,河北大學出版社,2001 年版。

16. 湖湘文庫編輯出版委員會,《湖湘文庫》,湖南美術出版社,2010 年版。

17. 胡傳海、鄭曉華,《中國書法史話》,上海書畫出版社,2002 年版。

18. 黃天才,《張大千的後半生》,臺北義之堂文化出版事業有限公司,2013 年版。

19. 賈逸君編,《民國名人傳》,嶽麓出版社,1993 年版。

20. 康有為,《廣藝舟雙楫》,商務印書館,1937 年版。

21. 康有為,《康有為全集》(第二集),上海古籍出版社,1990 年版。

22. 李天綱,《人文上海——市民的空間》,上海教育出版社,2004 年版。

23. 林浩基,《齊白石》,中國青年出版社,1987 年版。

24. 劉恒,《中國書法史》(清代卷),江蘇教育出版社,2009 年版。

25. 盧輔聖主編,方愛龍、毛萬寶著,《中國書法史繹》(第七卷,《風格與詮釋》),上海書畫出版社,2014 年版。

26. 馬宗霍,《書林藻鑒 書林紀事》,文物出版社,1984 年版。

27. 齊中生、張鳳雲,《近現代名人學者生活錄》,書目文獻出版社,1995 年版。

28. 喬志強,《中國近代繪畫社團研究》,榮寶齋出版社,2009 年版。

29. 邱振中,《書法的形態與闡釋》,中國人民大學出版社,2011 年版。李永翹,《張大千全傳》,花城出版社,1998 年版。

30. 沙孟海,《沙孟海論書叢稿》,上海書畫出版社,1987 年版。

31. 沈曾植撰、錢仲聯輯,《海日樓箚叢 海日樓題跋》,遼寧教育出版社,1998 年版。

32. 斯舜威,《海上畫派》,上海東方出版中心,2010 年版。

33. 孫洵,《民國書法史》,江蘇教育出版社,1998 年版。

34. 孫郁,《百年苦夢——20 世紀中國文人心態掃描》,群言出版社,1997 年版。

35. 王中秀、曾迎三,《曾熙年譜長編》,上海書畫出版社,2016 年版。

36. 王中秀,《黃賓虹年譜》,上海書畫出版社,2005 年版。

37. 王中秀,《王一亭年譜長編》,上海書畫出版社,2010 年版。

38. 王中秀、茅子良、陳輝,《近現代金石書畫集潤例》,上海書畫出版社,2004 年版。

39. 王立民,《文心雕蟲》,北方文藝出版社,2003 年版。

40. 王家葵,《近代書林品藻錄》,山東畫報出版社,2009 年版。

41. 王世徵等,《中國書法理論綱要》,首都師範大學出版社,2003 年版。

42. 王冬齡,《清代隸書要論》,上海書畫出版社,2003 年版。

43. 王學泰,《發現另一個中國——對江湖、廟堂與民命的歷史考察》,中國檔案出版社,2006 年版。

44. 〔美〕巫鴻,《美術史十議》,生活讀書新知三聯書店,2008 年版。

45. 吳成平,《上海名人辭典》,上海辭書出版社,2001 年版。

46. 謝家孝,《張大千的世界》,時報出版社,1982 年版。

47. 許順富,《湖南紳士與晚清政治變遷》,湖南人民出版社,2004 年版。

48. 許志浩,《中國美術社團漫錄》,上海書畫出版社,1992 年版。

49. 徐友春,《民國人物大辭典》,河北人民出版社,1991 年版。

50. 俞劍華編,《中國美術家人名辭典》,上海人民美術出版社,1981 年版。

51. 張次溪,《齊白石的一生》,人民美術出版社,1989 年版。

52. 趙潤田,《亂世薰風——民國書法風度》,中國文聯出版社,2015 年版。

53. 鄭曉華，《大師——影響中國書法發展的二十位歷史人物》，人民美術出版社，2013 年版。

54. 鄭曉華，《翰逸神飛——中國書法藝術的歷史與審美》，中國人民大學出版社，2000 年版。

55. 周勳初編，《胡小石文史論叢》，南京大學出版社，2008 年版。

56. 祝嘉，《書學史》，上海教育書店，1947 年版。

57. 資中筠，《資中筠自選集——士人風骨》，廣西師範大學出版社，2011 年版。

58. 仲威，《善本碑帖過眼錄》，文物出版社，2013 年版。

59. 〔日〕佐藤慎一，《近代中國的知識分子與文明》，江蘇人民出版社，2006 年版。

四、論文類

1. 陳恩虎，《民初遺老圈傳統文化情愫探析》，《安徽史學》。2006 年，第 3 期。

2. 馮文華，《民國早期（1912-1930）海上書法背景下的曾熙研究》，浙江大學碩士學位論文，2006 年。

3. 傅申，《書法的地區風格及書風的傳遞——以湖南及近代顏體為例》，《中國書法史學國際學書研討會論文集》，西泠印社，2000 年版。

4. 郭漢民，《晚清社會與晚清思潮》，《中南大學學報》（社會科學版），2004 年，2 月刊。

5. 胡小石，《中國書學史緒論》，《書學》，1943 年，第 1 期。

6. 郎紹君，《讀〈曾熙詩文題跋集〉》，臺灣國立歷史博物館《歷史文物》（月刊），2010 年，4 月刊。

7. 李德彪，《民國時期湖南書法研究》，山西師範大學碩士學位論文，2009 年。

8. 李逸帆，《曾熙的「天機論」》，《中國書法》，2016 年，第 21 期。

9. 林下、林書傳，《曾熙其人其書》，《東方藝術》，2006 年，第 3 期。

10. 王光偉，《李瑞清美術教育思想研究》，南京郵電大學碩士學位論文，2014 年。

11. 王中秀，《拂去歷史的塵埃——曾熙與李瑞清在上海的藝術活動一瞥》，臺灣國立歷史博物館《歷史文物》（月刊），2010 年，4 月刊。

12. 王啟初，《曾農髯書藝見聞》，《書譜》，1988 年，第 5 期。

13. 王高升，《「曾李同門會」成立始末——兼談曾熙、李瑞清的歷史影響》，《東方早報・藝術評論》，2016 年第 249 期。

14. 王高升，《一段隱匿於日常信札裏的民國書畫鑒藏史——兼談曾熙信札的文本、風格及藝術價值》，《書法》，2018 年，第 9 期。

15. 王高升，《碑學視域下清末民初書家對魏晉小楷的傳承與創新——以曾熙為例》，《中國書法》，2019 年，第 1 期（B）。

16. 湘子，《曾熙的教育活動及門下弟子小考》，《書法賞評》，2009 年，第 2 期。

17. 徐雯雯，《李瑞清年譜》，南昌大學碩士學位論文，2010 年。

18. 顏奕端，《曾熙「篆隸為統攝」的書學觀》，《中國書法》，2016 年，第 21 期。

19. 葉梅，《曾熙書學觀研究》，《中國書法》，2016 年，第 21 期。

20. 葉梅，《曾熙魏碑書論及化用研究》，《中國書法》，2016 年，第 14 期。

21. 張衛武，《曾熙書法研究》，西南大學碩士學位論文，2012 年。

22. 張衛武，《曾熙書法題跋中的儒學思想》，《中國書法》，2016 年，第 7 期。

23. 張在興，《晚晴湖南經學思想述論》，湘潭大學碩士學位論文，2005 年。

24. 趙民尹、曾慶壬，《近代書法家曾熙》，《中國書法》，1999 年，第 4 期。

25. 鄭曉華，《法歸正道、學綜百家——中國人民大學書法學科的教學理念與構想》，《中國書法》，2010 年，第 12 期。

26. 鄭欣淼，《故宮博物院學術史的一條線索——以民國專門委員會為中心的考察》，《故宮博物院院刊》，2015 年，第 4 期。

27. 朱萬章，《曾熙與題畫錄》，《中國書法》，2016 年，第 21 期。

28. 曾迎三，《曾熙及其書論、書法》，《書法》，2008 年，第 2 期。

29. 曾承典、曾慶壬，《書畫大師曾熙》，《書法》，1999 年，第 3 期。